高等职业教育商科类专业群
电子商务类新专业教学标准配套教材

电子商务文案写作

- 主 编 林 海
- 副主编 陈萌梦 刘 祎

高等教育出版社·北京

内容简介

本书是高等职业教育商科类专业群电子商务类新专业教学标准配套教材。

在电子商务发展的内容化时代，电子商务文案起着关键作用，在各种新技术、新模式推动下，文案岗位不断涌现，职业前景广阔。本书对接电子商务产业、对接文案新岗位、对接专业教学标准，按照"校企合作、双元开发"的理念编写而成。本书结构清晰，思路独特，具有很强的实用性。全书从电子商务文案认知、电子商务文案写作基础、电子商务产品类文案写作、电子商务活动类文案写作、电子商务内容类文案写作、电子商务脚本类文案写作六个方面，全面介绍了电子商务文案写作的理论、方法与技巧，旨在培养读者电子商务文案的互联网思维并使其掌握写作方法，使读者具备电子商务文案知识体系与内化技能。

本书适合于高职、中职及应用型本科院校电子商务、移动商务、网络营销与直播电商、工商管理、经济贸易等财经商贸类专业使用，也可供电子商务文案从业者阅读参考。

本书另配有微课、动画、视频等丰富的教学资源。本书精选了其中优质资源，将其以二维码的形式嵌入书中，供读者即扫即看。其他资源详见书后"郑重声明"页的资源服务提示。

图书在版编目（CIP）数据

电子商务文案写作 / 林海主编. -- 北京：高等教育出版社，2021.7（2022.8重印）
高等职业教育商科类专业群
ISBN 978-7-04-056056-5

Ⅰ.①电… Ⅱ.①林… Ⅲ.①电子商务-应用文-写作-高等职业教育-教材 Ⅳ.①F713.36

中国版本图书馆CIP数据核字(2021)第078285号

策划编辑	王 沛	责任编辑	王 沛	封面设计	杨立新	版式设计	徐艳妮
插图绘制	邓 超	责任校对	刘娟娟	责任印制	耿 轩		

出版发行	高等教育出版社	咨询电话	400-810-0598
社　　址	北京市西城区德外大街4号	网　　址	http://www.hep.edu.cn
邮政编码	100120		http://www.hep.com.cn
印　　刷	固安县铭成印刷有限公司	网上订购	http://www.hepmall.com.cn
开　　本	787mm×1092mm 1/16		http://www.hepmall.com
印　　张	17		http://www.hepmall.cn
字　　数	350千字	版　　次	2021年7月第1版
插　　页	1	印　　次	2022年8月第3次印刷
购书热线	010-58581118	定　　价	46.80元

本书如有缺页、倒页、脱页等质量问题，请到所购图书销售部门联系调换
版权所有　侵权必究
物　料　号　56056-A0

前 言

回顾电子商务的发展历史，从淘宝、天猫、京东、唯品会到拼多多，再到自媒体、小红书等内容电商的崛起，直至今天短视频和直播的火爆，电商从未停止创新的脚步。移动互联网的发展颠覆了原有传播渠道的垄断模式，去中心化模式让平台交易电商渐失流量红利、身陷竞争红海，消费者的注意力已经从商品的性价比转移到快速化、精准化的购买体验，以及质量、情感对于商品的最佳赋能，越来越多的消费者在看自媒体文章、商品推荐软文、短视频并在直播过程中购买商品。购物娱乐化、时间碎片化、注意力分散化及购物群体年轻化趋势，让优质内容成为吸引用户的利器。内容已成为电商平台必备的元素，电商发展从"渠道为王"向"内容为王"转变。

在内容电商时代，无论是淘宝等电商平台的内容化，还是今日头条等内容平台的电商化，抑或是小红书、抖音等综合内容电商平台，都在通过图文、视频、直播等形式构建一种场景式电商销售模式，将商品的体验与文化传递给消费者，着力于"创造需求"，以有价值内容、关键意见领袖（Key Opinion Leader，KOL）自身影响力的内在逻辑制造需求，激发用户的购物欲望，通过内容"种草"让消费者"逛"电商，延长用户停留时间，从而提升销售转化率，促成交易，这其中，文案扮演着重要的核心作用。

在电商发展初期，并没有独立的文案岗位设置，几乎所有店铺的相关文字都是由美工，甚至是其他人员完成的。然而，随着内容化的风潮席卷电商圈，没有好的内容产出能力，电商的营销与推广就会变得越来越困难。搜索各类招聘网站可以发现，"内容运营""电商文案"等岗位如雨后春笋般出现，文案岗位也成为电商企业的标配。2020年4月2日，国内知名电商智库网经社电子商务研究中心发布的《2019年度中国电子商务人才状况调查报告》显示，在2019年电商企业最急需人才中，新媒体、内容创作人才需求排在首位。

面对新的基础设施、新的商业模式、新的商业组织、新的价值观而形成的新的商业规律，"新商科"人才培养的理念和倡议得到广泛认同。2019年7月31日，教育部组织完成了首批347项高等职业学校专业教学标准（以下简称"新专标"）的修（制）订工作，并予以发布。在电子商务类专业中，电子商务、移动商务、网络营销专业的教学标准都将文案写作以及内容运营作为学生必备的知识与技能，文案类课程被广泛开设，成为人才培养中不可或缺的组成部分。因此，在电子商务产业发展与职业教育创新发展的双重时代背景下，对电子商务文案人才的培养成为迫切需求，本教材的开发恰逢其时。

本书编写中始终坚持"中国特色、职教特色"。在教育部印发的《职业院校教材管理办法》文件精神指导下，本书编者与知名电商企业和兄弟院校合作开发，使本书形成了如下鲜明特色：

1. 突出思想引领，落实立德树人根本任务

本书积极贯彻落实习近平总书记关于教育的重要论述和全国教育大会精神，贯彻落实教育部《高等学校课程思政建设指导纲要》，有机融入大国自信与家国情怀、诚信经营与责任担当、工匠精神与创新思维、法治意识与安全意识等思政教育元素，寓价值观引导于知识传授和能力培养之中，帮助学生形成正确的世界观、人生观、价值观，培养德智体美劳全面发展的社会主义建设者和接班人。

2. 坚持内容先进，满足新时代人才培养需求

本书充分反映电子商务产业发展最新进展，适应新时代电子商务商业模式创新和消费者行为变化，针对内容崛起、短视频及直播的风口，对接文案岗位新知识、新技能、新规范，对接"新专标"，对接网店运营推广1+X职业技能等级标准，服务学生成长成才和就业创业。

3. 体系科学合理，符合教学和学生成长规律

本书从庞杂而碎片化的互联网内容中，科学梳理"电子商务文案写作"课程的核心知识点和技能点，适应项目学习、模块化学习的要求，在掌握电子商务文案写作基础知识和方法的基础上，融合、提炼、归纳了产品类文案写作、活动类文案写作、内容类文案写作、脚本类文案写作四大核心知识与技能体系。本书素材均为近三年最新内容和案例，并对案例进行了符合教学传播要求的改写和分析。

4. 线上线下互动，彰显新形态一体化特色

本书实现了数字技术对教育教学的强大支撑，以"一本教材既是一门课程"为目标进行开发，建设了包括微课、动画、视频、图文、课件、习题、实训、案例等丰富的颗粒化资源，以满足"互联网+"时代移动学习的需要，推动线上线下混合式教学、自主学习、翻转课堂等改革与创新实践。

为增强教材内容的逻辑性和可读性，培养学生电子商务文案的理解能力和实际写作能力，本书每章都遵循"学习目标"（明确知识、能力、素养三维目标）→"案例导入"（引出问题）→"知识讲解"（系统培养）→"知识与技能训练"（考核提升）的逻辑结构展开，并设置了"文案赏析""课证融合""协作创新"等栏目，加深学生对电子商务文案写作的重点和难点内容的理解与把握。本书具有较鲜明的职业性、实践性、开放性和可读性。

本书开发的顺利完成得益于一支优秀的校企合作的结构化团队，本书编写团队中，既有来自全国兄弟院校的优秀教师，也有知名企业的文案专家。本书由广东科学技术职业学院林海担任主编，陈萌梦、刘祎担任副主编。全书共分为六章，第一章由林海撰写；第二章由丁菊、周文君撰写；第三章由陈萌梦、程玲云及黄泽妹（罗西尼表业）撰写；第四章由熊义淇、李婵娟及孙子涵（雷士照明）撰写；第五章由刘祎、孟禹彤及何新雅（西遇时尚）撰写；第六章由王雪宜、陈萌梦及郑婉莹（小吉电器）撰写。本书大纲和内容的总体设计以及最后统稿、定稿由林海完成。

在本书的编写过程中，特别感谢校企合作伙伴——雷士照明电子商务部副总经理马宁先生、罗西尼表业助理总经理李晓丽女士在本书撰写过程中给予的大力支持。两位企业专家在整本书的目录形成和文案前沿内容的选取上给了很多建设性意见，确保了本教材与产业的紧密对接，并向高等教育出版社的编辑老师们致以真诚的感谢。

由于电子商务文案写作涉及的内容具有较强的前瞻性与时效性，加之时间及作者水平有限，书中难免存在不足之处，恳请广大读者批评指正，以使本书日臻完善。

编者
2021年5月

目 录

第一章　电子商务文案认知 / 001

1.1　电子商务文案概述 / 005
1.1.1　文案的内涵 / 005
1.1.2　文案的发展历程 / 006
1.1.3　文案的营销作用 / 008
1.2　电子商务文案类型 / 013
1.2.1　文案的分类 / 014
1.2.2　文案的特征 / 030
1.3　电子商务文案岗位认知 / 031
1.3.1　文案与策划 / 031
1.3.2　文案从业者的职业素养 / 032
1.3.3　文案从业者的职责与职业成长 / 033

第二章　电子商务文案写作基础 / 039

2.1　电子商务文案写作思维 / 042
2.1.1　用户视角 / 042
2.1.2　制造对比 / 043
2.1.3　去抽象化 / 045
2.1.4　可视化表达 / 048
2.1.5　调动用户情绪 / 049
2.2　电子商务文案写作步骤 / 053
2.2.1　制定策略 / 054
2.2.2　洞察用户 / 055
2.2.3　提炼概念 / 059
2.2.4　明确表达 / 061
2.3　电子商务文案写作基本方法 / 062
2.3.1　九宫格思考法 / 062
2.3.2　要点延伸法 / 064
2.3.3　五步创意法 / 065
2.3.4　三段式写作法 / 067

第三章　电子商务产品类文案写作 / 071

3.1　产品文案写作三要素 / 075
3.1.1　产品 / 077
3.1.2　品牌 / 079
3.1.3　消费者 / 085
3.2　产品核心卖点提炼 / 090
3.2.1　产品核心卖点解读 / 090
3.2.2　产品核心卖点提炼方法 / 091
3.3　产品详情页文案写作 / 099
3.3.1　产品详情页概述 / 099
3.3.2　产品详情页的信息架构 / 101
3.3.3　产品详情页文案的写作方法 / 103
3.4　产品包装文案写作 / 114
3.4.1　产品包装设计的重要性 / 115
3.4.2　产品包装文案的类型与写作技巧 / 118

第四章　电子商务活动类文案写作 / 129

4.1　活动策划方案写作 / 134
4.1.1　活动策划方案的制定原则 / 134
4.1.2　活动策划方案的写作框架 / 136
4.2　活动页面文案写作 / 139
4.2.1　活动主题的写作维度 / 140
4.2.2　活动海报文案写作方法 / 148
4.3　站内推广文案写作 / 153
4.3.1　站内流量入口的类别 / 154
4.3.2　站内流量入口文案写作

方法 / 156

4.4 信息流广告文案写作 / 160

4.4.1 信息流广告文案结构 / 160

4.4.2 信息流广告文案写作
方法 / 168

第五章 电子商务内容类文案写作 / 175

5.1 内容类文案的背景 / 179

5.1.1 内容电商发展概述 / 179

5.1.2 主要内容类平台简介 / 181

5.2 营销软文类文案写作
方法 / 184

5.2.1 营销软文类文案类型 / 184

5.2.2 营销软文类文案写作
思路 / 191

5.2.3 营销软文类文案写作
技巧 / 193

5.3 "种草"推荐类文案写作
方法 / 202

5.3.1 "种草"推荐类文案
类型 / 203

5.3.2 "种草"推荐类文案写作
思路 / 204

5.3.3 "种草"推荐类文案写作
技巧 / 209

5.4 品牌故事类文案写作
方法 / 212

5.4.1 品牌故事类文案类型 / 212

5.4.2 品牌故事类文案写作
思路 / 216

5.4.3 品牌故事类文案写作
技巧 / 223

第六章 电子商务脚本类文案写作 / 229

6.1 短视频脚本写作 / 235

6.1.1 短视频脚本的作用 / 235

6.1.2 短视频脚本的分类和写作
方法 / 237

6.2 直播脚本写作 / 245

6.2.1 直播脚本的作用 / 245

6.2.2 单品直播脚本写作方法 / 246

6.2.3 整场直播脚本写作方法 / 253

参考文献 / 261

第一章 电子商务文案认知

※【知识目标】

- 了解电子商务文案的内涵、发展历程及营销作用
- 了解文案与策划的区别
- 掌握电子商务文案的分类与特征
- 熟悉电子商务文案从业者的必备技能与素养
- 熟悉电子商务文案岗位的岗位职责与成长路径

※【能力目标】

- 能够具备电子商务文案写作的营销意识
- 能够准确把握电子商务文案的不同类型及特征
- 能够编制一个电子商务文案的岗位说明书

※【素养目标】

- 培养"数字中国""质量强国""网络强国"战略思维
- 树立民族品牌意识,讲好"中国故事",传播中华优秀传统文化
- 培养"义利合一"的商业伦理精神、诚信意识
- 培养网络时代和消费时代的社会伦理观念、法治意识

※【思维导图】

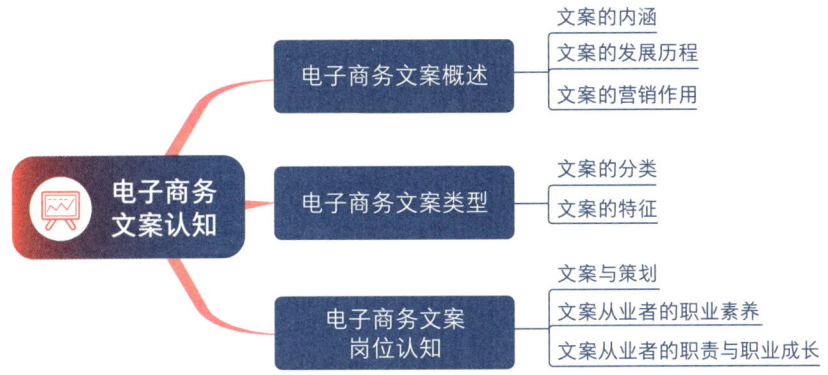

【案例导入】
华为又一次用情感营销刷爆朋友圈

"手机里的世界很大,而孩子的世界可能只有你。"这是2019年7月30日,华为在新推出的广告视频里说的一句话(见图1-1)。这也是所有家长都面临的教育问题:"孩子与手机"之间的衡量。

视频:
手机里的世界很大,但我的世界只有你

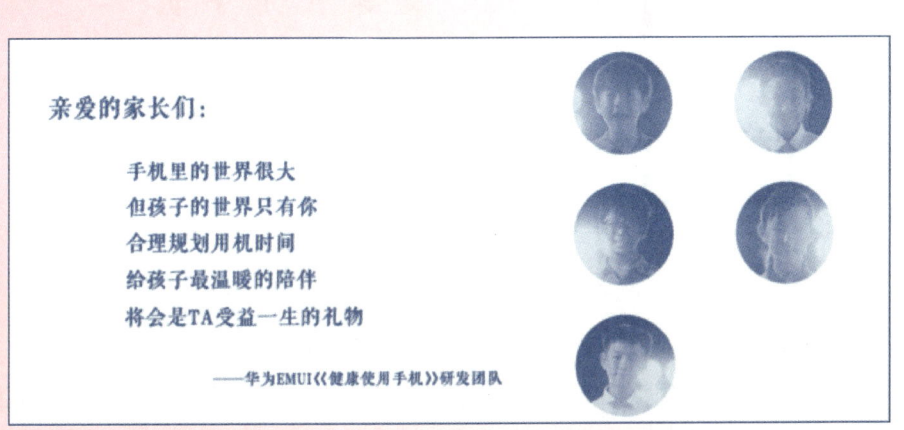

图1-1 华为EMUI《健康使用手机》研发团队给家长的文案

这次,华为新推出的广告,希望从"手机"的角度出发,从孩子的视角切入,倡导每位家长都能够健康使用手机,用更多的时间陪伴孩子。在此视频里,是由一群孩子假扮成大人的模样,在他们眼中,爱玩手机的并不是自己,而是他们的爸爸妈妈;并且通过问答的形式来反映当下教育的问题所在。

问题1:你离得开手机吗?

在大人们眼中,手机不离身是现代人的生活方式,工作、社交、学习、运动等等……一天24小时都需要手机。

问题2：你同意你的孩子玩手机吗？

在家长们看来，孩子玩手机对眼睛不好、玩物丧志、影响学习……还有太多的答案。

问题3：你是否想过，孩子为什么沉迷于手机吗？

在孩子们看来，父母忙于工作，忙于做家务，甚至在忙于打游戏的时候，手机成为唯一打发孩子们的办法。

问题4：孩子们需要的真的是手机吗？

脱下"大人"装扮的孩子们最后给出这样的答案："爸爸别打游戏了，我还是更喜欢和你们在一起。"

或许看完此视频，人们心中会有些困惑，作为一个手机品牌，却在倡导"放下手机"的理念，更像是一件自相矛盾的事情。其中的原因很简单。既然是一则广告短片，那么一定存在其广告的本质作用。在这支广告中，华为想要告诉消费者：在华为手机设计中，可以进行屏幕时间管理设置，并且倡导健康使用手机（见图1-2），合理规划用机时间。

图1-2　华为手机的卖点文案

华为以这种反其道而行之的方式，先提出与生活密切相关的教育问题，将孩子、家长与手机之间的关系串联在一起，营造情感共鸣的氛围。最后再给出问题的解决方案，以此来突出产品的特点，更好地将产品记忆点植入消费者的心中。现在不少品牌都喜欢用讲故事的方式去阐述品牌或者产品的理念，比起硬广，这种方式更能够起到营销效果。尤其是以"情感营销"去解读消费者的日常生活，通过一些场景的描述与消费者产生情感共鸣，更能树立起一个良好的品牌形象。

案例启示：在互联网时代，品牌与消费者的沟通，更多地聚焦于彼此之间的情感交流，无论采取什么样的沟通方式，好文案都是品牌沟通的基础。在电子商务的信息海洋中，如何获得受众宝贵的注意力？电子商务文案应该遵循传统文案写作的规律，还是重建一套规律以适合网络平台的思维？如何在保证质量的同时，加快文案出品速度？这些挑战都需要文案从业者思考并积极应对。

1.1 电子商务文案概述

时至今日，移动互联网浪潮已席卷而来，人们已进入"移动互联+网络社交媒体"时代，人们原本固有的价值观念、价值取向以及消费心理和消费行为都会随之发生变化，消费者更有主见、更有思想。这是一个个性化、多元化、碎片化的时代，人们可以随处得到各类资讯。然而，海量的资讯带来的问题是如何让产品、品牌等信息脱颖而出？如何在有限的几秒内使有效信息占领消费者心智？在移动互联网时代，文案的内涵和外延都发生了巨大变化，单一的流量为王时代已成为过去，企业从运营流量转变为运营内容，通过对人的关注、对内容的兴趣，获得顾客，建立口碑，最后形成牢固的粉丝关系。在内容为王的时代，企业更需要重视文案的作用。

1.1.1 文案的内涵

1. 传统文案的内涵

文案，原指放书的桌子，后来指在桌子上写字的人。现在指的是公司或企业中从事文字工作的职位，就是以文字来表现已经制定的创意策略的职位。文案不同于设计师用画面或其他手段的表现手法，它是一个与广告创意相关的表现的过程、发展的过程、深化的过程，多存在于广告策划、企业宣传、新闻策划等之中。

在广告行业中，文案是一种职业名称，正如设计师、客户经理、市场研究专家。这里所指的文案，与其他行业的文字工作不同，而是特指广告/营销咨询类公司里的专职文字工作者。

在成熟规范的大型广告公司，特别是国际4A广告公司里，文案的职责是专门从事广告作品写作，如一篇报纸广告创意稿、一支广播广告脚本、一部影视广告创意脚本等。广告作品的方向与诉求重点经由客户人员、策略人员及创意总监来把握，文案的工作重心是将作品写得既符合企业策略，又出彩出色。因此，文案是一个具体的作业工种。

从前在很多企业中都有了专职的文案人员，只有当需要做一些大型推广活动、做商业策划案、写可行性分析报告等需求量大的项目时，才需要对外寻求合作。以往一般企业都会找广告、文化传媒等公司合作。这些公司一般都有专业的文案、设计团队，经验也相对丰富，但因为业务量大，范围广泛，在针对性方面会较为薄弱。随着社会经济不断发展，对专业文案的要求更加严格，逐渐衍生了一些专注于文字服务的文案策划公司。这类企业发展速度很快，大多数都是从工作室形式转型而来，也有从文化传播机构独立出来的。

随着中国广告业二十余年的迅猛发展，广告公司的经营范围、操作流程、工作方式都在变化，文案的角色由幕后转为台前，现在正昂首阔步地走向"舞台"，成为主角。从前，一则广告多是由设计人员出计划，配图之后再由文案转化为成稿。一则广告的计划书往往是文案与美工各自分工、共同完成的。

2. 电子商务文案的内涵

电子商务文案（如无特别说明，下文中"文案"就是指"电子商务文案"）作为一种商业文体，主要是基于电子商务行业平台，以文字为元素，以吸引消费者为目的而存在的。近些年，随着电子商务不断发展，电子商务文案既继承了传统文案写作的特点，又有其独特的写作要求。电子商务文案既是一种艺术创作，也属于经济活动的一部分。成功的电子商务文案能依靠卓越的文字表现力，塑造出精美的产品形象和品牌形象，并起到促进产品的销售的作用。

经过二十余年的发展，中国的电子商务发展迅猛，快速迭代，现在各种电子商务平台层出不穷。越来越多的卖家相继投入电子商务中。虽然各大平台赚得盆满钵满，但如果把目光聚焦到平台上的商家，现实可谓非常残酷。随着电子商务竞争日渐激烈，文案也成功地走在了电子商务竞争的前端。文案可以辅助视觉设计，解决电子商务的流量问题和转化问题。优秀的电子商务文案可以提升产品的价值，促进销售，同时还可以提升店铺的信任度，提高品牌影响力。

在互联网时代，年轻人成为消费主力，消费者参与的积极性更强，对产品的话语权不断扩大。因此，互联网思维下的电子商务文案写作应该包括抓住消费热点、场景化和代入感等。好的电子商务文案应在互联网思维下进行创作，紧紧围绕消费者需求和心理，展示想象空间，促进和受众的互动。

文案作为一种重要的广告载体，已经走在电子商务竞争的第一线。早在几年前，电子商务的个性化之战就已经打响。在电子商务个性化发展的今天，专业从事电子商务文案撰写工作的创作者日复一日地进行着各种竞争，尤其在每年的"双11""双12"、圣诞节、春节、"5·20""6·18"、母亲节、父亲节、情人节等一系列节日中，更是充斥着浓重的"电子商务文案战争的火药味"。

【协作创新】

以小组为单位，列举并分析电子商务文案与传统文案的区别，并进行讲解。

1.1.2　文案的发展历程

1999年是中国电子商务史上充满机遇性的关键一年。正是从这一年开始，中国电子商务真正脱离了高姿态的学院派应用，正式步入实质性的商业阶段。8848、阿里巴巴、易趣、当当等一批电商平台在这一年诞生，但是互联网泡沫让电子商务始终不温不火。直到2003年春天，一场非典疫情打乱了正常的生活与商业活动，电子商务却在这场灾难的特殊时期得到了长足发展。这一年，淘宝、支付宝诞生，京东开启线上B2C，从此，中国电子商务迅猛发展，上演了平台大战、模式创新、营销创新……目前，中国电子商务呈现出高质量发展的新局面。

【知识拓展】

引领全球的中国电子商务

eMarketer报告指出，2019年，全球最大的电子商务市场是中国，电商销售额达到1 935万亿美元，是美国（5869.2亿美元）的三倍多，中国在2013年才首次超过美国的电商销售额。从那时起，中国的电子商务市场与其他国家迅速拉开差距，中国独占全球电商市场的54.7%，几乎是第二名至第六名总和的两倍。

在该报告中提到，中国的新型零售行业的迅速发展，融合了互联网线上和传统线下商业形态，推动了卖家与买家之间的互动，激发了世界各国零售业的创新。

根据该报告，中国在移动商务、移动支付以及跨境电商这三个板块领先全球水平。

（1）移动商务：2019年中国移动App产生的电子商务资产占全部电子商务市场的1/4。

（2）移动支付：在2019年中国消费者通过支付宝、微信支付等在线支付工具进行网购和在实体店支付的占比为81%，而美国这一比例只有27%。

（3）跨境电子商务：由于跨境电子商务得到改善，中小型企业可以更好地进入全球市场。随着传统的国际贸易形式变化及跨境电商的蓬勃发展，很多企业也只有转型或结合跨境电商，才能在激烈的竞争中占得一席之地。在中国，对高品质家居用品、奢侈品和高级时装等的需求也将推动跨境电商的蓬勃发展。

伴随着电子商务不同的发展阶段，作为直达消费者的文案也从无关紧要变得举足轻重。总的来说，电子商务文案的发展经历了四个阶段。

1. 简单粗糙阶段

淘宝创立的初期，店铺没有专门的文案岗位，通常是一个人包揽了客服、美工、运营甚至物流发货的所有工作，店铺装修也仅限在拍摄图片上传形成简单的产品详情页，文案更是简单粗糙，即使有产品介绍的文案，也是简单罗列产品的功能。

2. 品质升级阶段

2008年淘宝商城（天猫前身）创立，这一年是中国电子商务快速上升的一年。在这一年，C2C市场在稳定之中不乏亮点，B2C市场大手笔不断，服装、钻石、数码、家电、母婴等垂直行业涌入大量新企业，其中不乏有实力的传统大型企业开始涉足电子商务，电子商务岗位进入专业化、细分化阶段。这时候的电子商务文案是伴随着电子商务视觉的专业化而崛起的，店铺首页装修开始出现大量吸引客户的促销文案，直通车等搜索竞价排名的图片也开始了文案的比拼，产品详情页文案也一改往日的简单粗糙，开始深入研究消费者心理和浏览习惯，详情页文案也将毫无温度的产品功能转化为产品利益点，电子商务文案整体呈现品质升级。

3. 个性化发展阶段

2014年10月28日，淘宝旅行发布了新的品牌"去啊"的海报广告，内容是："去哪里不重要，重要的是……去啊"。接着，去哪儿网针锋相对推出广告："人生的行动不只是鲁莽的'去啊'，沉着冷静地选择'去哪儿'才是一种成熟的态度！"不久，携程网也推出了自己的最新广告："旅行的意义不在于'去哪儿'，也不应该只是一句敷衍的'去啊'，旅行就是要与对的人携手同行，共享一段精彩旅程。"紧接着，同程旅行网推出最新广告语："无论是随性的'去啊'，还是纠结的'去哪儿'，我们始终与你同程。"由此，引爆了网络"去啊"与"去哪儿"的广告语全民狂欢，很多企业参与其中。电商平台之间的文案竞争凸显电子商务文案进入个性化发展阶段。

在这一阶段，一些品牌文案也呈现不同风格特点，有些以品牌故事为切入点，有些则定位为"小而美"的品牌调性，还有像江小白、步履不停等品牌一样，进行个性化营销，文案让产品拥有了生命力，从而引起产品和顾客之间的共鸣。

4. 内容多元化阶段

随着智能手机和移动互联网的普及，电子商务从传统的"货架式电商"向"内容式电商"转型，通过内容"种草"让消费者"逛"电商，在延长用户停留时间的同时也提升了销售转化率。

在内容电商时代，无论是淘宝等电商平台的内容化，还是今日头条等内容平台的电商化，抑或是小红书、抖音等综合内容电商平台，以及微信、微博等社交平台充分发挥电商的引流利器作用，都在通过图文、视频、直播等形式构建一种场景式电商销售模式，将商品的体验与文化传递给消费者，着力于"创造需求"，这其中，文案扮演着核心作用，其展现形式和投放平台都呈现多元化特点。

1.1.3 文案的营销作用

在现今新消费时代的背景下，人们对商品的需求越发多元化。商家除了要满足消费者实际需求以外，还要满足其潜在心理需求。如何巧妙地抓住消费者心理，用最小的成本和代价唤起消费者的共鸣，在挖掘消费者的潜在心理需求并同时满足它，成为摆在众多商家面前的一道难题。

电子商务文案的出现，很好地解决了这些问题。它不仅可以展现商家的企业文化和商品，还能更好地体现消费者的需求，吸引消费者购买。

文案既是一种销售手段，又是一种广告载体。文案也被称为纸上推销术。它可以描述商品的全部卖点，贴近消费者心理，激发其购买欲望，从而达成销售的目标。成功的电商文案可以带动商品甚至整个店铺的销量，当然文案不仅包括文字，如果配合图片、视频等元素，可以增强文案吸引力以起到事半功倍的作用。

熟练掌握文案营销并辅助视觉设计，可以解决大部分店铺的流量问题和转化问题，优秀的文案可以提升商品的价值，促进销售，同时还可以增加消费者对店铺的信任，提升品牌影响力。文案在本质上属于创作，但最终目的是实现基于商品本身的销售目标。具体来说，文案的营销作用主要表现在以下四个方面：

1. 积累品牌美誉度

随着市场与商品竞争的不断加剧，企业以及品牌之间的竞争也越来越受到商家的重视。同时，消费者购买商品时也更容易受到品牌影响。一般来说，品牌资产包括品牌认知、品牌形象、品牌联想、品牌忠诚度和附着在品牌上的其他资产。

（1）品牌认知：即品牌的知名度，是指消费者对该品牌的内涵、个性等有所了解。

（2）品牌形象：它是指消费者对某一品牌的总体质量感受或对品质的整体印象。

（3）品牌联想：它是指消费者对品牌或商品的联想，包括与有关商品的属性定义或对服务功能的联想，以及有关商品的服务、使用或消费的外在联想。

（4）品牌忠诚度：它是指消费者在购买决策中，多次表现出对某个品牌有偏向性的行为反应，它既是一种行为过程，也是一种心理决策和评估过程。

文案可以将企业和商品品牌以形象生动的文字表达出来，让消费者了解品牌的形成过程、企业所倡导的文化精神以及品牌所代表的意义等，从而提升品牌的形象，增加消费者对品牌的好感和信任度。长此以往，就可以逐渐积累起品牌的美誉度，使公众对于该品牌的质量可信度、社会公信力、市场竞争力、服务诚意、公益和回报社会等方面的综合评价有良好的印象。

【文案赏析】

海尔：以用户为中心的品牌力量践行者

一提起海尔，人们脑海里马上浮现出海尔兄弟。但是最近，海尔拍了一组广告，用简短的小故事、简短的文案，讲述平凡人那些不平凡的事，说是广告，却不像广告。

所有的故事，最后都引到"家"这个话题。家电好像家人一样，默默地照顾着你，无私地帮你做各种家务，替你分忧解难。海尔这次没有用力叫卖，没有直白的广告词，而是娓娓道来，抓住一些年轻人的生活方式进行叙事。就是这样，不会在你生活中轰轰烈烈，只是做你生活中想要的、需要的，正如一杯热水、一缕凉风、一份温暖。海尔《这里是家》广告文案如图1-3所示。

图1-3 海尔《这里是家》广告文案

从海尔家电,到海尔智家,海尔用35年的时间,将"动动嘴就能使唤的电器"这个天方夜谭变成了事实。2019年国庆节,海尔借势这一重要节点,回顾海尔与中国家庭之间那种深刻的羁绊,唤醒用户对于海尔品牌的情感共鸣,提升品牌好感度。

在梳理了70年来中国人生活发生的变化,以及海尔35年来的发展历程之后,海尔决定化繁为简,讲了一个很简单、很朴素的故事,一个属于每个人的故事。从单开门冰箱、黑白电视机,到如今的全智能化家居系统,70年来中国人的生活改变了太多，家庭的故事裹挟在时代变迁的洪流里，锅碗瓢盆组成了一曲献给祖国、献给每一个家庭的交响曲。当然，光是献给家的赞美诗还远远不够表达海尔对家的热爱，接着海尔智家发起了一场充满诗意的活动，推出#家的赞美诗#全民征集活动，一场广告界的"文艺复兴"就这样悄然开始。

2. 赢得消费者信任

电子商务文案是一种带有销售性质的文案，它的主要目的是要让消费者信任文案中所描述的商品并产生购买欲望。因此，也可以将电子商务文案看作是一种销售行为。销售基于信任，而文案恰恰能建立起商家与消费者之间的信任关系，文案中详细的商品信息展示、第三方评价和权威机构认证等内容，都是很好的文案宣传素材。

不仅如此，文案还能在更准确地揣摩消费者心理的基础上，从多方面出发，动之以情、晓之以理，激发出消费者平时没有关注的潜在需求，引起消费者情感上的共鸣，促使消费者产生购买欲望。

【文案赏析】

没想稻：只卖五常大米，为什么6小时卖出12万斤？

一款名叫"没想稻"的五常大米在2016年10月京东众筹上线，短短6小时卖出12万斤大米，最终筹集资金324万元，成为京东农产品年度众筹的冠军。"没想稻"京东众筹页面如图1-4所示。

图1-4 "没想稻"京东众筹

文案无法创造购买商品的欲望，只能唤起原本就存在于百万人心中的梦想与渴望，然后将这些"原本就存在的渴望"导向特定商品。

为了达成这个目标，商家可以用到感官占领、社会认同、购买合理化、自我实现这些方法，激起消费者购买欲望。但是如果这个时候消费者对商家不信任，那一切终将没用，所以商家还需要赢得消费者的信任。

赢得消费者信任的一个方法就是树立权威，一是塑造权威的形象，凸显其在行业内举足轻重的地位；二是描述权威的高标准，凸显商品的来之不易。

"没想稻"这个品牌也是深谙其道。这个卖五常大米的品牌，专门请来香港"食神"戴龙为品牌站台（见图1-5）。"没想稻"凭借戴龙说的"在这一碗米饭里面，我看到了真心"赢得了消费者的信任。并且，他愿意用"没想稻"五常大米做一次"黯然销魂饭"，再一次让"没想稻"品牌取得了消费者的信任。

图1-5　戴龙为"没想稻"站台

3. 增强商家与消费者互动性

在网络平台上，电子商务文案无处不在，尤其是移动互联网时代，消费者随时随地都可以看到这些文案。商家也可以整合各种平台进行文案的推广与宣传，扩大文案的作用范围，如通过网页、社交平台、媒体与短视频平台、邮件等，都可以进行推广与整合营销。商家还能及时获得公众的意见与回复，增加彼此的互动并展开讨论。如果互动的范围和讨论具有一定的话题性，就可以有效地进行宣传与营销，起到事半功倍的效果。

文案是手段，销售才是最终目的。电子商务文案是为了将受众的注意力吸引到商品上来，有效传达文案中所包含的商品信息，使受众在解读这些信息后，将自己的需求与商品、品牌联系起来，进而起到促销的作用。

【文案赏析】

立邦"为爱上色"

立邦从2009年至今，"为爱上色"项目组织人们免费为偏远山区、贫困山区的小学涂刷外墙，改善校园学习环境，创办了225所快乐美术教室，让超过80 000名偏远地区的学童获益。立邦社会公益网站首页如图1-6所示。

图1-6 立邦社会公益网站首页

众所周知，立邦的主打产品是油漆，立邦的产品和"为爱上色"的主题深度融合。在项目持续进行的几年间，立邦官方已开通独立官网、独立微博、独立公众号，使人们可以通过以上互动渠道参与话题讨论、推荐贫困学校及报名成为志愿者。

另外，立邦官方平台和各界合作伙伴持续发布活动宣传片和照片合集，增强了项目的话题性和活跃度，让越来越多的人参与其中。同时，公益活动本身富有的内容性和热点性，也吸引了很多富有爱心的人群自发传播。

4. 增加外部流量

电子商务文案的优点之一是可以添加外部链接，以便带来更多的外部流量并提高网店或网站的PR（Page Rank，网页的技术级别）值。首先，消费者可以通过单击这些外部链接来访问更多的网页，了解企业或商品的更多信息。其次，从搜索引擎优化的角度来考虑，外部链接越多的网页越能够被搜索引擎发现和收录，这就表明网店或网页越能够被消费者搜索到，产生的流量也会越多。

消费者在需求得到满足时就会产生愉悦的心理感受，同时会对满足其需求的商品或品牌产生好感；相反，如果需求不能得到满足，则容易对商品或品牌产生排斥。而文案就是为了实现与消费者的良好沟通，改变消费者的固有观念，促使他们产生购买行为并树立商品和品牌良好形象而产生的。优秀的电子商务文案必须承担起塑造品牌或企业形象的责任，这就要求电子商务文案能准确、有效地展示商品或企业的个性，并通过长期传播，最终将这种个性升华为品牌内涵。

1.2 电子商务文案类型

目前中国电子商务已经进入内容电商时代，电子商务文案也进入内容多元化阶段，目前主要分为以下四种类型：

1.2.1 文案的分类

1. 产品类文案

产品类文案的主要目的是让企业所经营的产品更有认知度、销售力，能够更好地获得目标受众（潜在消费者、用户或客户）的认可，更有效地把产品价值传达给目标受众。

各种产品都有其特色，那么，如何让这些特色打动消费者，就是产品文案的价值。就电子商务产品类文案的展现位置来说，其主要聚焦在产品详情页文案和产品包装文案上。

（1）产品详情页文案。想要做好电商的运营，产品详情页是至关重要的，详情页设计的好坏关系到顾客的去留，这将直接影响到产品转化率。目前对于电商平台来说，产品详情页是承接流量最多的页面，其主要功能是转化成交。

在创作产品详情页文案时，首先需要提炼产品的核心卖点，用清晰、简洁、平实的文字描述产品的价值，不仅要将产品的利益点传递给消费者，还要借助各种不同维度的描述赢得消费者信任，促成下单。产品详情页是消费者了解产品信息的主要渠道，因此信息要全面、准确并对接消费者需求，通常产品详情页文案的内容如下：

① 创意海报情景大图，体现核心卖点信息；② 产品卖点／功能／利益点描述；③ 产品规格参数；④ 同行业产品对比；⑤ 产品模特／全方位展示信息；⑥ 产品细节信息；⑦ 产品资质证书／检验结果信息；⑧ 品牌／基地实力信息；⑨ 产品包装展示／售后保障／物流信息。不同产品类别的文案内容可以有不同组合。

【文案赏析】

小吉壁挂洗衣机详情页文案

小吉是小吉互联网科技有限公司旗下的智能迷你潮电品牌，该公司成立于2015年1月，自创立伊始，不断推出迷你潮电新品，连续荣获德国IF设计奖、Reddot红点奖和日本G-MARK等多项国际设计大奖。小吉科技始终坚持为消费者带来更有品质的生活体验的品牌理念，让用户真切地感受到未来生活的美好。2018年，小吉推出具艺术感的水滴形外观和极佳使用体验的水珠壁挂洗衣机。

在"小吉壁挂式洗衣机"的产品描述中，创意海报以"是生活，亦是艺术"开篇，告别传统洗衣机造型，让消费者了解到原来洗衣机也能如此时尚。"小吉壁挂洗衣机"创意海报主文案如图1-7所示。

图1-7 "小吉壁挂洗衣机"创意海报主文案

"小吉壁挂洗衣机"的核心卖点则以"不占空间、无须弯腰""红点奖获奖作品""专衣专洗刚刚好""除菌率达99.99%"为重点诉求，突出了小吉区别于传统洗衣机的独特卖点和强大的研发设计能力。"小吉壁挂洗衣机"核心卖点如图1-8所示。

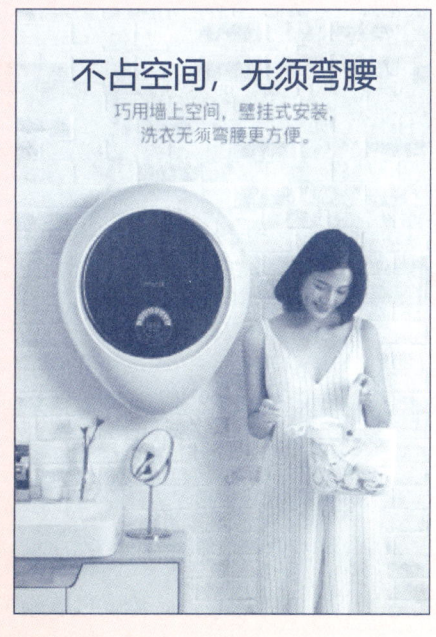

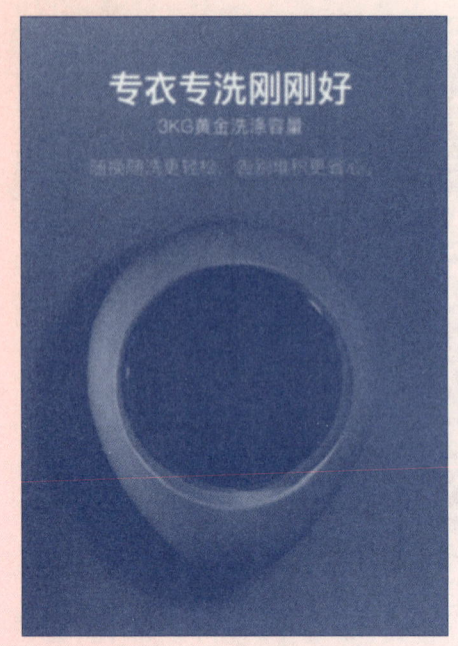 

图1-8 "小吉壁挂洗衣机"核心卖点

"小吉壁挂洗衣机"产品细节信息则从电机细节、静音设计、材质等方面为诉求点,将品牌的匠心和态度传递给消费者。"小吉壁挂洗衣机"产品细节如图1-9所示。

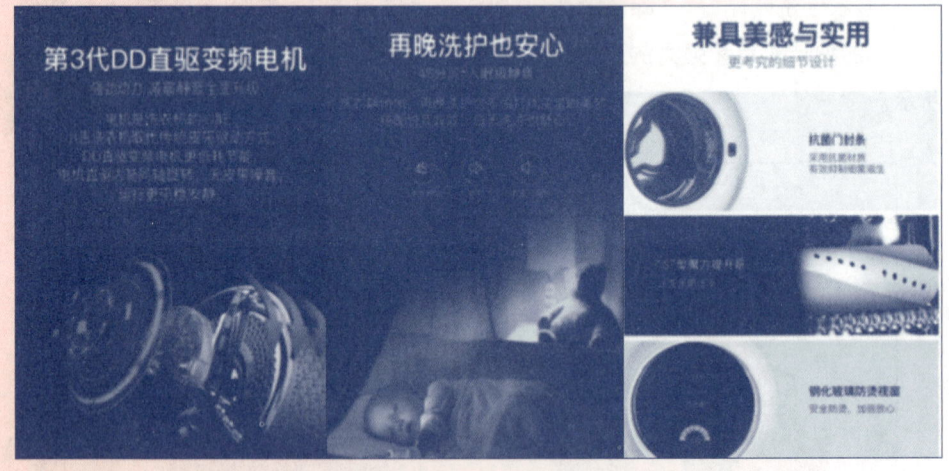

图1-9 "小吉壁挂洗衣机"产品细节

最后,介绍"小吉壁挂洗衣机"产品规格、服务承诺等要素,强化产品的服务保证,增强消费者信任,促成转化。

(2)产品包装文案。俗话说"人靠衣装马靠鞍"。产品包装就是产品的"衣装",如果企业想要某种产品畅销,包装就是一个突破口和亮点。传统包装除了在物流过程中起保护商品作用以外，还要通过视觉传达来吸引消费者的目光，从而促进商品的销售。传统包装的商品销售模式主要是通过货架陈列摆放进行展示，因此，传统包装除了要考虑功能以外，还需要考虑造型和视觉传达部分。

电商包装是指在网络购物环境下，为在流通过程中保护产品、方便储运、促进销售而按照一定技术方法采用的容器、材料及辅助物等包装物的总称。在电商发展初期，包装规格较多，运输较为零散，外观包装设计也比较简单。但随着消费升级，良好的包装应能提高顾客满意度，增强购买体验，弥补线上购物与传统零售购物之间的差距，产品的包装文案是包装设计的重要组成部分，它在打造品牌形象、突出品牌记忆、激发购买欲望等方面有重大作用。

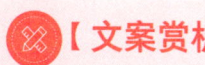【文案赏析】

当农夫山泉遇上网易云音乐

"有点甜的大自然搬运工"农夫山泉，有了新"搬"法——它从网易那儿"搬"来受网友们追捧的文案。2017年盛夏，农夫山泉550毫升饮用天然水的包装瓶上添加了网易云音乐用户的经典评论："要不你把我删了吧，不然我老是想找你聊天""我好想你。第一句是假的。第二句也是假的""好怀念做早操时，总是会偷看自己喜欢的人"等。对于向来中规中矩做营销传播的农夫山泉而言，这样的包装瓶文案算得上一次小小的"放纵"，有趣味，有惊喜。

在饮料包装瓶上书写文案，或"心灵鸡汤"，或"生活麻辣烫"，为的是激发消费者的情感共鸣，强化品牌好感度，最终推动产品销量大幅增长。农夫山泉"乐瓶"文案如图1-10所示。

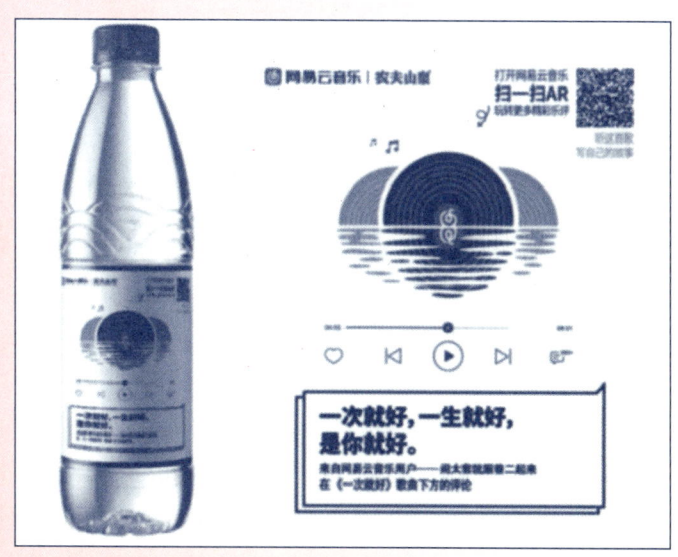

图1-10 农夫山泉"乐瓶"文案

> 【素养园地】
>
> **新电商法来了，快递包装要变了！**
>
> 电商过度包装既浪费资源，又污染环境。对此，《中华人民共和国电子商务法》第五十二条规定：快递物流服务提供者应当按照规定使用环保材料，实现包装材料的减量化和再利用。
>
> 第六十五条规定：国务院和县级以上地方人民政府及其有关部门应当采取措施，支持、推动绿色包装、仓储、运输，促进电子商务绿色发展。
>
> 另外，《快递封装用品（第1部分）：封套（GB/T16606.1—2009）》国家标准于2018年9月1日正式实施，该标准从绿色化、减量化、可循环三方面对原有标准进行了补充完善。

2. 活动类文案

从"双11"诞生开始，各种节假日都成为电商平台的营销节点，还有电商平台推出的各种各样的活动，在如今"无促销不电商"的大环境下，电商活动运营人员需要制定各种营销活动方案，而活动类文案就是为了配合这些营销活动，对产品或服务进行宣传推广的一种文案，其目的一方面在于展现活动内容，另一方面通过引流吸引更多消费者关注和点击，从而达到较好的传播效果，常见的活动类文案包括活动策划方案、店铺活动页面文案、站内流量入口和站外信息流广告的推广文案。

（1）活动策划方案。电子商务活动的策划主要包括节日互动活动策划、特定背景的互动活动（例如周年庆、公关活动）策划、新品上市活动策划、促销活动策划等类型。

一般来说，一个活动策划方案主要包括制定活动目标、确认活动背景及主题、确认推广渠道、设计活动方式与内容形式、安排推广时间、计算预算分布、数据结果预估等要素。

（2）店铺活动页面文案。活动策划完成以后，能否将活动内容充分呈现，页面的设计就变得尤为重要。通常来说，活动页面的文案主要包括活动主题、促销信息、产品信息、活动时间等。

（3）站内流量入口推广文案。网店的运营工作通常围绕着三大指标进行，即流量（访客数）、转化率和客单价。流量是转化率和客单价的基础，获取流量是网店运营的核心工作。目前，网店流量呈现碎片化、多元化的特点，网店流量主要有两种分类方式，从内容上划分，网店流量可以分为免费流量、活动流量、内容流量及付费推广流量；从流量渠道划分，网店流量可以分为站内免费、付费流量、自主访问和站外流量。

以淘宝、天猫、京东为主要代表，站内流量入口文案主要呈现在以下几个端口：

① 淘宝直通车展位/京东快车展位文案。直通车是为淘宝和天猫商家定制的一个按点击量付费的引流营销工具，它可以使卖家实现商品的精准推广，并具有见效快、消费高的特点。

京东快车与淘宝直通车类似，是基于京东站内推广，按点击量付费的实时竞价类广告营销产品。通过对搜索关键词或推荐广告位出价，将推广商品、活动或店铺展示在京东站内丰富的广告位上。

综合分析目前直通车或京东快车图的文案，主要有以下几种突出的表达方式：

利益引诱：低价折扣、免邮等信息，比如一折起。

款式吸引：以服饰、装饰品卖点展现居多。

材料功能：突出材质优良。

概念诱导：通过突出新概念使消费者感觉商品有品质上档次。

增值服务：如保修、包换、0息分期付、送赠品、上门安装等。

大众好评：利用可靠的论证数据和事实来展示商品的特点，如淘宝销量第一位、100%回头率、已售60 000台、4.99分超高评价、80年经典品牌等。

【文案赏析】

直通车图文案

小狗吸尘器的直通车图以价格优惠和预订送车载吸尘器作为双重利益引诱，重点突出活动力度，吸引消费者点击（见图1-11）。

九阳豆浆机则以销量数据来强化产品的信赖度，同时辅以赠品吸引消费者点击（见图1-12）。

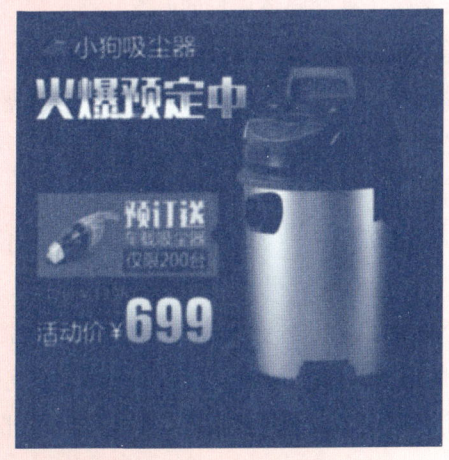

图1-11　小狗吸尘器直通车图

图1-12　九阳豆浆机直通车图

②钻石展位文案。钻石展位（简称"钻展"）是淘宝网图片类广告位竞价投放平台，是为淘宝卖家提供的一种营销工具。钻石展位依靠图片创意吸引买家点击，获取巨大流量。钻石展位的文案内容与写法与直通车图文案类似。

【文案赏析】

钻石展位文案

在2020年"6·18"活动中，华帝官方旗舰店在天猫首页的钻石展位中的文案以聚划算活动"终于降价啦！"为主题（见图1-13），以四重优惠一方面吸引准客户点击，另一方面挖掘了潜在客户，提高了点击量。

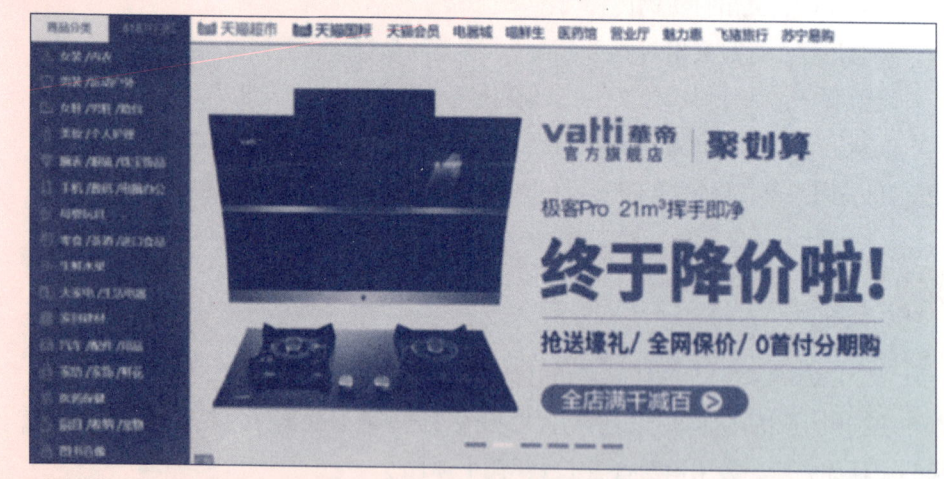

图1-13 华帝钻展图

（4）站外信息流广告文案。信息流广告是位于社交媒体用户的好友动态，或者资讯媒体和视听媒体内容流中的广告。信息流广告的形式有图片、图文、视频等，特点是算法推荐、原生体验，可以通过标签进行定向投放，根据自己的需求选择落地页或者应用下载等，最后的效果取决于"创意+定向+竞价"三个关键因素。

信息流广告是与内容混排在一起的广告，又叫原生广告，又被称为"最不像广告的广告"，如果浏览者不留意在它们周围出现的"推广""广告"字样，可能都不会发现这是一条广告。

对于大多数产品而言，信息流文案最大的特点就是"真实性"。通过场景化展示，可以极大程度地激发用户对于该产品的需求；事实截图，利用人们求真的心理，通过数据去摆事实。一个高点击量的信息流文案，必然要真实，只有给用户带来信任感方能成功。

3. 内容类文案

在互联网高速发展的时代，在流量红利见顶的同时，用户的消费模式也发生了巨大的变化，从原来的"平台搜索"变成了"阅读内容，产生信任，进而产生消费"的模式。因此，对于平台和商家来说，寻找新的模式迎合用户消费模式的变化迫在眉睫。

当秒杀、满减、买赠、折扣、任选等促销形式不再对消费者构成吸引力的时候，电商1.0时代的红利期结束，而各领域的达人体验帖、"种草"文随之成为新的消费指引，促成内容电商形成最早雏形。

2019年7月，在QuestMobile发布的《内容电商研究报告》中，QuestMobile认为现阶段内容电商的两种发展方向，分别是电商平台构建内容以及内容平台的电商化。为了紧贴内容电商浪潮，各大电商平台纷纷转型并推出各自的内容渠道，如淘宝的"有好货""淘宝头条""微淘"，京东的"觅·me"等，开放了图文、直播、视频等内容展现形式。最终，这些渠道及内容也将一一变成流量载体，承载起对接产品甚至品牌的桥梁。而内容机构也应运而生。从主打UGC（User Generated Content，用户生成内容）晒物内容的小红书，到"一条""二更""罗辑思维"等自媒体IP群体不断扩大，它们通过内容来实现流量增长，解决用户黏性问题，这是内容电商的本质。图文内容电商平台代表及特点如表1-1所示。

表1-1 图文内容电商平台代表及特点

内容电商类别	平台代表	平台特点
电商内容化	淘宝："淘宝头条""有好货""必买清单"	淘宝平台的图文内容以个性化商品资讯"种草"/导购为主，分为短图文和长图文两部分。短图文内容板块主要以"有好货"为主，长图文内容则包含了"淘宝头条""必买清单"等板块
	京东："京东快报""发现好货""会买专辑"	京东快报拥有优秀的"种草"能力，但是长文的形式成就同时制约了其发展，整体渠道的转化较差，对达人的写作水平比较高。 "发现好货"只限于新奇特、高端优质的产品，是一个客观、专业、略带挑剔的为京东用户推荐优质商品的渠道
	蘑菇街	蘑菇街从电商导购平台起步，借助社交场景顺势而为，迫于外部竞争加剧而转型尝试构建以商品售卖为主的自持电商卖场，到如今发展成为服务于年轻时尚女性的内容化电商平台。LOOK是蘑菇街的核心内容输出渠道之一，致力于解决用户穿衣搭配的难题，专业化运营内容生产机制为用户提供了资讯浏览的渠道
内容电商化	小红书	小红书是基于UGC的生活分享社区和跨境电商平台，随着社区发展成熟，用户对社区中讨论的商品产生购买欲望，小红书上线电商平台"福利社"。从社区升级电商，完成商业闭环。 小红书内容主要由三方面构成：用户原创内容，这是小红书主要的内容来源；专业生产内容，这些大都是垂直类专业知识的分享；专业用户生产内容

续表

内容电商类别	平台代表	平台特点
内容电商化	今日头条	2018年，今日头条将自己的口号从"你关心的，才是头条"改为"信息创造价值"，今日头条从单纯的一款互联网产品转变为一个具有价值感的内容平台。2014年7月推出"今日特卖"，2016年9月推出"京条计划"，2017年9月今日头条上线"放心购"，2018年9月上线值点独立电商App，2019年5月"头条小店"上线，今日头条在内容电商的道路上稳健前行
	全网自媒体平台	自媒体平台凭借优质的内容输出吸引了众多粉丝的追随，一条、陈翔六点半、同道大叔、灵魂有香气的女子、吴晓波频道、年糕妈妈、日食记、黎贝卡的异想世界等自媒体KOL（Key Opinion Leader，关键意见领袖），都逐渐建成了电商闭环

在内容电商时代，文案成为直接接触消费者和连接平台的纽带，可以为平台、商家和消费者三方都带去各自追求的价值。对于电商平台来说，文案不仅可以更好地提升商品价值，提高相应流量，还可以使用户"种草"，形成刚需之外的消费增量；对于商家而言，文案可以给品牌带来附加值，让消费者可以通过内容知道品牌背后的故事，并接受该品牌；对于消费者来说，文案可以让商品体验"触得到""摸得到"，让平台购物更加真实。

综合分析各类内容平台的文案类别，文案具体可分为以下三类：

（1）营销软文类文案。与硬广相比，软文将宣传内容和文章内容完美结合在一起，让用户在阅读文章的时候能够了解策划人所要宣传的信息，一篇好的软文是双向的，既让客户得到了他需要的内容，也了解了宣传的产品。

这里所说的"软文"，是指通过特定的概念诉求，以摆事实讲道理的方式使消费者走进企业设定的"思维圈"，迅速使浏览者捕捉到产品信息。

一篇好的营销软文在字里行间要传递用户的亲身体验，能与用户产生共鸣，这样的文章写出来才算是"有货"，只有站在消费者的角度出发，去发现、理解他们所想的，用他们的语言进行对话沟通，才能真正吸引客户。

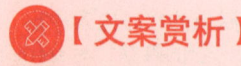【文案赏析】

寻踪老北京的味觉记忆

多少年了，仍旧爱着旧时老北京街头巷尾的馋人滋味儿，它们或藏在胡同口的小摊里，或出现在老北京人自家厨房中，记录着北京这座城市的包容与丰富，蕴藏着迷人的老北京气息。

说起老北京的面，炸酱面首屈一指，而且得是自家做的。现切黄瓜丝儿、萝卜丝儿盖在面上，再淋上两勺自家的炸酱，一股脑搅拌开来，肥瘦相间的肉丁混合面中。端起面碗，挑上厚厚的一筷子，痛痛快快地吸溜着，不多会儿就能见底儿。然后往椅背上那么一靠，舒舒服服地待上大半会儿，这顿饭才算完事儿。这是老北京人吃面的仪式感。

你可能无法想象老北京人对于豆汁儿的偏爱，不论穷富，不论身份，但凡是老北京人，几乎没有不爱喝豆汁儿的。胡同口的摊位前，一口铜锅小火咕嘟咕嘟地熬着豆汁儿，几个焦圈烧饼、两碗豆汁儿就辣咸菜，一口口吃下去，爽口开胃。

就像老北京人骨子里的包容气度一样，卤煮在这座城市也拥有着最忠实的拥簇者。20年前，"北影"一带的卤煮摊是深夜食客聚集地。卤煮一上桌，挑起肥肠送入口，咸鲜肉汁即刻在齿间迸射，入口即化却又略带韧性，给全身带来满足，味蕾刺激下每个细胞都在痛快地享受欢愉盛宴，让人欲罢不能。

早年间，在国营饭馆里吃卤煮往往先得经过一句正宗北京腔"吃什么呀"的考验，四个字一气而出，带着些肆意强势。这个时候最忌扭捏犹豫，得要脱口而出、点完即过，显出几分潇洒利落。旁边穿着沾满肉油的围裙的厨师随即挥刀，一截肠子就这样被扔进碗里。三角的豆腐、井字花的火烧，大肠、小肠、肺头、面饼，再加上蒜泥、辣椒油，以及令人难忘的"灵魂"豆腐乳和韭菜花，剩下的就是一头扎进碗里，吃它个酣畅淋漓。

除了一日三餐，贯穿全天、四季皆宜的老北京人的最爱，当属茉莉香片。在老北京流行"穿瑞蚨祥的衣服，蹬内联升的布鞋，看广德楼的京剧"的时期，茉莉香片往往为北京胡同"注入灵魂"。起早沏一壶酽茶——浓浓的茉莉香片，用苦涩后的甘甜开启新的一天。天色一黑，胡同口老哥几个捧着茶缸唠着嗑，这一天也才算没白过。

茉莉香片最具存在感的时刻当属冬天——在老北京人的"猫冬"模式里。摇煤球的老头儿驮着一块块蜂窝煤走街串巷，幸福的冬天即刻开始。炉子一架，大壶放上，沿着炉边一圈剩下的都是大搪瓷缸的地盘，里面时而是茉莉香片，时而冲点高末儿。随时拿起搪瓷缸"呲溜"一吸，茶汤带着暖意下肚，毛孔旋即舒张，这股子舒服劲儿任谁都得爱上。

《风味人间》的导演陈晓卿说："北京人的讲究，他喜欢把一成不变、周而复始的生活，过得特别有仪式感。"就像喝茶，老北京人就爱那一撮茉莉香片，沸水之下咂摸半天依旧甘甜美好。

为了让记忆里的茉莉香飘进格子间，"三联爱茶"将一直严谨对待的纯粹传统的茉莉香片辅以年轻化的设计，打造了城市记忆系列：轻松泡、随便喝的"茉莉香片"（见图1-14）。不信你在办公室里泡一杯，一定能引来无数满怀回忆的蹭茶人。

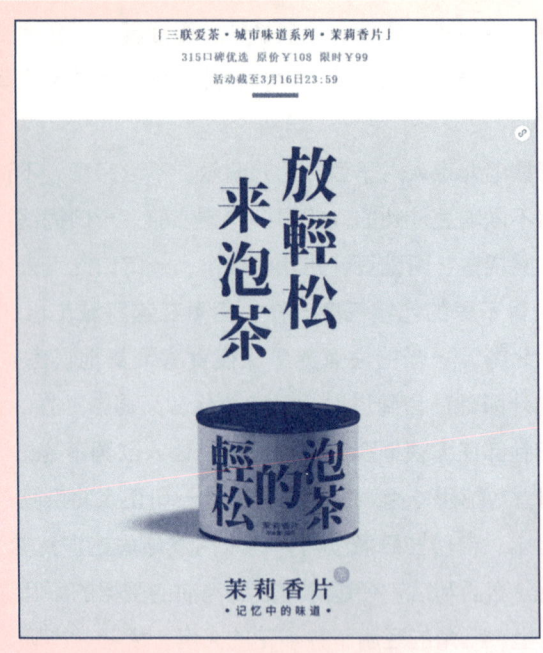

图1-14 软文营销购买链接

（2）"种草"推荐类文案。"种草"是指把一件事物推荐给另一个人，让另一个人喜欢上这件事物的过程。和传统的硬广不同，"种草"一词更加自然，容易让人接受，是一种让别人主动喜欢的过程。如今很多自媒体、电商平台都在不遗余力地干着同样一件事：拼命"种草"，如黎贝卡、网易严选、天猫App的种草猫、考拉海淘的种草社区等。

【文案赏析】

黎贝卡的种草文案

如图1-15所示，黎贝卡针对季节、节日、痛点、不同类型衣物等维度给出穿搭建议，种草能力强大，让读者毫无抵抗力地买买买。

★想解锁更多变美小技巧，看这一篇就够了！快来找我玩
★新年第一篇，必须美到让你尖叫！
★冬天照着这个单子买衣服准没错！
★外套穿几次就腻了？搭对了每天不重样
★今年最后一笔"买买买"预算，就给它了
★除了牛仔裤，冬天穿这些裤子更特别！
★毛衣天天都要穿，正确的打开方式在这里
★利用率最高的小短靴，百搭好穿程度不输小黑靴！

图1-15 黎贝卡的穿衣搭配种草文案

（3）品牌故事类文案。文案的本质是沟通，而故事则是一种高明的沟通策略。互联网的兴起，主体媒介的转变，使得文案在写作内容、叙述技巧、传播手段与路径上都发生了极大的变化。当前基于互联网思维，以社会化媒介为主要传播渠道，带有强烈故事感的文案比过去单纯依靠大众媒介传播的说教式文案具有更强的传播力和说服力。直击痛点、为情感赋值、演绎"原型"故事是故事类文案的主要写作特点；设置悬念、巧用逆向思维、感官占领则是其常用叙述技巧；在文案中塑造正面形象、呈现时代热点与引发读者强烈情绪是品牌故事类文案获得更多转发与分享的传播策略。

例如，999感冒灵的《有人偷偷爱着你》用反转的形式讲述了陌生人温暖人心的故事；方太的《油烟情书》讲述了父母相遇相爱相守的爱情故事。在信息过载的新媒体环境下，有故事感的文案比普通文案具有更强大的传播力，它们利用人们对故事的天然喜好，消解了用户对广告的排斥感，以一种更巧妙的方式吸引用户眼球、走进用户内心，并且有更大的概率留存于用户的记忆中，不被巨大的信息流冲淡。

【文案赏析】

方太《油烟情书》广告

你向往的爱情是什么样子的，是轰轰烈烈还是细水长流？一千个人眼中有一千种爱情的样子，这次方太给人们讲述了一个"云水相逢"的故事。不知道这是不是你向往的爱情，但这大概就是幸福的样子。方太《油烟情书》广告截图如图1-16所示。

这支广告给人们的第一印象就是：文案好棒。它几乎写出了所有人心中对幸福的定义，两人的性格和爱好差别如云和水，似乎不会擦出什么火花，方太却把他们谱写成了一个平淡如水但幸福得无以复加的故事。平淡、快乐以及那种令人羡慕的两人之间的默契，无一不宣告着两人的亲密无间。

视频：
方太：油烟情书

图1-16 方太《油烟情书》广告截图

不仅是文案，该广告中音乐和画面的配合也非常契合，包括字幕样式都充满了文艺感。唯美小清新的画面配合平和缓慢的音乐，整个视频都体现出一种精致、淡然的感觉，和文案的文艺范相呼应。视频中其实还有一些小伏笔，方太把《油烟情书》作为主人公相识的一个关键点，并且将方太发布会中展现的"五句话幸福法"以及其衍生的文化也加入其中。

广告把方太的品牌文化、企业精神都展现得淋漓尽致。方太对于生活的洞察是十分敏锐且精确的，它知道如何抓住观众最受用的点，真正成为一个"有温度"、诠释爱的品牌。

4. 脚本类文案

随着移动互联网时代下短视频媒体平台的兴起，短视频营销的概念进入大众视野，不管是平台硬广，还是内容原生广告，各种基于短视频平台的营销玩法不断丰富和成熟，短视频营销也成为当下炙手可热的营销形式，视频内容营销也正在成为一个现象级风口，逐渐代替图文形式，成为人们获取新鲜事物或者展现自己的一大媒介。

《中国直播电商行业报告2021》显示，截至2020年年底，我国网络直播用户规模已达6.17亿人，占整体网民的62.4%。其中，直播电商经高速发展已成为网络直播中用户规模最大的直播类别，用户规模达3.88亿人，较2020年3月增长1.23亿人，占整体网民近四成。直播下单用户占观看直播用户的66.2%，即近2/3的用户曾观看直播后做出购买行为，越来越多的人认可在直播间购物的消费方式。

近年来，各类视频软件层出不穷，国内的抖音、快手、西瓜等视频App，似乎每个平台都在尝试"视频+直播"，国内的直播早已发展成熟，而各类的跨境电商平台，如亚马逊、速卖通、Lazada、eBay等，都纷纷切入视频直播营销赛道。

【素养园地】

电商直播需自律更需他律

2020年3月31日,中国消费者协会发布的《直播电商购物消费者满意度在线调查报告》显示,越来越多的消费者能够接纳直播电商,但电商直播购物存在的多项问题也不容忽视,例如,人气造假、评论造假、诱导交易、虚假交易、规避安全监管的私下交易行为等。调查显示,有37.3%的受访消费者在直播购物中遇到过消费问题。中国消费者协会建议加强对主播群体的管理和规范。

和其他新兴业态一样,在电商直播井喷式发展的背后,其中的一些问题也日益凸显。中国消费者协会的调查显示,"夸大其词""假货太多""鱼龙混杂""货不对板"为消费者投诉高频词。出现问题后,消费者维权找不到客服或者经营者、找不到证据等问题也纷纷出现。如果继续任由其无序、野蛮地发展下去,这一新兴行业的前景必将蒙上一层阴影。

作为一种购物方式,电商直播在法律上属于商业广告活动。既然主播扮演的是"广告代言人""广告发布者"或"广告主"的角色,就要承担相应法律责任。根据《中华人民共和国广告法》《中华人民共和国消费者权益保护法》等,市场监管部门可依法责令问题主播停止发布广告、消除影响,并对其处以罚款,必要时还要追究其民事责任。

同时,电商平台也需要在监管下规范化运行。《中华人民共和国电子商务法》明确规定:"电子商务经营者应当全面、真实、准确、及时地披露商品或者服务信息,保障消费者的知情权和选择权。电子商务经营者不得以虚构交易、编造用户评价等方式进行虚假或者引人误解的商业宣传,欺骗、误导消费者。"市场监管部门完全可以通过依法管理不作为、乱作为的电商平台,来遏制当前的直播购物乱象。

没有规矩,不成方圆。面对电商直播行业的问题,需要用他律"倒逼"商家、平台、主播高度自律,这样才能让电商直播行业行稳致远,更好助力我国消费升级,助力实体经济复苏发展。

视频:
国家七部门联合发布《网络直播营销管理办法(试行)》

(1)短视频脚本。短视频脚本是拍摄视频时的依据和规范,用于指导拍摄的时间、地点、画面内容、镜头运用、景别、道具的准备、人员的分工协调和后期的剪辑制作,可以起到提高拍摄效率、指导后期剪辑、保证视频质量的作用。要想策划和制作出优质的短视频作品,脚本是关键。短视频脚本的类型有拍摄提纲、文学脚本和分镜头脚本,其中分镜头脚本是最细致,也是拍摄短视频最常用到的脚本类型,如表1-2所示。

表1-2 蒙牛真果粒短视频分镜头脚本

镜号	景别	画面内容	台词	音乐
1	远	一个时尚的20岁女孩进入超市		
2	近	她在超市里细心的选购新鲜水果		
3	近	之后又到饮料区买了牛奶		
4	远	当她把水果和牛奶选好之后,哼着音乐走到了收款处		
5	近	在排队准备付款的时候,她被一幅广告吸引住了	蒙牛真果粒,真正的果粒,让你走进水果的世界	音乐起
6	近-远	广告是蒙牛真果粒的宣传海报,女孩看到不自觉的推着购物车走到海报面前;镜头逐渐远离		
7	近-远	女孩转身看,望向远方		
8	远	女孩开始很着急地推着购物车把东西一个一个原位放好		
9	特	转身露出充满狡猾的笑容		
10	近	女孩推着购物车小跑到蒙牛真果粒货柜面前		
11	特	把每种味道的蒙牛真果粒都放进了购物车		
12	近	转身露出满意的笑容	蒙牛真果粒,有内涵更美丽	音乐止
13	远	女孩哼着小调结完账,转身离开了		
14	特	蒙牛真果粒伴随女孩转身的镜头出现		

(2)直播脚本。在开始一场电商直播之前,需要对直播内容进行精心的策划,而直播脚本正是一场直播内容和流程的文字呈现,对直播起着重要的指导作用,是一场直播活动的具体规划和执行框架。一份清晰、详细、可执行的直播脚本,是确保一场直播流畅有效、达成直播目标的重要保障。

直播脚本分为单品直播脚本(见表1-3)和整场直播脚本(如表1-4)。单品直播脚本以单个产品为单位,突出产品卖点,规范单品的解说方式和流程,促成交易转化。整场直播脚本是以整场直播为单位,规范直播的流程和内容,实现直播目标。

表1-3 单品直播脚本框架

环节	内容框架
讲解时间	
产品卖点	
产品展示	
讲解话术	
目标人群	
直播间利益点	
典型问题讲解话术	

表1-4 整场直播脚本框架

直播主题	
基本信息	1. 主播： 2. 直播时间： 3. 直播地点： 4. 店铺活动： 5. 产品数量 6. 人员安排：

时间	环节	内容框架	参考话术
19:00—19:10			
19:10—19:20			
19:20—19:30			
19:30—19:40			
19:40—19:50			
19:50—20:00			
20:00—20:05			
……			
22:00—23:00			

1.2.2 文案的特征

1. 创作主体多元化

互联网向来就不是一个唱独角戏的地方，尽管主流发声的仍是BGC（Brand Generated Content，品牌生产内容）或PGC（Professionally Generated Content，专业生产内容），但如今用户对网络的需求不仅是简单地获取信息，而是渴望从旁观者转化为参与者，他们发声的意愿也越来越强烈，UGC（User Generated Content，用户原创内容）模式也应运而生。

电子商务文案的创作主体既有企业、品牌方，又有明星，还有普通的互联网用户，比起学院式文案，电子商务的用户更愿意读自己喜欢的自媒体人、段子手、漫画家、名人等创作的文案，比起单方面的呈现式文案，人们更喜欢自己能够参与其中，进行互动和二次创作的文案。

2. 传播渠道碎片化

传播渠道的多样化，带来的是营销方式的多元化，电商平台、新媒体平台等渠道各有特色，电子商务的文案传播应全渠道布局，以实现传播效率最大化。

移动互联网的兴起，使得内容传播渠道由传统媒体向新媒体倾斜，使其更有社交感。传播链条由过去的单向的"引发兴趣—阅读"变成了双向的"想读—互动—二次传播"，换一种说法就是"关注—参与—分享"。

3. 内容表现个性化

在品牌策略的指导下，个性化的文案能直指目标消费者的内心，同时让电商品牌散发鲜明的个性。比起中规中矩的消费者利益文案，消费者更愿意读一篇不提及产品的文章，一个有趣或感人的故事，或者来自代言人的一段发自肺腑的独白。有时候，"自黑"比"自夸"更讨人喜欢，"吐槽"比"赞美"更讨人喜欢，"不讨好"比"讨好"更讨人喜欢，"有性格"比"温柔"更讨人喜欢。

4. 营销效果可测量化

如果说激发购买欲望是为顾客购买找到感性依据，那么赢得顾客的信任，就需要通过文案给顾客呈现一个理性证据，而最后，还需要引导顾客马上下单，这才是一个完整的电商文案。

电商文案投放的效果可以通过产品的曝光率、点击率、转化率等实际数据进行分析评估。这些数据一方面可以形成清晰的数据画像，另一方面也方便文案创作者进行文案的修改和调整。

1.3 电子商务文案岗位认知

时至今日，文案岗位已经成为电子商务行业的标配，需求量节节攀升，为了更好地了解市场对于电子商务文案岗位的需求情况，本书选取了猎聘网站进行搜索和数据分析（见图1-17）。

图1-17 猎聘网文案岗位搜索结果

搜索全国文案岗位需求，定位互联网/电商行业，得到的岗位需求超过10 000个，通过职位的自然排序，初步分析电子商务文案岗位薪资条件，大部分集中于6 000元/月以上的水平，通过对比显示，文案岗位的薪酬普遍偏高，一定程度上反映了电子商务文案岗位的重要性和人才的稀缺性。

1.3.1 文案与策划

严格来说，在广告学当中的"文案"与"策划"应当是两个相互联系而又迥然不同的专业分工。只不过，由于我国早期的广告行业发展不成熟，企业普遍小型化，缺乏专业分工，因此一些中小企业的市场部或企划部为节约成本，常常让一个人承担多种职能，导致很多策划人员既要策划营销活动，又要撰写广告文案。但"文案策划"这种错误称呼的出现与上述现象并不是因果关系，主要还是由于长期对文案和策划的误读造成的。

根据目前电子商务运营过程中的岗位分工，文案主要从事文字创意工作，包括撰写产品详情页文案、网店文案、内容推广文案、营销软文、新媒体文案等。

而策划偏重于市场，基于全局进行推广，帮助品牌策划新产品，负责制定线上营销策略、品牌策略、推广策略、资源整合等工作，具体可涉及平台对接、策划营销方案、活动跟进、活动对接等工作，还需要对品牌的营销状况进行分析总结，找出问题，制定改善方案，并提炼核心概念为传播和推广指出方向。

除了内容分工不同外，两者的区别还表现在其他方面：

（1）面向受众不同：策划是写给企业内部人士，特别是企业高层看的；文案是写给消费者和用户看的。

（2）语言风格不同：策划方案是商业语言，抽象宏大，里面充斥着各种行业术语、技术用语，以及企业使命、愿景、战略目标等；而文案则是消费者用语，力求简洁，有格调，直接明了，拒绝"假大空"。

（3）思维方式不同：策划是综合分析商业现象，然后归纳核心策略，提炼推广概念；文案是将浓缩的品牌策略进行创造性的文字演绎，目的是吸引消费者。

1.3.2　文案从业者的职业素养

1. 品牌感：深刻洞察品牌和产品

文案本身是没有调性的，品牌和产品才有。作为一名专业文案，需要从头到尾地去了解品牌和产品，只有洞察每一个细节，才能够真正使文案打动用户。比如写产品文案，只有深入了解产品的特征、功能、产地、工艺、生产过程、使用场景、感官体验、差异化效果、员工的用心、客户的体验等，并将其融入文案，把每一个数据、每一个场景、每一种感受都记录下来，才能写出有温度的文案。

2. 网感：敏锐捕捉互联网热点爆点

所谓的网感，是指对时下热点消息的敏感度，对于当前趋势的一种判断。所有的文案创作者都要有对时事、热点的敏感性，要了解网民关注什么，对于网络语言、网络流行趋势有全面的把控能力。优秀的文案，对于热点，对于政策，对于趋势等反应迅捷，应变能力特别强，擅于捕捉到一些细微的蛛丝马迹，创作出大家感兴趣的话题。

3. 同理心：用对的方式与对的人沟通

很显然，再好的文案，对象找错了就如同对牛弹琴。一方面要知道文案为谁而写：它是具体面向哪些人的，要促使他们做什么？对目标人群越了解，就越知道该写什么，什么样的文案能击中他们的内心，什么内容是他们愿意看的。如果不知道文案写给谁看，那就会丧失文案精准传达的穿透力。另一方面，就要懂得换位思考：站在目标人群的角度思考，用文案表达出能打动他们的观点。所谓有洞察能力的文案，能激起读者共鸣的文案，走心的文案，即是同理心强的文案。

4. 丰富积累：有输入才能有输出

一个好文案，行业相关的积累是一定需要的。另外，就是对世界、对生活要抱有积极热情的态度，善于积累，增长见识，扩展阅读，看得多了，自然能写出的东西就多。文案创作的工作就是发现的过程，汇集那些迟早会用得上的"无用之物"，以文字作为催化剂，使用自己丰富的知识积累，结合用户与产品，写出一篇有见地的文案。生活中的事、遇见的人、洞察到的现象、听到的趣闻、旅行过的地方、看过的电影、读过的书、欣赏过的演唱会等，都是文案创作者的宝藏。

5. 逻辑性：有逻辑才有说服力

文案的逻辑，就是目标人群读文案时的节奏感，以及对目标走向的把控。文案的背后自然就有到达目的的逻辑。美国文案大师约瑟夫·休格曼写文案的一个窍门就是创建一份文案逻辑路线图，然后按照此路线图的逻辑方式推进。他会提前把文案分成很多小的板块，形成清晰脉络，比如，以下就是他为一种电子产品列的营销文案流程：兴趣激情→独特性→为什么不同→怎样操作→惊艳的特性→使购买合理化→永久有效→售后免费→现在马上下单。有了这个清晰逻辑之后，就清楚地知道需要寻找什么资料，该在什么时机提出关键问题，要写哪些内容给读者，哪里的内容并不需要……所有问题都会顺着这种逻辑迎刃而解。

1.3.3 文案从业者的职责与职业成长

2020年4月2日，电商智库网经社电子商务研究中心发布了《2019年中国电子商务人才状况调查报告》，报告显示，在被调查企业中，47%的企业急需新媒体、内容创作、社群方向人才，居于人才需求的首位（见图1-18）。

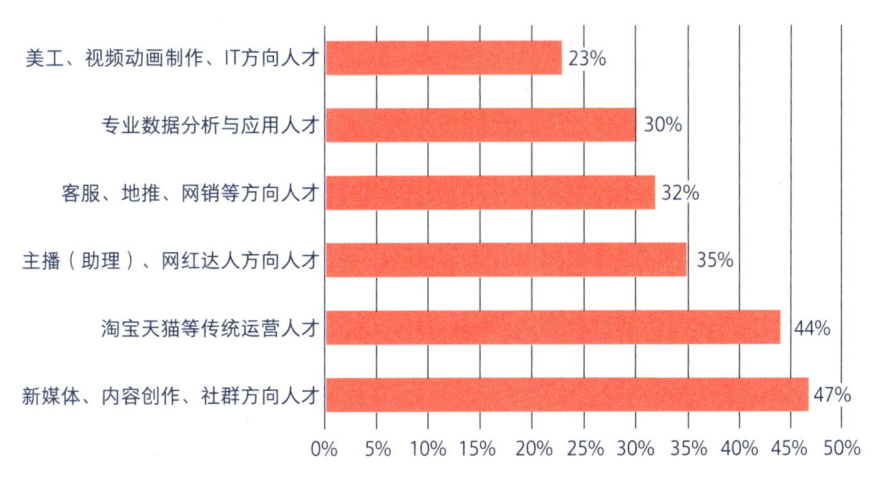

人才方向	百分比
美工、视频动画制作、IT方向人才	23%
专业数据分析与应用人才	30%
客服、地推、网销等方向人才	32%
主播（助理）、网红达人方向人才	35%
淘宝天猫等传统运营人才	44%
新媒体、内容创作、社群方向人才	47%

图1-18 2019年电商企业最急需人才情况

为了更好地了解市场对于电子商务文案岗位的需求情况，本书在智联招聘网站、看准网等以"电子商务文案"作为关键词搜索招聘信息并进行分析，得到该岗位群包括电商文案编辑、电商文案策划、新媒体文案等具体岗位。通过看准网对电子商务文案岗位的数据分析（见图1-19），该岗位的学历要求主要集中在大专层次，具有1～3年的工作经验较受欢迎，平均薪资在5 000元/月以上。

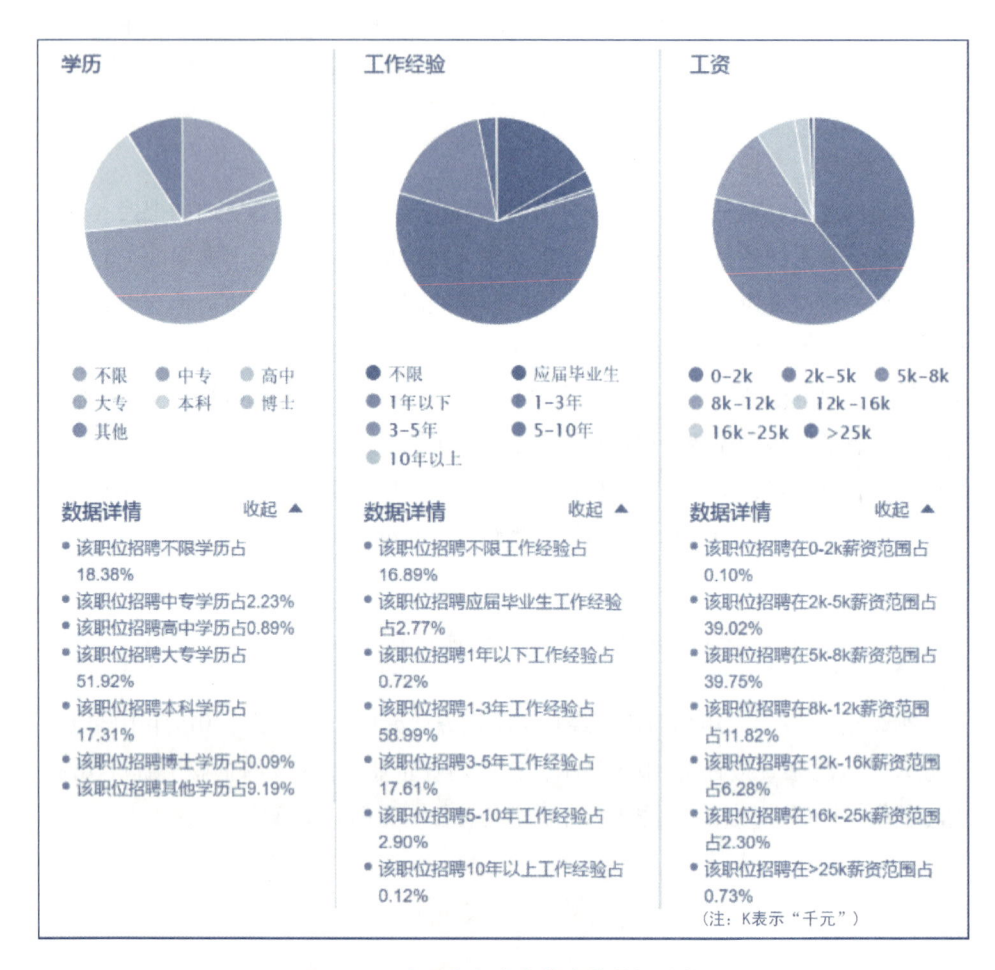

图1-19　电子商务文案的岗位数据分析

从市场调研数据分析可以看出，电子商务文案目前的岗位名称还不够统一，但通过招聘岗位的要求来看，岗位内涵职责相对集中在产品文案、活动文案、内容文案和脚本文案等方面，经过梳理总结，本书对电子商务文案的岗位职责界定如表1-5所示。

表1-5 电子商务文案岗位职责说明书

职位名称	电子商务文案	所属部门	企划部/市场部/电子商务部
职位概要	针对电子商务特点，负责文字撰写和文字创意工作，主要包括产品文案、活动文案、内容文案、脚本文案等策划撰写及创意执行工作			
工作职责	1. 负责分析客户需求，挖掘产品亮点与卖点，策划有品牌感、互联网思维、打动消费者的产品标题、产品描述文案； 2. 负责策划撰写具有客户体验感、时尚感的产品包装文案； 3. 负责撰写活动策划方案，针对活动为店铺页面、站内流量入口图、信息流广告等撰写相关文案； 4. 针对品牌推广、产品推广、活动推广等目标，负责淘宝、京东等电商平台的"种草"文案等软文撰写，负责微信、微博、今日头条等新媒体传播内容的撰写和专题策划； 5. 负责品牌文案、深度专题的策划，创意文案、推广文案的撰写执行工作，基于对电子商务的理解，对品牌的定位、价值观和使命进行准确定位，撰写相关文案； 6. 参与短视频及直播的内容策划并负责脚本设计工作； 7. 负责跟踪热点事件，互联网软性推广活动（事件营销、话题营销等）话题策划与文案撰写			
任职资格	1. 大专以上学历，具备互联网思维； 2. 热爱电子商务文案工作，思维活跃、洞察力强、富有创意，对文字的运用有敏感性，有强的文字功底及审美能力； 3. 有良好的沟通能力、责任心以及较强的逻辑思维能力，工作认真负责； 4. 爱好文字工作，学习性强，有高度的工作热情和良好的团伙合作精神； 5. 熟悉新媒体运营和各类Office软件应用			
职业生涯发展	电子商务文案重要的是作品和经验，从普通文案做起，可以沿着创意文案、资深文案、文案策划方向发展，随着资历经验越来越丰富，既可以向内容总监方向发展，也可以朝着电商运营岗位发展			

【知识与技能训练】

一、单选题

1. 电子商务文案的岗位指责是（　　）。

    A．撰写产品文案

    B．参与短视频及直播的内容策划并负责脚本设计工作

    C．策划撰写产品包装文案

    D．以上都是

2. 以下选项中不属于内容类文案的是（　　）。

    A．营销软文类文案　　　　　　B．种草推荐类文案

    C．活动策划方案　　　　　　　D．品牌故事类文案

3. 乔布斯在发布第一代iPod时，没有说自己的产品内存空间有多大，而是说"把

1 000首歌装进口袋"。这句文案体现了哪一种互联网文案创新思维？（　　）。
　　A．调动用户情绪　　　　　　　B．去抽象化
　　C．制造对比　　　　　　　　　D．讲个好故事
4．人们会在哪里看见信息流广告？（　　）。
　　A．微信朋友圈　　　　　　　　B．微博
　　C．移动App　　　　　　　　　D．以上全部
5．以下属于产品详情页内容的是（　　）。
　　A．产品细节信息　　　　　　　B．产品核心卖点信息
　　C．创意海报情景大图　　　　　D．以上都是

二、多选题

1．以下对文案的表述正确的是（　　）。
　　A．文案，原指放书的桌子，后来指在桌子上写字的人
　　B．在广告行业中，文案是一种职业名称
　　C．电子商务文案可以辅助视觉设计，解决电子商务的流量和转化问题
　　D．电子商务文案既传承了传统文案写作的特点，也有其独特的写作要求
2．文案的发展经历了（　　）。
　　A．简单粗糙阶段　　　　　　　B．品质升级阶段
　　C．个性化发展阶段　　　　　　D．内容多元化阶段
3．以下选项中属于目前电子商务文案的类型的是（　　）。
　　A．产品类文案　　　　　　　　B．活动类文案
　　C．内容类文案　　　　　　　　D．脚本类文案
4．文案的特征包括（　　）。
　　A．创作主体多元化　　　　　　B．传播渠道碎片化
　　C．内容表现个性化　　　　　　D．营销效果可测量化
5．以下关于文案和策划的说法正确的是（　　）。
　　A．"文案"与"策划"是两个相互联系又迥然不同的专业分工
　　B．文案主要从事文字创意
　　C．策划偏重市场，基于全局进行推广
　　D．文案和策划面向的受众不同

三、判断题

1．文案从业者要具备品牌感、网感、同理心，并具备丰富的积累。（　　）
2．电子商务文案是一种带有销售性质的文案，具有营销的作用。（　　）
3．优秀的文案工作者在写作时会避免进入"自我视角"，否则容易写出自认为很走心的文案，却无法影响用户的感知。（　　）

4. 文案—资深文案—文案策划—创意总监是文案岗位唯一的成长路径。（　　）

5. 现阶段内容电商有两种发展方向，分别是电商平台构建内容以及内容平台的电商化。（　　）

四、案例分析题

选择一个你喜欢的国产品牌，收集它的电子商务文案作品，试分析这些文案有哪些优点或缺点？

五、实训实战题

（一）实训背景

本项目实训为电子商务文案认知，学生通过对本项目的学习，掌握电子商务文案的不同类型，学习优秀电子商务文案案例。

（二）实训任务

以小组为单位，分享让自己印象深刻的电子商务文案作品，总结电子商务文案都有哪些类型。

（三）实训步骤

1. 每位小组成员在课前各准备2～3个不同形式的电子商务文案作品。

2. 小组内成员彼此分享准备好的文案。

3. 小组内进行信息整合，总结电子商务文案都有哪些形式，并汇总到电子商务文案类型汇总表中。

4. 小组内整合信息，形成最终的电子商务文案类型汇总表（见表1-6）。

表1-6　电子商务文案类型汇总表

编号	形式	举例
1		
2		
3		
4		
…		

第二章
电子商务文案写作基础

※【知识目标】

- 了解电子商务文案的写作步骤
- 掌握电子商务文案的写作思维
- 掌握电子商务文案写作的基本方法

※【能力目标】

- 能够制定完整的文案撰写策略
- 能够洞察消费者需求，并提炼概念
- 能够基于用户视角，调动用户情绪
- 能够借助制造对比、去抽象化、可视化表达写作文案
- 能够运用电商文案写作的基本方法，完成文案撰写

※【素养目标】

- 培养理论思维、产品思维、用户思维和社交思维
- 树立民族自信心和民族品牌意识，讲好"中国故事"
- 培养文案写作"信、达、雅"意识，展示文化自信
- 培养电子商务文案从业者的法治意识

※【思维导图】

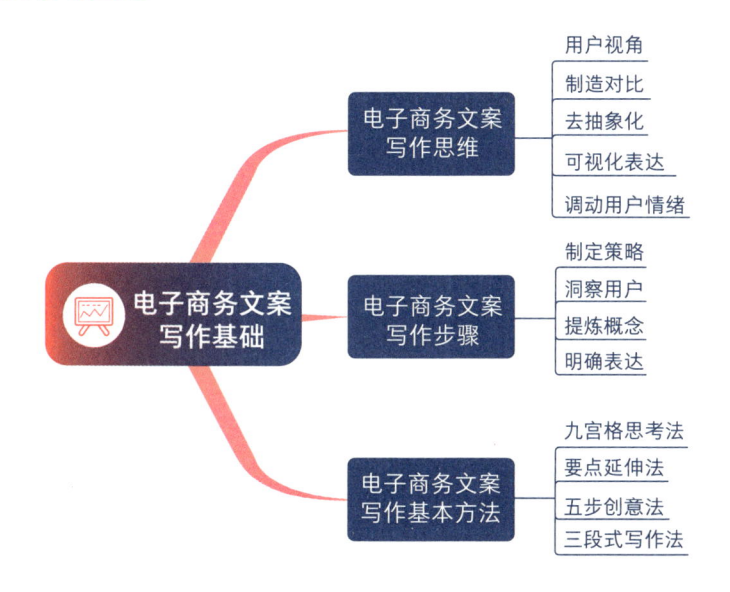

- 电子商务文案写作基础
  - 电子商务文案写作思维
    - 用户视角
    - 制造对比
    - 去抽象化
    - 可视化表达
    - 调动用户情绪
  - 电子商务文案写作步骤
    - 制定策略
    - 洞察用户
    - 提炼概念
    - 明确表达
  - 电子商务文案写作基本方法
    - 九宫格思考法
    - 要点延伸法
    - 五步创意法
    - 三段式写作法

【案例导入】

从"角色定位"到"身份认同"——江小白的文案创作

江小白作为一个白酒品牌，通过差异化的市场定位与营销策略，精准地锁定目标受众群体，成为一个颇受年轻群体喜爱的带有"青春文艺"特性的白酒品牌。在江小白品牌的成功中，广告文案发挥了重要的推动作用。

在白酒市场，刚毕业和正在职场打拼的新生代（"80后""90后"群体）存在明显的市场缺位，他们依附于自己的父辈，在既往的白酒消费市场找不到自己的存在感。重庆江记酒庄通过充分的市场调研，精准地抓住了这一市场空位，制定了差异化市场策略。巴渝传统的精酿高粱酒工艺是在长江边酿好酒，于是有了"江边酿造，小曲白酒"，江小白也以此得名。

江小白的品牌"人设"已经确定，接下来便是品牌的建设和发展。江小白的广告文案创作充分利用了互联网资源，深度挖掘了目标群体的诉求、个性特点、生活情趣等，创作了一系列融合了理性诉求、以感性诉求为主的精彩文案，青春文艺范儿十足的广告文案使江小白成为众多白酒品牌中的一股清流，同时成就了互联网文案的典型案例。江小白的广告文案创作，从"角色定位"到"身份认同"，表现出如下几个方面的特点：

（1）"反客为主"——塑造以"受众为中心"的个性化品牌角色；

（2）"设定场景"——增强品牌与受众同在的现场感；

（3）"多向交流"——构建品牌面向受众的"开放式"表达平台；

（4）"深入生活"——强化品牌参与的生活黏度；

（5）"情感维系"——增强品牌的情感亲和力。

案例启示：从"角色定位"到"身份认同"的这个过程，江小白从名不见经传到一举成名，成为一个拥有极高知名度的青春白酒品牌和超级流量IP。其广告文案的成功带给企业许多启示，文案的创作已经不能仅仅依靠单向价值的输出了。广告文案的创作需要以目标受众为中心，转换立场和角度，创造交互性和参与感，重视现场感、开放性，要富有生活黏度和情感关怀。

2.1 电子商务文案写作思维

如今，互联网正以前所未有的速度向前发展，这对电子商务文案工作者提出了新的要求。在接到文案工作任务之后，如果只是一味地埋头苦写，这样写出来的文案很多时候会不符合营销或推广的要求。为避免这种情况出现，文案工作者首先要了解新消费时代背景下，人们对商品的需求已呈现多元化趋势，用户的消费习惯和购物方式已经发生了极大的改变。因此，在进行文案写作时，必须深入思考文案的阅读者是谁，要用什么样的内容来吸引目标人群的关注，哪种形式的文案更能促使消费者下单。表面上看只是单纯地写文案，其实是考验文案工作者的写作思维。

2.1.1 用户视角

在人们浏览一些品牌的官方网站时，会发现很多公司和品牌的文案是产品介绍、品牌介绍等内容，是在向消费者传播企业理念、公司文化、品牌价值。这种单向的传播方式很难引起消费者的兴趣，宣传的内容也很少关注目标人群的感受和体验。

其实，消费者在购买产品时，本能地以自我为中心，会更多地关注自己所关心的内容，对于那些与自身关系不大或不直接影响切身利益的事情，并不是很在意。这就要求文案工作者在写作电商文案时关注用户的需求和感受，以用户视角作为写作的主要切入点，深入分析用户的消费行为，提炼出他们最关心的问题，有针对性地呈现给目标用户其所感兴趣的文案。

当进行文案创作的时候，文案工作者虽然会想到要从"用户视角"出发，但是在面对着计算机屏幕时，便往往进入"自我视角"。于是就会写出一些自认为很走心的文案，但这样的文案只能感动自己。

【文案赏析】

"用户视角"的文案

很多产品推销人员总是在向陌生的顾客介绍自己的产品有多么好,却不关心用户的感受。如图2-1所示,小米体重秤的文案不会说"灵敏随行,智掌未来",而是说:100克,喝杯水都可以感知的精准。

这样消费者会非常容易地感知到小米体重秤的优点是"非常精准",从而影响消费者的购买决策。

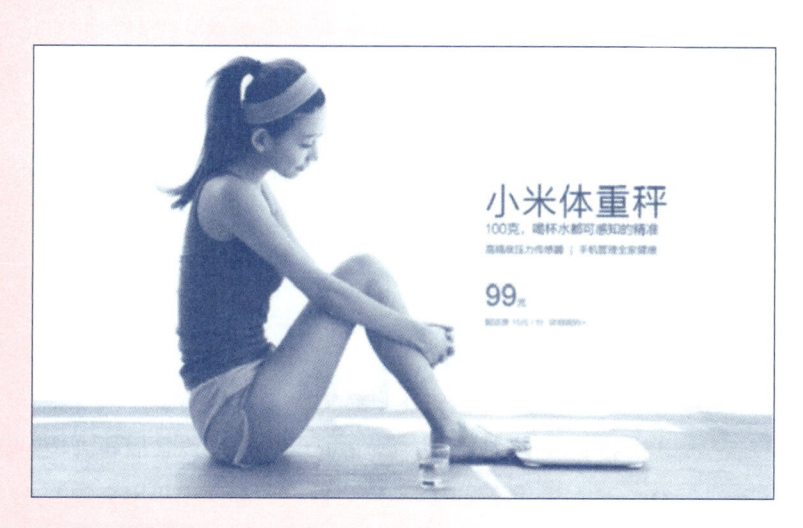

图2-1　小米体重秤文案

所以,如果想影响用户的感受,就要站在用户的角度思考什么样的文案能够影响消费者的感知,而不是影响自己。

【协作创新】

如果你是一款防蛀牙膏产品的文案人员,需要用文案来吸引目标人群的注意力,请从用户视角出发进行写作训练。

2.1.2　制造对比

有一个很有趣的现象:人们在购物的时候,经常会因为一个10元钱的商品能不能再优惠1元而跟商家讨价还价。而对于一个10 000元的商品能否再优惠50元,人们好像并不是太在意。为什么50元明明和1元有50倍的差距,人们却更看重那个1元钱呢?很简单,这是因为人们当时在乎的其实不是钱本身的数额,而是通过把优惠额和原价做对比来判断它的价值。相对于10元,1元就是它的1/10,它是有价值的;而相对10 000元,50元仅仅只占到1/200,这个时候50元看起来价值又好像没那么高了。对于商品价格而言,这个时候它的相对值明显更影响消费者的购物决策。

这里有一个强大的营销底层逻辑:消费者在判断商品价值的时候,天生就喜欢去对比,而"参照物"在很大程度上直接决定了人们最终的决策。如果没提供参照物,那么消费者会按照过往固有的经验和认知去对比;而如果提供了合适的参照物,消费者就会基于眼前的参照物去做对比。

消费者往往需要在不同的产品之间做出选择,但是众多的产品同质化非常严重,导致用户很难快速做出决定。解决这一问题最好的办法就是制造对比,塑造差异帮助消费者减少思考需要消耗的精力和时间。

人的大脑能非常容易对身边的事物产生熟悉的感觉,只有通过对比,才可以使得不同的产品之间的差异体现出来,从而形成清晰的记忆和印象。

【文案赏析】

"制造对比"的文案

小米笔记本电脑的屏幕尺寸比MacBookAir小13%,但是消费者很难感知到小13%到底是多少。于是,小米就把两种产品放在一起画出小出来的13%(见图2-2),这样消费者的大脑就能清晰地比较出两种产品的差异,瞬间使用户感知到小米笔记本电脑的屏幕尺寸更小。

图2-2 小米笔记本对比MacBook

一元钱能买一个包子,或者一瓶矿泉水,但是和老罗的8次课比起来,显然老罗的课程更加实惠(见图2-3)。因此,制造对比可以让消费者的大脑快速对产品产生印象,从而更快地做出决定。

图2-3 老罗英语培训文案

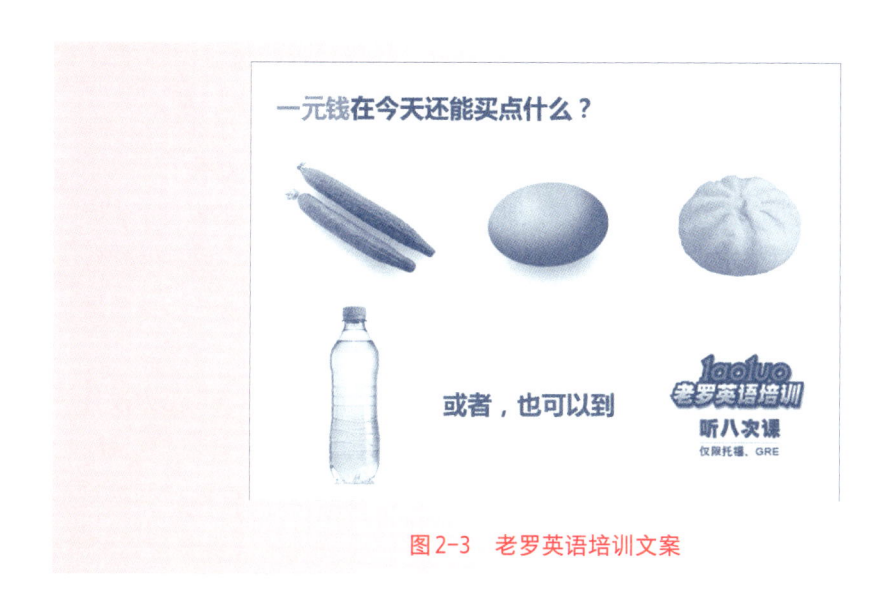

2.1.3 去抽象化

奥美广告公司创始人大卫·奥格威说:"广告是词语的生涯。"失败的广告往往是由于缺乏一种最基本的技能——找到准确的语言。但是语言的本质是抽象的,文案的目的确实为了销售,重点在于让人记住,以实现传播效应,完成说服消费者购买的任务。因此,文案使用语言的重点在于去抽象化。当然,也不是说一篇文案全都使用具体的词汇。类似"易操作""自动化"这种词汇,对于提炼浓缩产品特征就很有帮助,否则只能使用更多的具体化的词汇来说明"自动化"是怎么一回事。

去抽象化是把产品描述具体化,通过味觉、听觉、视觉、嗅觉、触觉的五种感觉"组合拳",把文案进行可视化或可感知化处理,让用户真实地感受到产品信息,也叫具象化思维,表现为对场景化的细节描写和词性的选择。

1. 场景化的细节描写

"场景"一词原指戏剧、电影等艺术作品中的场面。具体来说,是指在一定的时间、空间内发生的一系列行动或人物关系所构成的具体生活画面,观众可通过某一场景回忆起曾经的某句话,或实现对整个故事理解的衔接。场景化能给用户制造一个场景想象或场景联想,通过下一次在相同或类似的场景下触景生情而联想到品牌或产品,从而能传达品牌的定位或价值,并提高产品销售量或使用率的文字段落。进行场景化的细节描写的步骤如下:

一是明确产品定位和品牌定位。即明确产品的使用人群或目标受众,明确产品功能特色等,从而明确文案中心思想和受众人群。

二是联想相关场景。通过"穷举法",列出可能出现的所有场景,并梳理出最容易和次容易产生联想的场景,摸索其中的关联,进而奠定文案描述的环境基础。

【文案赏析】

去抽象化的场景表达

其实,每一个在大城市里打拼的年轻人都渴望吃到一顿安心可口的家常菜,但对于他们而言,"每天下班后吃什么"或者"点什么外卖"成为困扰他们的难题。近年来,各种各样的外卖App涌入了人们的生活,但是那些重油重味的饭菜总是让人觉得缺一点东西。

为了给大家带来更多"家"的感觉,一个号称"你努力改善世界,我努力改善伙食"的App"回家吃饭"进入了一部分人的生活,它致力于挖掘美食达人和民间家厨,为忙碌的上班族和不愿下厨的年轻人提供符合个性需求的家常菜。"回家吃饭"App文案如图2-4所示。

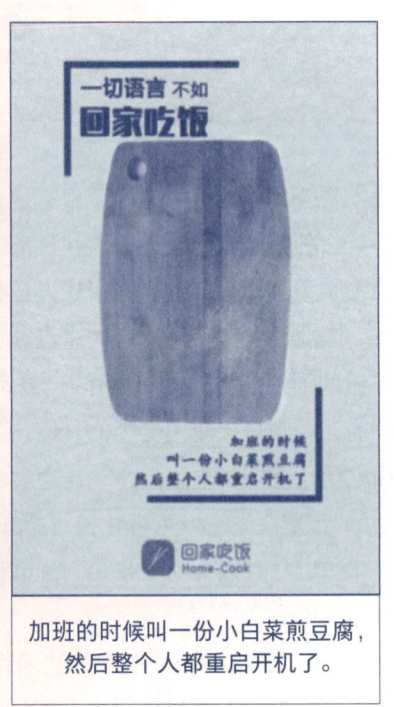

虽然有雾霾,
但在楼下闻到蒜薹炒肉的味道,
还是会摘下口罩。

加班的时候叫一份小白菜煎豆腐,
然后整个人都重启开机了。

图2-4 "回家吃饭"App文案

三是挖掘目标用户的痛点。无论是王老吉的"怕上火",还是支付宝的十年回忆,或是像益达的"饭后嚼一嚼",都是从人性出发,将产品定位与人性连接,由人性中的弱点带动对情景的感知和同化。最后将人性的特点和场景结合,创作出最终的广告文案。

2. 词性的选择

语言词性不同,认知模式不同,对形容词的理解是有偏差的。比如:美丽、大气、优美、纯洁等词汇都不错，但用户对每一个词汇的理解是不同的。"一千个人眼中有一千个哈姆雷特"。动词利于产生画面感，名词也可以很好地传达信息，量词则令事物更直观，便于大脑迅速理解。

【文案赏析】

小熊电器的数字表达

数字除了是一种客观准确的符号，更是一种语言，可以达到多种表达效果。小熊加湿器就深谙此道，用99%的除菌率和40分贝的静音来突出核心卖点：除菌功能和静音加湿，快速在消费者头脑中形成认知并促成转化。小熊加湿器文案如图2-5所示。

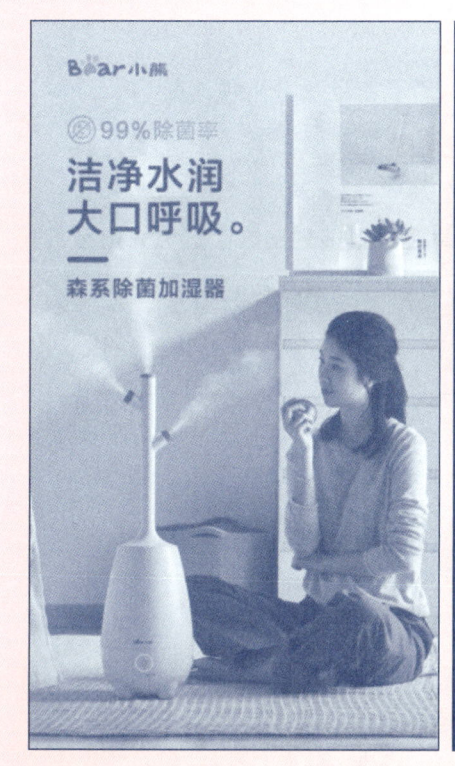

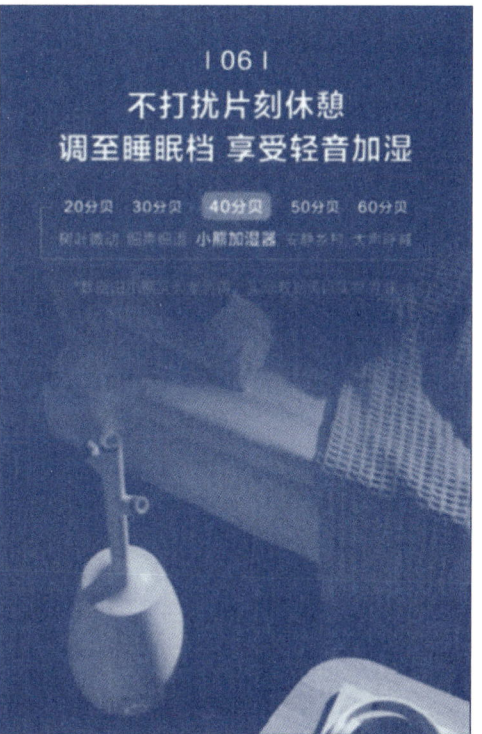

图2-5 小熊加湿器文案

总之，去抽象化思维要求把关注点放到人身上，需要在生活中不断发掘令人感动的素材，用心体会并记录下这个时刻，呵护消费者的脆弱、消除消费者的痛苦、参与消费者的快乐、理解消费者的落寞。文案触动人心的力量，都是藏在细节之中。

2.1.4　可视化表达

在文案写作过程中，仅仅提供具体信息是不够的，还要加上视觉化表达，让文案能调动消费者的感受，联想一些生动的画面。

文案要有画面感，可以通过比喻、拟人等修辞手法把具体的信息传递给用户，使其在大脑中将这些有画面感的图像保存起来。文案的画面感越强，就越容易调动大脑的记忆，使消费者能够快速识别和储存信息。例如，要是给一款耳机设计广告文案，仅用"静享音质"这种抽象化的介绍是根本无法打动消费者的，他们也无法调动感官去想象这款耳机的音质到底有多好。如果换成"犹如置身音乐会"，这样的比喻会让用户眼前浮现出聆听音乐会的画面，产生身临其境的感觉，体验感瞬间变得真实起来。

【文案赏析】

南孚迷你充电宝

卖点：更小巧轻便，方便携带。

怎么突出这个卖点呢？最常见的方法肯定是直接列出这个迷你充电宝的尺寸，比如9.2cm×2.3cm，但南孚的做法是选择了2个参照物，如图2-6和图2-7所示。

参照物1：口红
直接用口红作为参照物，非常直观形象，看的人都知道了这个迷你充电宝好小啊，竟然和口红尺寸大小差不多。

图2-6　南孚迷你充电器文案1

参照物2：iphone6S

为了加深用户印象，南孚又选了当时标志性手机iphone6S，一对比，人们马上就知道这个充电宝只有iphone6S的差不多2/3那么大，说不定用户还拿出手机来比较一下，马上就能领会到南孚想要传达的产品卖点。

图2-7　南孚迷你充电器文案2

【协作创新】

以小组为单位，第一步先找出两个可视化表达的文案案例并进行分析，第二步找出两个抽象表达的文案案例，并进行可视化表达的优化。

当然，电商文案不仅可用文字进行可视化表达，也可以搭配图片、视频来烘托视觉效果。图文并茂、视频清晰流畅的文案更能直接刺激用户的大脑，强烈的视觉冲击力会带给用户更多的震撼。可视化文案的目标是为了更好地影响消费者的行为和认知。因此，需要寻找具体的信息将其用视觉化的形式表达出来，从而快速地影响用户的感受。

2.1.5　调动用户情绪

走心的电商文案，往往可以洞察消费者内心世界，甚至有时比用户自己还要了解自己。了解用户需求，充分调动他们的情绪，促使用户对文案和商品产生好奇心，呈现他们所关注的利益点，就把握住了用户的购物心理，吸引他们快速下单。

视频：招商银行信用卡：世界再大，也不过一盘番茄炒蛋

【素养园地】

微博热搜暂停整改：告诫媒体不能人为操控民意

据《人民日报》报道，2018年1月初，《紫光阁》杂志官方微博批评某歌手教

唆青少年吸毒与侮辱妇女，引发网友热议。几天后，"紫光阁地沟油"话题突然成为热点。随之曝光的截图显示，疑似该歌手的粉丝团体试图花钱请水军，通过刷榜上热搜，炒作食品安全问题来报复抹黑。他们误以为紫光阁是饭店，结果闹出了"紫光阁地沟油"的笑话。

微博方面否认"紫光阁地沟油"上了热搜榜，称只是登上了"实时上升热点"。不过，在2018年1月27日，因对用户发布违法违规信息未尽到审查义务，持续传播炒作导向错误、低俗色情、民族歧视等违法违规有害信息的严重问题，微博热搜榜、话题榜被罚下线整改一周。

2020年6月10日，新浪微博热搜被责令整改，暂停更新一周。这次"热搜"被暂停的导火索是"蒋某"事件。国家网信办在信息披露中的具体表述为："针对微博在蒋某舆论事件中干扰网上传播秩序，以及传播违法违规信息等问题。"因此给以相关处罚。

网络不是法外之地。平台要承担主体责任，落实审核义务，而政府要加强分类监管，比如涉及公共利益、国家利益的，必须加强监管。

技术和资本均不能超越法律。首先，不能让算法左右舆论。《网络信息内容生态治理规定》第二十四条对此有明确规定：网络信息内容服务使用者和网络信息内容生产者、网络信息内容服务平台不得通过人工方式或者技术手段实施流量造假、流量劫持以及虚假注册账号、非法交易账号、操纵用户账号等行为，破坏网络生态秩序。

其次，不能让资本有超越法律的特权。如果资本能够左右舆论，把上了热搜的事件给撤掉，或把没有上热搜的事件给推上去，删掉它想删掉的信息，发布它想发布的信息，那是很可怕的。

流量必须通往真正的价值，才具有意义。企业逐利，也得兼顾商业伦理、社会伦理、法治伦理。无论是新媒体还是传统媒体，无论是官方媒体还是社交媒体、自媒体，都是公共舆论的一部分，不能成为个别人的自留地，不能成为私权的保护伞。撤热搜、撤稿，撤掉的是新闻的价值、舆论的尊严。

在这次事件中，国家互联网信息办公室有关业务局负责人也强调，网站平台既不得为违法违规信息提供传播平台，又不得随意干预信息的正常呈现、干扰网上传播秩序。这也给各流量平台敲响了警钟：公信力不能被当"瓜"玩，公众的耳朵更是不可以随意关上或打开的。

当文案从痛点和需求的角度出发，能洞察用户的行为规律，从而挖掘用户的痛点和需求，帮助用户去了解产品、去理解产品理念，甚至让用户有代入感时，就会轻松让目标用户产生购买欲望。

1. 激发好奇心

好奇心人皆有之。在移动互联网时代，人们每天接触到大量的信息，这些信息大部分都会被大脑自动屏蔽，无法在人们心中引起波澜。只有能引发用户好奇的文案，才能促使他们点进去查看具体内容。因此，在文案写作中，想要指导消费者阅读，引导下单，可以通过文案的标题设计来引起消费者的关注。

标题是文案最能使人感到好奇的部分。由于标题比较简短，很多时候不能完全描述事情，反而更容易产生悬念，激发人们的好奇心。人的好奇心一旦产生，情绪也就会随之激动起来，有想要一探究竟的想法，这样就会产生后续的文案阅读行为。如果电商文案使用令人感到好奇的标题，那么文案的点击率会明显提高。

文案创作者可以利用目标人群知识上的不足来激发人们的好奇心，因为人一旦在某个领域存在知识和信息的不足，就会产生好奇心，并想要去探索未知的领域，以此来弥补某方面的不足。文案创作者可以在文案标题中运用提问的句式，恰当使用"如何"一词来调动用户的情绪。例如："如何在3天内减轻5公斤体重？""如何快速阅读一本书？"等。

【文案赏析】

支付宝广告文案

专门聊绘画的公众号"顾爷"曾经为支付宝创作了一个广告文案，标题是"梵高为何自杀"。标题抓人眼球，内容也非常精彩，看了之后使人有想转发的冲动。

梵高是法国印象派的著名画家，他的画作非常与众不同。大多数人都很喜欢梵高著名的作品《星空》，但对梵高的生平不是很了解。《梵高为何自杀》这篇文案成功地激发无数喜爱梵高的公众的好奇心。文案图文并茂，从"顾爷"视角讲述了他认为梵高是一个只会画画的"神经病"，然后在看了一本名为《亲爱的提奥》的书后改变了对梵高的看法。文案在一步步勾起读者的兴趣，很多人看了会想知道梵高到底为什么自杀。紧接着，文案介绍了梵高研究绘画创作的技巧，以及与弟弟提奥之间的故事，后来作者说梵高自杀是因为穷！看到这读者会产生疑问：作为画家的梵高怎么会那么穷呢？没想到在公众还在质疑的时候，突然发现这个文案竟然是支付宝的广告！结局大大出乎读者的意料。

梵高作为印象派画家的代表，本身就自带话题属性，他这一生确实让人好奇不已。文案用独特的视角、有趣的内容把读者代入到作者制造的悬疑故事中，前面一直吊人胃口，最后出人意料地插入广告，令人既大感意外，又会非常兴奋，成功地调动了用户的情绪。此则支付宝广告文案如图2-8所示。

图2-8 支付宝广告文案

【协作创新】

如果你负责一款洗发水的文案创作，你会怎么设计文案标题来激发目标人群的好奇心？试着写下来。

2. 启动情感

人是有情感的动物，不管是朋友间的交往还是亲人间的沟通，情感都是重要的纽带。富有情感的文案往往比没有情感的广告更吸引人，它能触动情感，调动情绪，通过对情绪和情感的刺激达到吸引人们注意、打动人心的作用。电商文案就像一个产品，只有经过文案创造者精心设计和仔细打磨，才能获得目标用户的关注，进而获得用户的好感，实现情感上的共鸣。

视频：
惠氏孕妈妈
粉：礼赞勇
敢妈咪

【文案赏析】

百雀羚走心文案

百雀羚作为护肤品界的老牌国货品牌，一直备受消费者青睐。百雀羚公司在宣传公司理念、企业文化，在做新品推广时，特别注重对消费者的情感攻势，创作了大量优质的文案，在情感上打动消费者。百雀羚文案尤其喜好运用中国风元素，抓住女性目标人群的消费特点，把产品的卖点和中国传统文化相结合，传递民族文化之美。

2017年，百雀羚公司推出24节气文案，搭配带有中国传统节气内容的热点海报，内容丰富、配图精美，成功捕获了众多女性的芳心。

百雀羚的广告文案充满了活力，既深入了解当代年轻人的生活态度和诉求，又能敏锐地捕捉到潮流趋势，创作出许多引发年轻人共鸣的图文和视频广告。百雀羚的国风广告文案非常有特色，曾联手故宫文化珠宝首席设计顾问钟华共同设计产品文案（见图2-9），展现东方之美，也使得百雀羚成为民族品牌的代表之一。

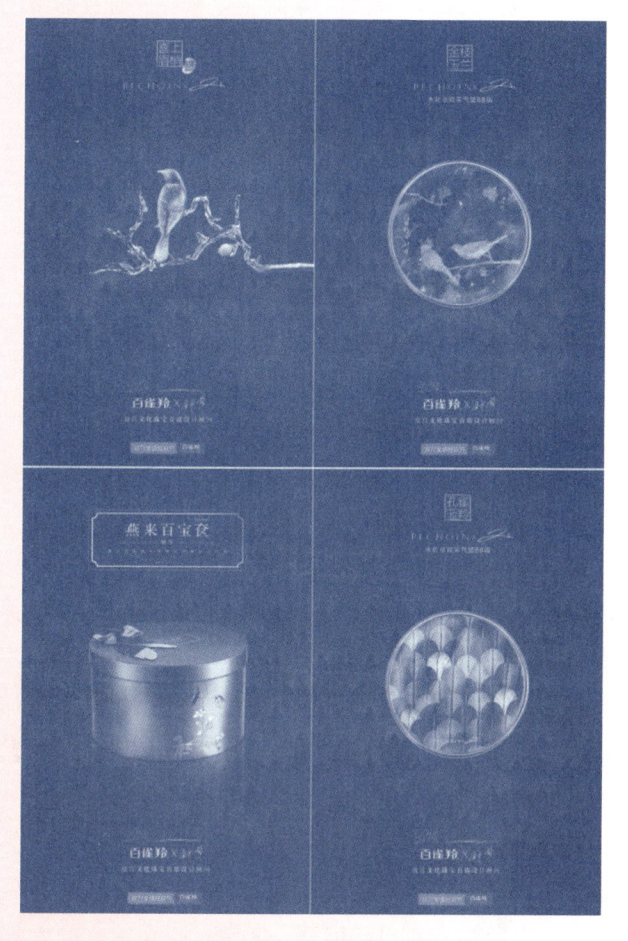

图2-9　百雀羚联手故宫文化珠宝首席设计顾问钟华展现东方之美

在《何必低调，你应该骄傲》广告文案中，百雀羚取材真实故事，通过一系列的"低调""被束缚"的例子展现契合现实的素材，在情感上感动消费者，引起受众共鸣和反思。在创作文案时，将品牌与国家关联起来，传递出"为祖国骄傲，为国货骄傲"的品牌内涵，使得品牌形象得以升华。

视频：
百雀羚：何必低调，你应该骄傲

2.2 电子商务文案写作步骤

当前电子商务文案已经从传统的广告文案延伸到内容电商、新媒体运营等新领域时，电子商务文案写作的目的也不再局限于获得目标消费用户，更多的是转为获得更多用户的关注，并让用户对产品或品牌产生兴趣，以此为企业和产品进行引流，最终使得企业完成销售目标。因此，如果企业想要针对目标用户撰写出高转化率的文案，基本都要经过以下四个过程：

制定策略：品牌的定位为何？沟通的目的是什么？商业目标是怎样的？

洞察用户：目标受众是谁？他们的需求怎么样？背后的心理动机是什么？

提炼概念：提炼核心的沟通主题和内容。

表达：选择文案具体的表现形式、语言风格及媒介。

2.2.1 制定策略

1. 策略的内涵

策略决定了文案创意的方向。策略的本质是选择，没有选择也就没有策略，策略就是选择一个方向，服务一批人群。

电子商务文案写作策略是创作者对与写作行为有关的一切活动的整体性把握，包括写作选择的方向、选定的目标受众以及写作的方式方法等。奥美广告公司创始人大卫·奥格威（David Ogilvy）曾说："99%的广告文案都没有对产品的销售起到很好的促进作用。"这句话放在当下依然不为过。如果一则广告没有很好的效果，可能并不是文案出现了问题，而是最初在制定策略层面就出现了偏差。

2. 策略与文案的关系

简单来说，策略决定了电子商务文案创意的方向，是一套支撑文案写作的逻辑。策略的本质是选择，没有选择也就没有策略。电子商务文案写作的策略就是围绕品牌定位、沟通目的和商业目标展开，文案正是在策略的方向指引下进行的创意。

策略和文案是有本质不同的，策略是商业语言，文案是消费者语言；文案是策略的创造性表达，重点在于创造性。相比较而言，策略范围较广，文案范围较窄。以推广一门在线课程为例，文案可以这么写："看见这个价格，那些报名早的人都后悔了。"文案要足够简洁、平实、口语化，最主要的是往"小"里写，往具体里面写。

3. 电子商务文案的铁三角理论

电子商务文案的写作遵循铁三角理论（见图2-10），即基于洞察形成策略，策略指导文案创作，文案创作影响受众的感知及行为，受众的行为又不断印证洞察，如图2-10所示。

几乎所有优秀文案的产出，都要经历这样一个创作过程。即便是"拍脑袋"想出来的文案，也可以通过铁三角理论来验证效果。因此，文案创作者要深刻理解及运用好文案的铁三角理论。

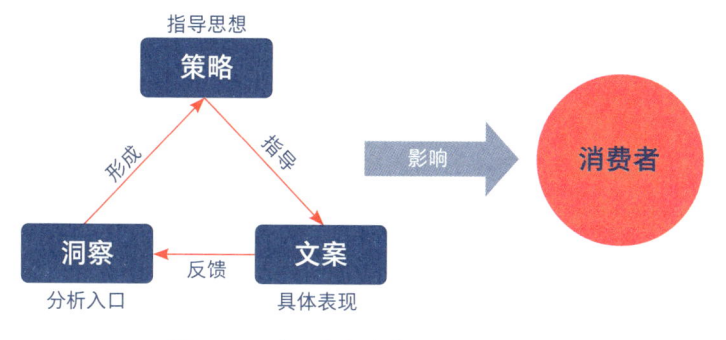

图2-10 电子商务文案的铁三角理论

2.2.2 洞察用户

1. 什么是洞察

洞察，就是发现人们的认知和事实之间的缝隙。例如"胖子其实也爱美"，就是一个洞察。因为这是一个虽然没有被大肆宣扬过但客观存在的事实，所以一旦表达出来，受众会觉得"没错，我也是这么想的"。这就叫洞察。

洞察分为两类。第一类叫作："心念已至，口不能及"，就是大家心中都有这种说法，但是无法用语言准确地表达出来。当你能说出来时，大家就会觉得"没错，我也是这么想的"。第二类叫作："一闻此言，恍然大悟"，即大家都没有这么想过，你一说出来，不用解释，大家都觉得对。

2. 如何做洞察

做洞察需要考虑两个问题：一是文案面向的目标受众是谁？二是受众需求是否明确，是否足够强烈？

首先，文案面向的目标受众是产品的用户群体。

其次，洞察具体到文案中，就是通过文字让消费者发现产品中一些"不被人们察觉的真相"。而受众需求是否明确可以分为以下三种情况：

第一种：需求明确，是用户的刚需产品。这种情况只需要弄清楚用户有什么疑惑，进而帮助用户解答困惑。

第二种：需求较弱，可有可无。这种情况可以通过更精细化的场景植入，在对应特定的场景下激发用户的欲望。

第三种：就是没有需求的，这类用户也不是目标人群。

例如，现在很多年轻消费者以"吃货"自居。这个词在以前并不是很友好，而现在以"吃货"标榜自己是一种打趣，更是一种认真生活的态度。

【文案赏析】

洞察人性的文案，能沟通灵魂

好文案是电商品牌与消费者沟通的基础，它是对人性的一种思考，是对社会现象、生活洞察的直接体现，只有洞察人性的文案才能引起消费者的共鸣。要写出能够洞察人性的文案，首先应了解人的基本需要，美国心理学家亚伯拉罕·马斯洛将人的需要从低到高分为五个层次，它们分别是生理需要、安全需要、情感需要、尊重需要和自我实现需要。不同的产品有其不同的卖点诉求，也是为满足人们不同级别的需要，因此文案表现也不一样。

1. 洞察生理需要

2000年，一个拥有大红色外观的罐装凉茶横空出世，为国民凉茶饮料注入一针强心剂。"不用害怕，尽情享受生活，怕上火喝王老吉"。王老吉的文案就是抓住消费者的生理需求写的。在易上火的五个日常生活场景中，消费者自然而然就能想到红色的王老吉，从而进行购买。尤其是在夏季，王老吉"预防上火的饮料，具有独特价值"。喝王老吉能让消费者在充满火气的夏日尽情享受生活。王老吉广告如图2-11所示。

图2-11 王老吉广告

2. 洞察安全需求

《灾难来时，中国人寿在行动》的文案是这样写的，"死神，我知道你就在面前，可我并不恐惧，你夺走了我那么多兄弟姐妹的生命，但我要告诉那些死去的亲人，活着的人思念你们，我要告诉他们不必担心，你们的亲人已经从废墟上站起，安息！"这是中国人寿为人们的生命财产安全需求写的文案，用无畏艰难的精神告知灾难，中国人寿在帮助大家共渡难关，共建家园，给予人们安全感。

3. 洞察情感需要

人人都希望得到关心和照顾，情感有所归属。亲情、友情、爱情是人一生中最基本的情感需求，也是极易引起消费者共鸣的因素。比如，铁时达的手表广告"不在乎天长地久，只在乎曾经拥有"、雕牌洗衣粉的"妈妈，我能帮您干活了"等。

此外，人生的珍贵回忆，难忘的人生体验，思乡之情、民族之情也是挖掘人性需求的源泉，"小时候，一听见黑芝麻糊的叫卖声，我就再也坐不住了……如今，不管过了多久，它还是记忆中的那个味道！"这是南方黑芝麻糊的广告文案（见图2-12），不知温暖了多少怀旧思乡之人的心。

图2-12　南方黑芝麻糊广告文案

4. 洞察尊重需要

尊重的需要，属于较高层次的需要，包括自我价值成就的个人感觉，也包括他人对自己的认可与尊重，三只松鼠就是牢牢抓着这一点来写文案的，"我们是一群松鼠，一群为主人服务的松鼠，所以请我们叫您'主人'，主人您有任何问题都可以联系我们，我们将竭诚为你服务。"三只松鼠的广告文案如图2-13所示。

图2-13　三只松鼠的广告文案

3. 洞察方法

洞察是电商人一辈子都要修炼的技能，要学会感受生活，时刻关注生活中的细节，粗心大意的人是无法洞察的；还要理解人性，因为人是创作的基准，洞察就是要看透人心，电商文案的写作一要做受众需求分析，二要考虑用户潜在阅读时长。

受众需求分析通常可以从以下四个方面来进行：一些未被满足的需求、一些未被说出的心声、一些未被关注的感受、一些未曾实现的梦想。

除了这四个方向的想法之外，也可以在动笔之前问自己一个问题："如果是你亲近的朋友要做这件事情，你对他的建议是什么呢？"

同时，电商文案投放需要考虑用户潜在阅读时间是长还是短，这部分内容可以分成三个时间点，如图2-14所示。

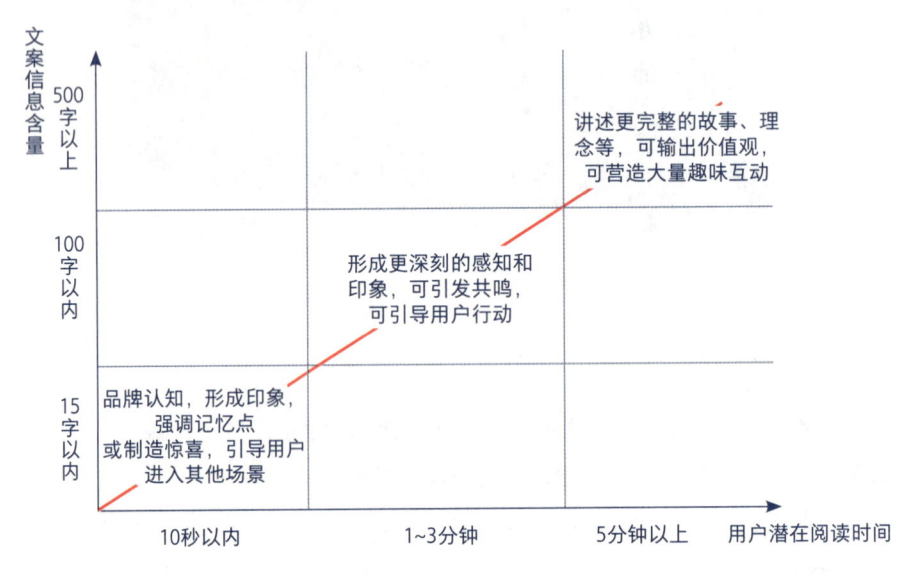

图2-14　用户潜在阅读时间点

10秒内的文案：只需要达到品牌认知，使用户形成印象即可。或者可以制造惊喜，引导用户进入其他场景。

1~3分钟内的文案：要形成更深刻的感知和形象，可以引发共鸣，文案场景化。

5分钟以上的文案：可以讲述更完整的故事、理念等。还可以输出价值观，营造大量的趣味互动等，让用户对品牌产生的印象更深刻。

【文案赏析】

快手"烟火有声"民谣云音乐节文案

快手"烟火有声"民谣云音乐节文案（见图2-15）洞察了用户的需求，选取的事物、情景是日常的，表达的情感是质朴的。文案不卖弄概念，不故作深沉，直白传达出一种情绪——"对啊，生活不就是这个样子的嘛。"言之有物又跟消费者进行了情感联结。

(a) 柴米油盐不仅能调出味道
也能调出有味道的调调

(b) 在生活的深渊里唱歌
更有回响

图2-15 快手"烟火有声"民谣云音乐节文案

2.2.3 提炼概念

1. 什么是概念

概念是从策略到创意的关键所在。优秀文案和普通文案之间差距往往是概念的提炼能力。如果说"洞察是文案人修炼的内功心法",那么"概念就是文案人的倚天屠龙"。概念是万物归一,也是一化万物,是策略到创意的关键所在。

文案创作者之前在策略/洞察上做的所有功课,几万字的输出,到这一步就是提炼成几个字的概念,之后再围绕这个概念进行创意表现。如果一个概念提炼得足够优秀,那么其创意表现也不会差到哪去。如"重构想象"是华为Mate30 5G推广的核心概念,之后还有一系列的重构视觉想象/重构速度想象系列的海报推出。之所以这么看重概念的提炼,是因为从策略来看,概念浓缩了产品卖点和品牌的核心价值观;从创意来看,概念就是最能打动和俘获消费者的一个词、一句话。

2. 如何提炼概念

一是关注产品的核心卖点，即该产品的卖点能给消费者带来什么改变。

以华为 Mate 30 来讲，这款手机最大的特点是 5G。从 4G 到 5G，是一个时代的跨越，它所带来的改变是人们无法想象的。因此，这款手机提出"重构想象"这个概念，意在为这个世界掀开 5G 的新篇章。

二是浓缩品牌的核心价值观，从品牌价值观中抽出一个观点，使之与消费者产生共鸣。如 Nike 品牌的主张是"无论如何，最终公平和正义势必会得到伸张"。其品牌形象是一副英雄形象，并在 2008 年北京奥运会上，结合奥运的背景和品牌的主张，提出了"活出你的伟大"这个核心概念。

三是概念提炼的过程要始终关注着自己的产品，不能提出"假、大、空"的概念来煽动消费者。概念只有结合产品卖点，才能让消费者从对概念的认同转到对产品的认同。

【素养园地】

袁隆平"海水稻"首进淘宝直播间，上百位主播义卖助力脱贫

"我的愿望是早日实现在 1 亿亩盐碱地推广我的海水稻，增产粮食 300 亿公斤，希望大家共同努力，实现我这个梦想。"世界粮食日前夕，袁隆平又有了一个新的"小目标"。事实上，当天有上百位淘宝主播都在直播间里为袁隆平的海水稻打 call。而袁隆平也在湖南长沙向助力海水稻和脱贫公益的淘宝主播介绍了刚刚取得丰收的海水稻。

海水稻也叫"耐盐碱水稻"。袁隆平院士团队历经上千次试验，仅得到 93 种可用于盐碱地的水稻体系，最终精选出 5 种优质海水稻种植。"耐盐碱水稻是农业科技人员的努力结果，中国人有这个智慧，一定能够成功。"袁隆平表示。

关于海水稻，自称"90 后"的袁隆平说自己有两个梦想，一个是高产，"我们现在每公顷实现了 18 吨，向 20 吨冲刺。"另一个梦想，就是将海水稻的种植面积发展到 1 亿亩，为国家增产粮食 300 亿公斤，多养活 1 亿人口。

由于海水稻在盐碱地上生长、污染少，所以很少病虫害，而且营养丰富、口感软糯。如今，产量喜人的海水稻更是首次通过淘宝直播走入老百姓的餐桌，并帮助更多农民脱贫致富。袁米电商销售负责人也表示，希望通过淘宝直播，"让这样得之不易、品质优良的大米被更多消费者知道。"

除了淘宝直播外，阿里生态也与袁隆平团队积极合作。天猫农场将与袁米展开深入合作，积极推广盐碱地改良和袁米项目，专门设计了海报与电商文案（见图 2-16），探索线上线下联合营销推广的新模式。作为袁米的战略合作伙伴，菜鸟乡村下一步将依托生鲜产地仓、智能路径优化等技术，为袁米提供数智化物流解决方案，提升物流时效和服务。

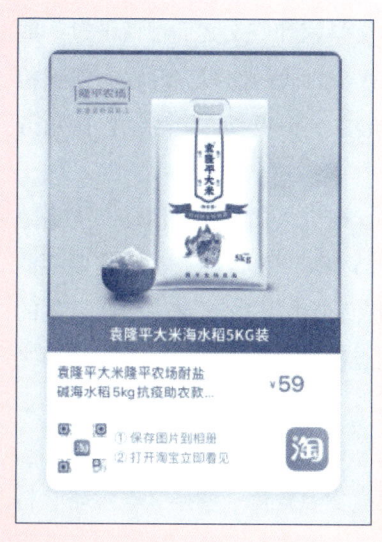

图2-16 "海水稻"的海报与电商文案

作为阿里巴巴探索出来的电商脱贫三大模式之一,淘宝直播在支持农产品上行方面取得了非常好的成效。数据显示,自3月底淘宝"村播计划"正式启动以来,已覆盖全国31个省市自治区、270个县,共开展"村播"近5万场,参与用户超过2亿人。

2.2.4 明确表达

好文案的表达技巧很重要,因为它影响文案具体的表现形式、语言风格。

1. 文案写作的表达方法

尤金·舒瓦兹在《创新广告》中写道:文案无法创造购买商品的欲望,只能唤起原本就存在于百万人心中的希望、梦想、恐惧或者渴望,然后将这些"原本就存在的渴望"导向特定商品。

（1）押尾韵。押尾韵是一种较为常见的文案表现形式,广大消费者对此也喜闻乐见。比如,滴滴出行的文案"顺路是最好的套路",陌陌的文案"世间所有的内向,都是聊错了对象"。

（2）对比法。对比法的使用能产生较为强烈的反差,起到突出文案核心诉求点的效果。著名的红酒文案"三毫米的距离,一颗好葡萄要走十年"就是典型。常用的对比法是把自己的产品与同类型的产品做比较,当然也可以和其他类型的产品做比较。例如,乔布斯曾经从信封里拿出Apple Pro,直观地展示了产品薄的特点。

（3）拆解法。拆解法的本质在于在拆解过程中产生的新意。例如:"年轻人需要指点,但不需要指指点点""有些人喜欢说自己是外貌协会的,结果自己的外貌却进不了协会"。

（4）比喻法。比喻法是一种捷径。古往今来的文学家和好文案们都留下过一些经典的句子。例如：凯迪拉克文案："雄性退化是这个时代的悲哀，好在有凯迪拉克。"将凯迪拉克比喻成雄性物种，让凯迪拉克的形象变得更具体更生动，棱角分明，气质硬朗。

（5）颠倒法。颠倒法是指运用逆向思维的方法，研究人们的心理活动，提高消费者的购买欲望。例如，天猫"双11"的一组海报文案："扮成潮人，就是要不消失在人潮""把好的物品带回家，是为了把更好的状态带出门"。又如，中兴百货的文案："到服装店培养气质，到书店展示服装"，则点破了女性摇摆于物质与文明之间的心机。

2. 内容组织和表达流程

文案内容组织与表达流程是：明确产品的特色、卖点提炼、明确文案策略、将内容组织并表达出来。

2.3 电子商务文案写作基本方法

这里主要介绍九宫格思考法、要点延伸法、五步创意法、三段式写作法四种经典的文案写作方法，以此帮助电商文案创作新手在写作时有章可循。

2.3.1 九宫格思考法

1. 九宫格思考法概述

九宫格思考法又名曼陀罗思考法，是一种有助扩散性思维的思考策略。其义为以九宫矩阵为基础，充分利用发散式思维，快速产生发散式创意的方法。

一般来说，逐条记录的笔记制作方法无法使人产生独特的想法和创意，因为思想唯有在向四面八方发展之时才可能产生创意，这种根据直线循规蹈矩的思考方式，被称为"直线式思考"。而九宫格思考法利用一幅九宫格图，将主题写在中央，然后把由主题所引发的各种想法或联想写在四周，向八个方向去思考，发挥八种不同的创见，依照此思维方式发挥并扩散其思考范围，能在任何一个区域（方格）内写下任何事项，从四面八方针对主题做审视，是一种"视觉式思考"。

因此，九宫格思考法是文案创作的简单练习法，有助于文案创作者的思维扩散，很多电商人常用这种方式构思出文案、电商策划方案或演讲PPT的结构。

九宫格图如图2-17所示。

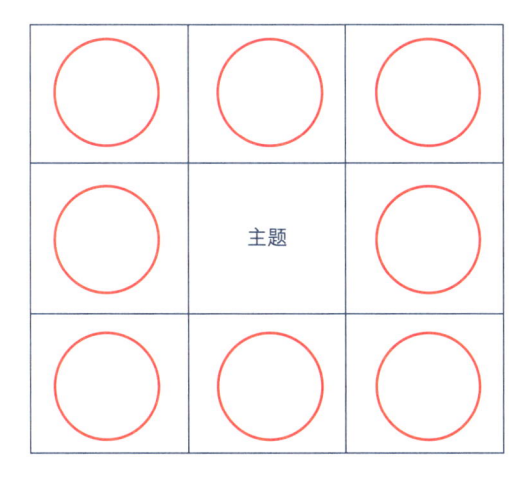

图2-17 九宫格图

用九宫格思考法创作电商文案时，要把产品名写在正中间的格子内，再把由主题所引发的各种想法或联想的优点写在其余八个方格内，用九宫格图"圈"文案创作者的思维。

2. 操作步骤与方法

（1）操作步骤。用九宫格思考法创作电商文案分为三步。

步骤1：拿一张白纸，用笔先分割成九宫格，将进行的主题（产品名等）写在正中间处。

步骤2：将与主题相关的联想写在旁边的八个格子内，尽量用直觉思考，不用刻意寻求"正确"答案。

步骤3：尽量扩充八个格子的内容，鼓励反复思维、自我辩证，但无须给自己压力，先前写下的内容也可以修改，如图2-18所示。

标题	开头	结尾
文采	写作	结构
词汇	素材	文风

图2-18 九宫格联想填充

（2）操作方法。一般情况下，文案创作者可以采取下面两种填写法。

方法1：依顺时针方向填进去。

按照顺时针方向把自己所想到的要点填进表格的过程中，可以了解到自己内心的渴望程度。

方法2：从四面八方填进去。

这八个方格填不满怎么办？这时文案创作者需要把自己的思维打开从不同角度提取产品卖点（见图2-19）。

功能	荣誉	数量
价格	产品	技术
材料	外观	质量

图2-19　从不同角度提取产品卖点

当然，在想出产品的卖点之后，如何运用这些卖点写出一则值得消费者阅读的文案也需要重点推敲。文案并不是直接把产品的所有卖点写出来就可以了，它要经过多重包装，强化优点。但是，如果某一产品的卖点太多，比如，有一款爽肤水有10种功能，如果文案创作者对这些功能都娓娓道来，反而让买家一个都记不住。

因此，最好的方法就是只强化其中一个功能，围绕这一功能区思考对这个功能点描述的想法，这样可以帮助文案创作者更好地找到思路。

3. 注意事项

（1）卖点取舍。在填完九宫格后，可以对所填内容进行整理，分析每个卖点的主次，并做出取舍，对于不明确的卖点，可以重新修改。

（2）包装和强化卖点。对于电商文案来说，很多时候并不能直接把产品的所有卖点都表达出来，通常情况下，需要对其进行包装和强化。如果某一产品的卖点太多，最好的方法就是强调一个或几个突出的功能，这样更容易让用户记住电商文案。

（3）针对性使用卖点。利用九宫格归纳出产品的卖点后，需要根据不同情况有针对性地使用卖点。例如，电商文案如果用在海报或者推广图上，其卖点最多不要超过3个，但如果电商文案在详情页上使用，则应尽可能多地展示产品的卖点。

2.3.2　要点延伸法

1. 要点延伸法概述

要点延伸法是将产品卖点以单点排列开来，再针对卖点展开叙述，丰富文案的素材、观点，是从"1"到"n"的过程，为文案提供资料来源。如果说九宫格有些"面"的思维，那么要点延伸法就有偏向"体"的概念。后者侧重于从某个卖点做横向延伸，使电商文案展现用户对产品的深入使用体验和认知等方面的内容，其目的是将对产品卖点的原始描述延伸为对目标消费群体起作用的更具有说服力的电商文案。

2. 操作方法

如果说九宫格思考法引发的是对产品卖点的思考，那么要点延伸法更像是对产品卖点的展开和内容扩充，将卖点详细、扼要地讲述出来。

要点延伸法即利用与思维导图相类似的方式，将一个商品的卖点全部描述出来，然后在每个卖点后加以延伸。简单地说，就是将产品展开介绍，其最终的目的是将产品卖点的原始描述延伸为对目标客户起作用的文案。

例如，对于一款女性护理液，可以将护理液的全部产品卖点罗列出来，这样对产品会有很清晰的认识。有清晰认识后，便可以通过这些罗列出的卖点分析自己的产品与同类竞争品相比的优势与不足。文案创作者很快就会发现，如果只是主打清洁、卫生这两点，是不容易引起消费者注意的，毕竟同类竞品在清洁、卫生的概念营销上已经做足了功夫，因此，文案创作者要延伸要点。

又如，以吸尘器为例，使用要点延伸法如图2-20所示。

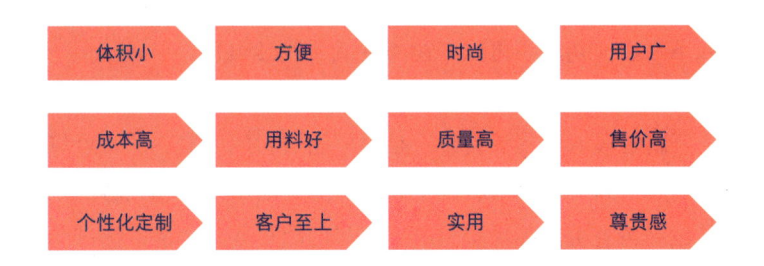

体积小	方便	时尚	用户广
成本高	用料好	质量高	售价高
个性化定制	客户至上	实用	尊贵感

图2-20 要点延伸法示例

3. 注意事项

要点延伸法适合运用在详情页文案的创作过程中。它可以帮助文案创作者快速充实产品详情页的基本信息。

在使用要点延伸法时，千万不要随意想象，而要运用"洞察"的方法，对一个卖点进行深入剖析，采用从"0"到"n"的思维，延伸一个又一个让买家心动的卖点，这样写的文案会让人更动心。譬如，某奶茶广告"连续6年销量领先，一年卖出7亿多杯，连起来可以绕地球3圈"的文案，消费者看后，画面感立刻呈现于眼前。

2.3.3 五步创意法

1. 五步创意法概述

顾名思义，认识五步创意法分为五个步骤完成创意，它是由美国著名的广告人詹姆斯·韦伯·扬总结提炼的。具体步骤如下：

步骤一：收集原始资料。原始资料分为一般资料和特定资料。一般资料是指人们日常生活中所见所闻的令人感兴趣的事实；特定资料是指与产品或服务有关的各种资料。要获得有效的、理想的创意，原始资料必须丰富。

步骤二：内心消化的过程。思考和检查原始资料，对所收集的资料进行理解消化。

步骤三：放弃拼图，放松自己。在这一阶段，创作者不要做任何努力，尽量不要去思考有关问题，一切顺乎自然，简而言之，就是将问题置于潜意识之中。

步骤四：创意出现。詹姆斯·韦伯·扬认为，如果在上述三个步骤中创意人都认真踏实、尽心尽力地去做了，那么，几乎可以肯定地说，第四步会自然而然地出现，创意会在没有任何先兆的情况下出现。换而言之，创意往往是在竭尽心力，停止有意识的思考后，经过一段停止搜寻的休息与放松后出现的。用中国古诗词中的一句表述就是"山重水复疑无路，柳暗花明又一村"。

步骤五：修正创意。一个新的构想不一定很成熟、很完善，它通常需要经过加工或改造才能适合现实的情况。

这五个步骤，实际上是广告创意必须遵循的程序，对任何一个创意人员来说，不但要理解每一步的内涵，而且要穷尽自己的才思和能力，将每一步做完整、做彻底后，再进入下一步，切忌不可以半途而废或者浅尝辄止。

2. 操作步骤

（1）收集资料阶段。收集资料阶段是对原始资料的收集，通常可将原始资料分为一般资料和特定资料。一般资料是指人们日常生活中令人感兴趣的事物；特定资料是指与产品或服务有关的各种资料。对资料的收集要求电商文案创作人员要对生活中的所有事都感兴趣，同时广泛涉猎各个学科的知识。

（2）分析资料阶段。这个阶段是一个反复思考的过程，要求电商文案创作者思考和检查原始资料，对所收集的资料进行理解分析，寻找资料间存在的关系，找出创意的主要诉求点。

（3）酝酿组合阶段。酝酿组合阶段主要靠个人的思维能力以及前期工作的准备情况。在一般情况下，电商文案创作者不需要做其他的事情，而是需要发挥创造力，通过对资料的分析、综合、整理和理解，努力提炼出有效的销售信息。

这是创意过程中最艰苦的阶段，要顺乎自然。简而言之，就是将问题置于潜意识之中。

（4）产生创意阶段。这个阶段是通过对头脑中那些零碎的、不完善的、一闪而过的想法做进一步酝酿和推敲，最后形成相对完整的创意。

创意的实际产生通常是不知不觉的，因为"无意识思维"状态是创意到来的最佳时机。

（5）评价决定阶段。这是最后一个步骤。即对已形成的创意进行评价、补充、修改，使之更加完善和有针对性。

前面四个阶段产生的创意只存在于大脑中，是一种理论上的东西，并且不一定成熟和完善。若想创意符合具体条件或实际要求，使新的构想更加成熟、完善，通常还需要将创意反映到纸面上，并进行进一步修正。

3. 注意事项

詹姆斯·韦伯·扬在文案创作的具体创意步骤前，特别强调了广告创意的两个注意事项。一是要对原来旧的要素做新的组合。二是创意能力的大小，关键在于对事物间的互相关系了解的能力。

2.3.4　三段式写作法

1. 三段式写作法概述

三段式写作法是模仿新闻学中"倒三角写作法"而产生的，其要点如图2-21所示。

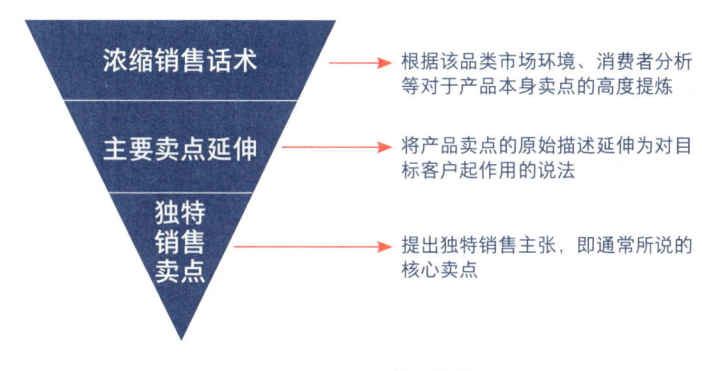

图2-21　三段式写作法

2. 操作方法

第一段：精要地提炼全文的销售话术，因为很多人都没耐心看全文。

第二段：依照要点延伸法，逐一说明该产品的众多特色。

最后一段的主要任务是要让消费者立即下单，因此一般是强化商品的独特销售卖点（Unique Selling Proposition，USP）、价格优势或赠品。

3. 注意事项

三段式写法比较适合简短文案的产出，因此比较适合做氛围图的配文或者页面Banner的引导。一般第一段是提炼产品信息、产品卖点等销售话术，第二段解释销售话术中的卖点或者将销售话术延伸开来，最后一段点明产品前面阐述的销售话术或者卖点能给消费者带来什么效果。

【知识与技能训练】

一、单选题

1. （　　）是策略到创意的关键所在。
   A．制定策略　　　　　　　　B．洞察用户
   C．提炼概念　　　　　　　　D．明确表达

2. 文案"挖掘技术哪家强，中国山东找蓝翔"使用了哪种表达方法？（　　）。
   A．押尾韵　　　　　　　　　B．对比法
   C．拆解法　　　　　　　　　D．颠倒法

3. 以下关于"三段式写作法"说法错误的是（　　）。
   A．USP指独特销售主张，也就是核心卖点
   B．它是仿照新闻学中的"倒三角写作法"
   C．第一段是将产品信息、产品卖点大规模地进行描述
   D．第二段是逐一说明商品的特色

4. "钉钉：感谢钉钉视频会议，同事认全了我七大姑八大姨"体现了哪一种写作思维？（　　）。
   A．用户视角　　　　　　　　B．制造对比
   C．可视化表达　　　　　　　D．去抽象化

5. （　　）不是一个好的文案应有的特点。
   A．简单　　　　　　　　　　B．口语化
   C．平实　　　　　　　　　　D．书面化

二、多选题

1. 随着时代的发展，电子商务文案也被赋予了更高的要求，以下符合的是（　　）
   A．以目标受众为中心　　　　B．重视现场感、开放性
   C．创造交互性和参与感　　　D．富有生活黏度和情感关怀

2. 受众需求分析通常可以从以下（　　）方面来进行。
   A．一些未被满足的需求　　　B．一些未被说出的心声
   C．一些未被关注的感受　　　D．一些未曾实现的梦想

3. 以下文案中满足了"去抽象化"的写作方法的是（　　）。
   A．滴滴，出门首选
   B．四个小伙伴，三个用滴滴
   C．奢想之美，专属最为珍贵的你
   D．用了三个月，真的不比兰蔻小黑瓶差

4. 九宫格思考法的注意事项包含（　　）。
   A．卖点取舍　　　　　　　　B．全面覆盖

C．包装和强化卖点　　　　　D．针对性使用卖点

5. (　　) 属于"五步创意法"的步骤。
   A．收集原始资料　　　　　B．内心消化的过程
   C．放弃拼图，放松自己　　D．创意出现
   E．修正创意

三、判断题

1. 目前电子商务文案的写作目的，主要是获得目标消费用户。(　　)
2. 在创作文案的时候，要避免单项的传播方式，这样很难引起消费者的兴趣。(　　)
3. 文案写作中，想要指导阅读，引导下单，可以通过文案的标题设计来引起用户的关注（　　）
4. 要点延伸法，又名曼陀罗思考法，是一种有助扩散性思维的思考策略。(　　)
5. 三段式写法产出的文案比较适合简短文案的产出，因此也比较适合做氛围图的配文或者页面Banner的引导。(　　)

四、案例分析

你不必把这杯白酒干了，喝到胃穿孔，
也不会获得帮助，不会获得尊重。
你不必放弃玩音乐，
不必出专辑，也不必放弃工作，
不必介意成为一个带着奶瓶的朋克。
你不必在本子上记录，
大部分会议是在浪费时间，
你不必假装殷勤一直记录。
你不必总是笑，
不必每一条微信都回复，
不必处处点赞。
……
你不必承担所有责任。
你不必背负那么多，
你不必成功。

以上为京东小金库的文案《你不必成功》。该文案看似否定了年轻人的生活种种，其实用反鸡汤文案来打动年轻人，用"你的坚持，我的支持"为年轻人撑腰，从而获得品牌共鸣。请根据案例材料，试分析该文案是如何打动消费者的，使用了什么样的方法。

五、实训实战

（一）实训背景

本项目实训为电子商务文案写作步骤与基本方法的训练，在实训的过程中培养学生的写作思维，实训素材选取2020年天猫"6·18"咖啡品类和冲调品类双第一的国货品牌——三顿半。

三顿半成立于2015年，是一家原创精品咖啡品牌，通过富有创新性的咖啡产品，呈现自然本真风味，并不断构建精品咖啡的消费场景，呈现更为日常的新咖啡生活方式。

三顿半创始人吴骏亦是一位咖啡爱好者，有7年线下开咖啡馆的经验，熟悉咖啡豆交易、烘焙和咖啡经营等产业链上的各个环节。创立三顿半咖啡之前，吴骏和创始团队经营过一个为家庭提供一站式烘焙服务的烘焙品牌，期间深耕供应链，生产了200多种单品，并积累了电商运营的经验。

三顿半团队创新性地将冻干工艺大规模地应用到了咖啡上。由于冻干在低温下进行，咖啡粉中的挥发性成分损失小；由于干燥在真空状态下进行，氧气极少，易氧化的物质也得到了保护。咖啡粉的还原度高，不论是气味，还是口感，都呈现自然本真风味。

优质的创新产品为打响三顿半的品牌奠定了良好基础，互联网带来的消费人群则为三顿半插上了高飞的翅膀。三顿半赶上了微信、小红书的图文分享以及短视频时代。用户在小红书等平台上晒出花样百出的冲泡方法、有设计感的杯子、参与回收咖啡空罐的"返航计划"等，被其他人点赞，收到"好看""酷"等评价。在这个过程中，三顿半完成了精品速溶咖啡品牌的塑造。

（二）实训任务

以小组为单位，针对目标产品，选择一种基本方法，运用电子商务文案写作思维，完成一篇该产品的文案。

（三）实训步骤

第一阶段：深入了解产品。

查阅资料，了解该品牌产品的特点，指定写作策略，同时确定目标消费群体，洞察用户，了解他们的需求。

第二阶段：概念提炼与文案撰写。

在这一阶段，小组成员要集思广益，提炼出浓缩产品卖点和品牌的核心价值观的概念，找到最能打动消费者的一个词、一句话。最后将梳理出来的内容进行组织，用文案的语言表达出来。

第三阶段：课堂路演。

各小组制作方案展示PPT，以小组为单位逐一进行汇报展示，教师对各组作品进行点评总结。

第三章 电子商务产品类文案写作

※【知识目标】

- 了解产品文案写作的三要素
- 掌握产品核心卖点的提炼方法
- 掌握产品详情页的写作方法
- 掌握产品包装文案的写作方法

※【能力目标】

- 能够准确挖掘消费者需求、产品利益点和品牌调性
- 能够提炼出产品的核心卖点
- 能够规划产品详情页结构,撰写详情页文案
- 能够配合产品包装设计,撰写产品包装文案

※【素养目标】

- 培育对"中国制造""中国品牌"的大国自信
- 培养文案写作"信、达、雅"意识,展示文化自信
- 培养产品的质量意识、诚信经营意识,展现中国卖家风采
- 培养电子商务文案从业者的法治意识

※【思维导图】

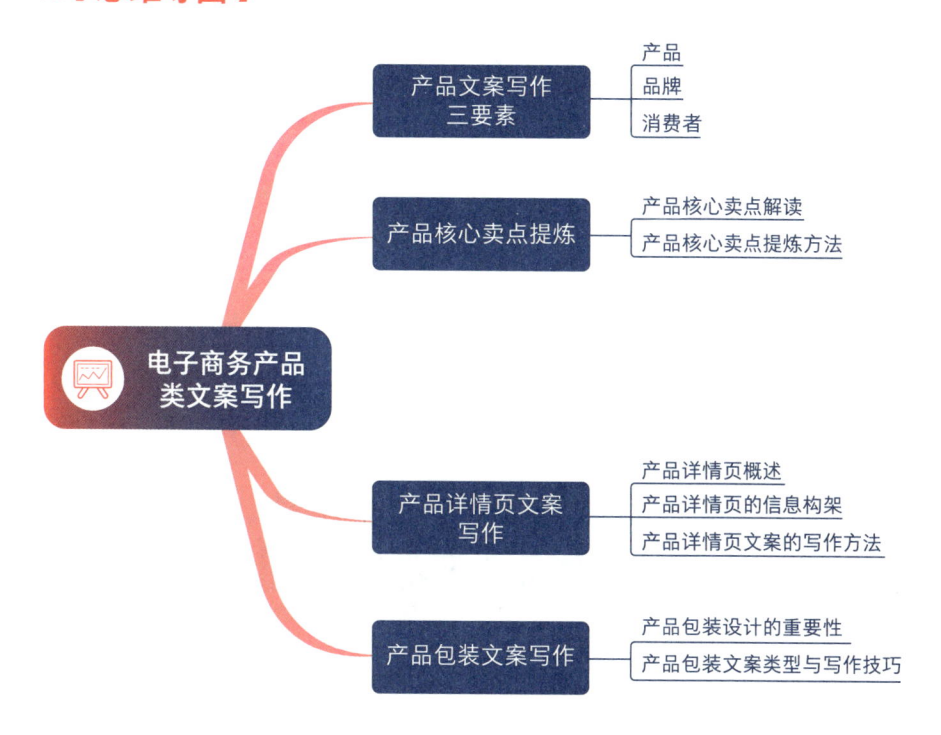

- 电子商务产品类文案写作
  - 产品文案写作三要素
    - 产品
    - 品牌
    - 消费者
  - 产品核心卖点提炼
    - 产品核心卖点解读
    - 产品核心卖点提炼方法
  - 产品详情页文案写作
    - 产品详情页概述
    - 产品详情页的信息构架
    - 产品详情页文案的写作方法
  - 产品包装文案写作
    - 产品包装设计的重要性
    - 产品包装文案类型与写作技巧

【案例导入】
小米产品文案的2个经典案例

在产品的文案策划和画面表达上有两个要求：一要直接，讲大白话，让用户一听就明白；二要切中要害，可感知，能打动用户。

"卓尔不凡"，这是诸多广告中最常见的词，然而这个词是小米内部策划会议上经常被批判的一个词语。很多企业在设计上，第一个陷阱就是"玩虚的"，同一套设计，觉得用在自己的产品上挺好，用在别家产品上也挺好，看起来很潮很炫，想展现品牌"高大上"，觉得用在哪儿都挺好，但就是不抓消费者的内心。第二个陷阱就是经常把噱头当卖点，没有把产品最大的卖点、最本质的卖点讲清楚。

下面分享小米的两个文案创作案例。

案例1：小米手机就是快。小米手机2S海报如图3-1所示。

在小米手机2S发布之后，小米公司需要制作一张框架广告的海报。该款手机的核心卖点是性能翻倍，全球首款四核。因此，在海报表达上倾向突出高性能的特性，"快"是核心关键词。选择文案时有"唯快不破""性能怪兽"等十几个方案，但最后小米公司选择了"就是快"，主要是够直接，够直白。广告的信息输出是需要编码的，到消费者那里需要解码，中间会有干扰和耗损，所以最有效的是编码简单，解码直接，保真度最高。

图3-1 小米手机2S海报

案例2：小米活塞耳机。小米活塞耳机的海报如图3-2所示。

图3-2 小米活塞耳机海报

关于活塞耳机的卖点，小米一开始总结了12个，经过筛选，后来变成了7个，再经过否定，到最后只剩下了3个卖点。这是一个去繁从简的过程。其实该企业使用的方法论也比较简单，消费者一般如何向朋友推荐该产品？肯定不会乱用广告修饰词，而是直接简明地说出最重点的要素：99元听歌神器。实际上，见过这款产品的人几乎都能把这个核心卖点背下来。

案例启示：无论是从流水线生产出来的工业产品，还是从枝头采摘下来的农产品，要想被大众发现甚至接纳，就要靠文案让冷冰冰的产品充满温度。如何让写出来的产品文案直抵人心？如何既让客户"心动"，又能付出最后的"行动"？这就是本章要讨论的问题。

3.1 产品文案写作三要素

好的产品文案，离不开产品、品牌、消费者三大要素的结合，如图3-3所示。

产品　基础　利益点
品牌　精髓　情感
消费者　目标　需求

图3-3　产品文案写作三要素

产品是基础，它是消费者购买的理由。产品文案要做的就是通过文字把这些理由描述出来，让消费者有兴趣去了解产品，产生购买的冲动。因此，文案工作者首先需要充分了解产品的特点，以及这些特点能够满足或者唤起消费者哪些需求，能够给消费者带来哪些利益和好处。只有对产品有了充分了解，才能把这些理由用文字呈现出来。

品牌是精髓，它是产品被赋予的独特个性和风格。品牌的核心是品牌调性和品牌价值观，以及它能够唤起消费者的何种情感和心理。它是超越产品本身的一种附加价值，决定了能否与消费者产生情感共鸣和价值认同。如果把品牌理解成一个人，那么产品文案就是品牌发声的语言，它需要跟品牌的调性保持一致，传达品牌的价值观。

消费者是目标，是产品和品牌最终服务的对象。产品文案的最终目的是跟消费者互动，打动消费者，从而激发其购买欲望，促成交易。只有深入洞察消费者心理，了解消费者痛点和需求，才能够将产品的利益点和品牌的价值观以恰当的方式传达给消费者。只有读懂了消费者，才能写出打动他们的文案。

【文案赏析】

美的文案，让人看见美好生活

作为美的旗下的智能家电管理平台，美的美居用一组文案，精准抓住了目标人群的痛点，用充满利益点的文案巧妙带出产品的功能，同时用生活化、场景化的语言增强代入感，向用户传达追求品质生活的品牌价值观。

在这组文案中，每一张海报都抓住了一个成年人日常生活中的痛点（见图3-4），美的智能家居针对痛点提供解决方案，让用户感受到美的带给用户的便利和品质生活。

在这组文案中，"智慧生活有一套"一语双关，不仅指有一套方法，也指有一套智能设备，能轻松帮助职场人、宝妈、家庭主妇等目标人群解决生活困扰。

同样都是产品文案，为什么美的会给人不一样的感受呢？优秀的产品文案，一般具备以下要素：

（1）充分了解产品，挖掘产品的利益点。

（2）结合消费者的需求和痛点，把产品的卖点细化到具体的使用场景中，突出产品能够为消费者解决什么问题、能带给消费者怎样的体验和感受。

（3）传递品牌价值。将产品的特点、功能延伸到品牌的个性和价值观上，注重产品传递的情感和品牌文化的统一。

（a）美的安心入户智能套系文案　　（b）美的轻松下厨智能套系文案

（c）美的带娃无忧智能套系文案　　　　　（d）美的舒适沐浴智能套系文案

图 3-4　美的海报文案

3.1.1　产品

产品文案需要将产品的独特卖点传达给消费者。但是很多时候，企业知道自己的产品很好，但是具体好在哪里，却又说不出来，更别说这些优点是否真的是消费者所需要的。

如果企业连自己的产品卖点都无法梳理清楚，就凭着感觉撰写文案，那么，策略不清晰，文案传达的产品利益点一定会出现混乱。

产品跟消费者需求是对应的。文案的本质就是帮助消费者解决问题。一个需求对应一个利益点。因此，挖掘出产品的利益点，是企业找到撰写产品文案的基础和突破点。

产品的利益点可以分为四个层次，分别是产品特征、产品优势、消费者利益和情感价值（见图3-5）。这四个层次的产品利益点就构成了产品利益阶梯。在分析一款产品的时候，可以遵循从其最基本的产品特征，到产品特性和产品优势，到更高层面的消费者利益和情感价值进行分层分析，像一层一层爬楼梯一样，从而能够更清晰地梳理出产品的利益点和卖点，实现产品和消费者的匹配。

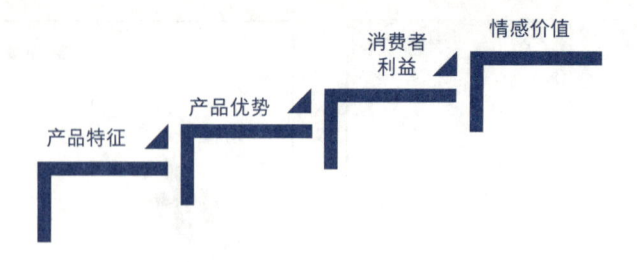

图3-5　产品利益点的四个层次

（1）产品特征：是指产品的特征、质量、使用细节等最基本的功能和属性，它是围绕产品本身的客观描述，是一切的基础和产品卖点的支撑。

例如，Vivo S6手机拥有3 200万像素前置超高柔光摄像头。

（2）产品优势：产品优势是站在产品的角度而言的，是指产品特征所赋予产品的独特优势，可以理解为产品的"卖点"。

例如，Vivo S6手机的前置摄像头功能能够在夜晚把人像拍得清晰明亮。

（3）消费者利益：消费者利益是站在消费者的角度而言的，是指产品优势能够满足消费者的什么需求，帮助他们解决什么问题，给他们带来什么价值，实现消费者的哪些利益。可以将消费者利益理解为产品的"卖点"，即消费者为什么要购买这款产品。

例如，拥有Vivo S6，能够轻松把自己拍得很美，即使在夜晚也不用担心拍不好。

（4）情感价值：是指产品在情感、价值观、理念等更高层面上带给消费者的利益，也就是消费者因认同产品的价值观和理念而对产品产生的情感上的共鸣。

例如，Vivo X9手机的文案："照亮你的美"。

按照产品利益阶梯，可以一层层地分析出产品的利益点，针对每一个产品特征都可以对应产品优势，产品优势又能够转化为消费者利益点，最后升华出产品的情感价值。用这种方法，可以快速有条理地梳理出产品的各种利益点，使文案工作者对产品的认识更加全面，有助于形成有策略性的产品文案。

在找到产品的利益点之后，接下来要做的就是继续深挖每一个可以被放大的卖点，将其与消费者的需求一一对应。文案工作者要把自己代入消费者的视角去思考：我会在怎样的情境产生这样的需求？我的内心感受是怎样的？产品的哪一个属性可以帮助我解决这个问题？解决之后我的状态是怎样的？将上面的这些细节，用消费者能够接受的语言表达出来，这就形成了一条合格的产品文案。

【素养园地】

广告宣传也要导向正确

2016年4月28日，习近平总书记在新闻舆论工作座谈会上指出："新闻舆论工作各个方面、各个环节都要坚持正确舆论导向。各级党报党刊、电台电视台要讲导向，都市类报刊、新媒体也要讲导向；新闻报道要讲导向，副刊、专题节目、广告宣传也要讲导向；时政新闻要讲导向，娱乐类、社会类新闻也要讲导向；国内新闻报道要讲导向，国际新闻报道也要讲导向。"这是党和国家最高领导人首次提出广告宣传也要讲导向，为广告从业人员进一步指明了方向。

广告宣传是媒体宣传的重要组成部分，也有导向问题。好的广告，能够传播正能量，弘扬社会正气，倡导正确的价值观，引导健康的消费观。不良的广告和虚假广告，可能误导消费者，助长奢靡之风，败坏社会风气，甚至给消费者带来财产损失，最终也会损害媒体的公信力。

广告宣传首先要坚持真实的原则。作为广告从业人员，首先要对广告的真伪负责，把住"真实"这个底线，这既是责任，也是义务。近些年，许多虚假广告给广大消费者、投资者带来了巨大的财产损失，也使媒体的公信力受到伤害。

广告从业人员还要知法懂法，守住《中华人民共和国广告法》这个底线。《中华人民共和国广告法》要求，广告应当真实、合法，以健康的形式表达广告内容；禁止在广告宣传中使用夸大、虚假、误导消费者等宣传用语。

广告宣传还应该做好优秀文化和正确价值观的传递，传播社会主义核心价值观，传播正能量，讲好中国故事，传播优秀中华传统文化。

3.1.2　品牌

1. 品牌的内涵

在经济全球化和信息化的时代，市场经济俨然变为品牌经济。无论是大型企业还是中小企业，当务之急就是要了解品牌管理的重要性，树立品牌意识，准确地进行市场定位，加强品牌管理，尽力融入世界经济的浪潮中。

对于品牌的理解，营销大师菲利普·科特勒认为，品牌是一种名称、名词、标记、设计或是它们的组合运用，其目的是借以辨认某个销售者或某群销售者的产品，并使之同竞争对手的产品区别开来。从感性的角度看，品牌是一种产品或一个企业在视觉、情感、理念和文化等方面的综合形象。例如，当消费者见到耐克品牌时，就会联想到运动、健身或者那句广为流传的广告语"Just do it！"；当消费者见到麦当劳品牌时，就会想起汉堡、薯条以及大快朵颐时的快乐。

对一个企业来说，品牌是其长期苦心经营树立起来的有别于其他企业的标志。品牌可以代表企业的形象，可以体现其技术创新能力、市场拓展能力、核心竞争能力等。品牌对消费者购买具有引导作用，大部分消费者都愿意购买耳熟能详的品牌，或自己曾经用过的品牌，因为可以得到质量上的保证；在奢侈品方面，品牌可以带给消费者精神上的满足感。品牌对消费者会产生识别作用、契约作用、情感作用，从而使消费者对品牌产生忠诚度，使企业站稳市场。国际上流行的"一流企业卖标准，二流企业卖品牌，三流企业卖产品，四流企业卖苦力"的经营理念，就是对这一现实的真实写照。

2. 移动互联网时代的品牌特征

移动互联网不仅为企业提供了销售平台和推广平台，还从根本上改变了消费者的消费习惯，改变了消费者和品牌之间的关系。品牌与消费者交互的方式从根本上发生了改变，消费者不再完全是信息的接收者，他们正在成为内容的生产者和传播者。在这个背景下，品牌如果想在消费者的心中占据有利的位置，当消费者产生相关需求的时候，会将这个品牌作为首选，就必须重新考虑应该如何与消费者进行沟通和对话，并且不断地向消费者输出有别于其他品牌的价值和理念，从而占据消费者的心智，使其成为消费者产生需求时的第一选择。具体来说，移动互联网时代的品牌有哪些特征呢？

（1）品牌营销向精众化转型。大众营销时代已经结束，越来越多具备独立思考的精众已然崛起。精众是指拥有积极向上的价值观，追求并引领高品质生活，具有活跃的、共同的消费符号的人群聚合。精众需要的不是"跟随"，而是"匹配"和"活出自我"。未来的品牌营销一定是追求精众化，品牌营销向精众化转型是当下品牌最需要面对的内容，要塑造有个性、有主张、有情感、有价值观的品牌形象。

（2）品牌走进年轻人世界，关注亚文化。抓不住年轻消费者的品牌没有未来。可口可乐前任全球营销副总裁Javier Sanchez Lamelas认为，一定要让品牌在年轻群体中的市场份额高于在年长群体中的市场份额，这是品牌扩大声量和销量的秘密所在。随着"Z世代"（1995—2009年出生的人，又称网络世代）迅速融入主流社会，他们已成为消费市场的主要群体之一，他们是数字化的原住民，消费能力强，社交与消费行为紧密捆绑。他们已经成为社交媒体上最活跃的力量，各大新媒体平台已成为品牌竞争的新战场。

（3）品牌进入多入口的整合传播时代。品牌连接消费者的方式在不断改变，未来是万物互联的时代。消费者的生活随着移动互联网的发展越来越智能化，而这种智能化已经变成了很多消费者的生活习惯。品牌的传播也将搭载更多智能化的平台，实现多元化的整合传播。

（4）品牌注重浸入场景，建立关系和输出内容。在阅读碎片化时代，真正让消费者产生记忆的一定是跟他们的生活和内心产生共鸣的品牌。品牌在进行营销的时候，更加注重为消费者营造可感知的场景，与消费者建立起情感上的链接，并且持续地输出优质内容。

【素养园地】

国货崛起，国家自信的崛起

阿里研究院发布的《2020年中国消费品牌发展报告》显示，当前国人的购物车里有八成是国货。数据显示，中国消费者的淘宝、天猫购物车里，平均每10件商品中就有8件是国货。华为、小米、完美日记取代耐克、苹果、雅诗兰黛，成为年轻人喜爱的品牌。

通过互联网和电商平台，老字号品牌焕发青春，赢得年轻消费者喜爱，新国货品牌如雨后春笋般地冒出来，并迅速发展壮大。

2019年，阿里巴巴推出"新国货计划"，助力134个国产品牌在天猫上年销售额超过10亿元、52个老字号年销售额过亿元。天猫发布的"2020年中国品牌榜单"显示，从入驻天猫到成交额累计破亿元，宿系之源只用了7个月，花西子只用了12个月，认养一头牛只用了15个月，三顿半只用了17个月，都不到一年半时间。这在传统商业时代是难以想象的。这些品牌超过一半的收入都来自"95后"消费者。

从追捧舶来品到喜欢用国货，一个不争的事实是：国货崛起的时刻到了。在2020年全球战"疫"过程中，中国企业的重要性也更加凸显，以巨大的勇气和热忱，为世界贡献着力量。有什么样的企业家，就会有什么样的企业，有什么样的消费者，就会有什么样的品牌。国货强，中国品牌强，则国强。

3. 品牌内涵的文字表达

文案是连接品牌与用户的有力工具。当消费者选择了一个品牌，就好比是交到了一个朋友，而文案就好比是品牌这个"朋友"所说的话。因此，当企业在创作文案的时候，除了充分挖掘产品的利益点外，还应该深入了解品牌的定位、调性，以及它所包含的文化和价值观等，然后把品牌想象成符合这些特性的一个人：他会怎样说话，他会以怎样的语气、用怎样的语言跟别人交朋友。因此，产品文案的语言风格必须跟品牌的调性保持一致。例如，如果一个品牌的文案，反复使用"畅享""愉悦"这些关键词，消费者就会倾向觉得它是一个年轻有活力的品牌；如果反复使用"至臻""卓越""尊贵"这些关键词，消费者可能会觉得它是一个高品质、商务范的品牌。文案的用词和文风往往决定了消费者对品牌的第一印象，在他们的潜意识里产生对品牌的初步判断。

品牌名称、品牌推广语和品牌故事是承载品牌内涵的重要组成部分，能够充分体现品牌的调性。

【文案赏析】

一流餐企品牌命名的秘密

一个有格调的创意品牌名称通常是简单、有趣和直接的。它通常具备以下特点：品牌人格化；营造画面感；有故事、有情怀；具有地缘属性。

知名餐厅云海肴的Logo如图3-6所示。云海肴主打云南菜。"云海肴"是"云南＋洱海＋佳肴"的组合，具备了地域属性；其Logo也非常有画面感，使人产生一种美好的联想。

图3-6　云海肴品牌Logo

吃烤鸭，那就得去全聚德（其Logo如图3-7所示）。全聚德选择在品牌名上注入更多的文化内涵，使产品和中国文化相融合。"全""聚""德"这三个字本身就有深刻的内涵——"全而无缺，聚而不散，仁德至上"。

图3-7　全聚德品牌Logo

如何将亏损近千万元的饭店变为年度总冠军？西贝莜面村5年间4次更名，最后回归原点"西贝莜面村"，其品牌Logo如图3-8所示。它的品牌名有多重含义。

（1）创始人属性。从西贝莜面村，到西贝西北菜、西贝中国烹羊专家，再回到原点，始终离不开"西贝"二字。这是因为餐饮老总名为贾国龙，而"西贝"组合即为"贾"。

（2）地缘属性。谐音"西北"也与其菜系不谋而合。

（3）品类属性。对西贝莜面村来讲，莜面意味着开创一种全新的品类；对于食客而言，莜面代表了健康的属性。

图 3-8　西贝莜面村品牌Logo

【文案赏析】

超级符号：品牌推广语

一个好的品牌推广语（Slogan）是品牌的一种超级符号，能够帮助消费者解读品牌内涵，赋予品牌新的生命，有效地降低企业的传播成本和消费者的认知成本。优秀的品牌推广语能够让消费者看一眼、听一次就能记住，而且乐于将其介绍给其他人。品牌推广语可以理解为品牌的"一句话自我介绍"，是品牌最浓缩最有代表性的语言。

1. 独特卖点型品牌推广语

美团外卖：美团外卖，送啥都快。

王老吉：怕上火喝王老吉。

唯品会：一家专门做特卖的网站。

2. 突出体验感型品牌推广语

农夫山泉：农夫山泉有点甜。

新浪微博：随时随地发现新鲜事。

白加黑：白天服白片，不瞌睡；晚上服黑片，睡得香。

3. 号召行动，场景联结型品牌推广语

滴滴：滴滴一下，美好出行。

途牛：要旅游，找途牛。

天猫：理想生活上天猫。

4. 品牌主张型品牌推广语

微信公众平台：再小的个体，也有自己的品牌。

优酷：这世界很酷。

李宁：一切皆有可能。

5. 情感唤起型品牌推广语

下厨房：唯有美食与爱不可辜负。

等蜂来：一瓶蜂蜜=100万次飞行。

红星二锅头：将所有一言难尽，一饮而尽。

【文案赏析】

视频：
中华汽车，
永远向爸爸
的肩膀看齐

中华汽车，永远向爸爸的肩膀看齐

如果你问我

这世界上最重要的一部车是什么？

那绝不是你在路上能看到的

30年前，我5岁

那一夜，我发高烧，村里没有医院

爸爸背着我，走过山，越过水

从村里走到医院，爸爸的汗水，湿遍了整个肩膀

我觉得，这世界上最重要的一部车是

——爸爸的肩膀

今天，我买了一部车

我第一个想说的是

阿爸，我载你来走走。好吗？

这是中华汽车的一则品牌故事，故事讲述的是一位成功的男士在回忆小时候父亲对自己的爱。朴实真切的字里行间表达了父亲肩膀上那份温暖踏实的父爱。传达了中华汽车要像父亲肩膀那样安全可靠，以及让消费者放心的品牌理念和人文关怀。

中华汽车既没有直白地表达温暖感性的品牌形象，也没有直接地传递品牌对安全可靠的追求，而是通过一则平凡的小故事，唤起了消费者的情感和共鸣。比起"父爱如山，感动你我"这样大而空的口号，细小入微的品牌故事往往能够真正地走进消费者的心里。

每个人都喜欢听故事，一个好的故事能够打动人心，有着不同寻常的吸引力。有故事的人让人印象深刻，同样，好的故事能够赋予品牌更多的魅力，赢得消费者的关注，引发消费者情感的共鸣，加深消费者对品牌的理解和认同。会讲故事的品牌掌握着这个时代的核心竞争力。

故事不能是杜撰的，一定要基于品牌事实。一些自然、真实、有情感的故事往往更能打动人，使其产生共鸣。如果品牌没有形成故事，再大的声量都将会是噪声，无法走进消费者的内心。品牌不仅要讲"好故事"，更要"讲好"故事。

3.1.3 消费者

在挖掘产品卖点、深谙品牌内涵之后，产品文案创作者要做的就是将这些转化为目标消费者可以听得懂、能够接受，并且愿意去听的语言。优秀的产品文案不能只想着自己发声，从自我视角来罗列卖点和表达品牌价值，而是应该追溯消费者的终极目标，洞察消费者的真正需求，让他们看到自己真正感兴趣的信息，了解到产品能给他们带来的实际好处。产品文案的本质就是帮助消费者解决问题，满足消费者的需求。

1. 消费升级背景下的消费者需求

近年来，中国经济增长结构正在不知不觉中发生根本性转变——消费已经取代投资成为中国经济增长的第一驱动力。国家统计局数据显示，2020年最终消费支出对GDP增长的贡献率为54.3%，消费作为经济增长主动力的作用进一步巩固，居民消费升级提质。可以预见，随着居民收入的持续增长，消费结构的不断升级，居民消费还将继续发挥中国经济增长稳定器的作用。

伴随着消费升级的不断深化，消费者的购物决策在这十几年中发生了巨大的转变，从最早的功能消费到后来的品牌式消费，再到近年流行起来的体验式消费和参与式消费，消费升级也应运而生。消费者选择商品的决策心理变化如图3-9所示。在物质基本需求和衣食住行层面的消费得到满足后，新一代消费者的消费方式和消费观念也开始变得和上一代不一样，开始寻求品质标准。不同生活形态之下，消费者变得更重视品质、体验、情感设计等整体上的"消费升级"。消费者开始注重更高品质的生活，衣食住行方面由对价格敏感转变为开始追求时尚、健康、舒适和便捷。另外，还更注重精神层面的消费，例如娱乐和教育。

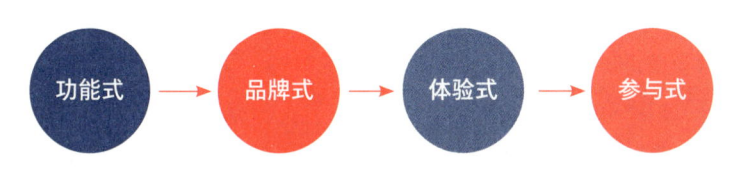

功能式 → 品牌式 → 体验式 → 参与式

图3-9 消费者选择商品的决策心理变化

随着消费升级，用户需求具有如下发展趋势：

（1）对价格敏感变为对时间敏感。在Web2.0时代的淘宝类电商主打的就是价格敏感，电商之间的竞争在于谁能把价格降到最低。随着移动互联网的发展，O2O的热潮很大程度上建立在用户对时间的追求上。例如，京东依靠快速的物流打响了自身的品牌；打车软件的消费者大多不会为了省几元钱而多等十几分钟，打车软件获取市场竞争优势的关键在于汽车的数量和调度算法的快速合理性。这点正是抓住了消费者的需求变化。

（2）在意高品质和品牌价值。"80后""90后"开始成为消费主体，他们更多地追求高品质的商品和生活，对知名品牌和依靠设计理念打造的高品质品牌的消费越来越多。比如，被消费者所熟知的无印良品，依靠简单的设计，把日式美学的"侘寂"理念表现得淋漓尽致，这种品牌的流行与追求快消费时尚的繁华喧嚣形成对比，在消费者群体中获得了良好的口碑传播，满足了消费者对高品质和极简主义的追求。

（3）更注重精神层面的泛娱乐消费。用户开始愿意为好的内容付费，如果这些内容能够给自己带来知识层面的提升或者给自己带来愉悦，那么就有人愿意消费。当前创新创业蓬勃发展，以"IP"（Intellectual Property）为核心的知识财产呈现横向和纵深的延展态势，用户对于内容领域的付费欲望越来越强，以"90后""00后"为主的年轻用户追逐个性，接触到的信息更加多元化，因此，他们对于内容更为挑剔，对自己认同的内容会有更深的情感且忠诚度更高，更愿意围绕优质内容进行电影、电视剧、游戏及其周边等领域的多维度消费。

（4）追求多元文化。在文案写作中，如果只是依靠单一的内容形式，就难以吸引现在的消费者。内容生产者需要输出的是一种价值观，一种可以被广泛接受的文化和生活方式。文化是多维度的，二次元文化、泛娱乐文化等亚文化虽然与主流文化存在着一定的距离，但是在某个特定群体中依然很受推崇。追求多元文化的人们会关注自我，并寻找有类似价值观的人，形成圈层文化。这些文化需要由消费品来承载和代言。文化作为一种价值观的延伸和输出，可以把目标受众留住并更宽地拓展自己的产品。

（5）人和物有更深层次的链接。产品不仅要满足消费者物质和精神上的需求，更多的是建立一种人与物之间的联系或者情感，它传达了消费者的品位、个性，以及他是一个什么样的人。产品为购买它的人打上了标签，划分了属性，消费者与产品也就建立了一种联系。

【文案赏析】

支付宝文案，打动每一个在城市用心生活的人

如果要选择一个词来形容支付宝，"日常"这个词再合适不过了。无论是早上在包子铺买早餐，还是中午点外卖，抑或是晚上直播购物，周末出门聚餐，打开支付宝都能轻松搞定。对大部分的消费者来说，支付宝改变了他们衣食住行的生活方式。

作为消费者日常生活中离不开的支付工具，支付宝牢牢抓住了品牌的这一独特销售主张，创作出了很多打动消费者、深入人心的优秀文案。从亲情、友情、爱情等角度向消费者传递着品牌的温度，用品牌情怀传递着正能量。

2018年，支付宝在"支付就用支付宝"的品牌推广语之上，推出了一系列品牌文案，通过呈现每一个消费者最真实的支付故事，建立起品牌与消费者之间的情感链接。支付宝文案如图3-10所示。

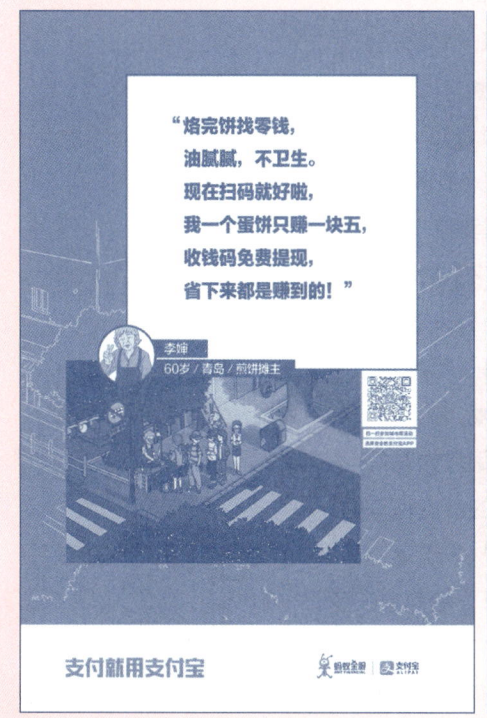

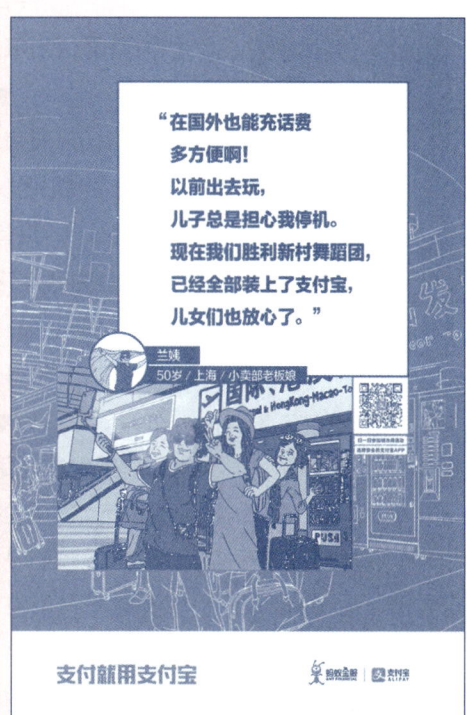

图3-10 支付宝文案

同样,下面这一组文案,支付宝通过"为××付出每一笔都是在乎"这一主题,描述了生活中一些不期而遇的温暖,在带给消费者爱和感动的同时,也传递了用户至上的品牌理念。

坐过55小时的火车

睡过68元的沙发

我要一步步丈量

这个世界

为梦想付出每一笔都是在乎

▼

今年的账单上

90%的付款记录是为了我

爱别人前我想先学会爱自己

为悦己支付每一笔都是在乎

▼

我曾与很多姑娘

说过情话

但让我习惯

为她买早餐的人

只有你

为真爱付出每一笔都是在乎

▼

天南地北

BB的人很多

只有你

会为我转来救急的钱

和一瓶装心事的酒

为友情支付每一笔都是在乎

▼

千里之外每月为爸妈

按下水电费的"支付"键

仿佛我从未走远

为牵挂付出每一笔都是在乎

支付宝不仅改变了人们的生活方式，它更是在用文字传递着对美好新生活的向往。正是这些日常的温暖和对美好生活向往的态度，使支付宝这一品牌走进了消费者的内心，让消费者感受到支付宝"全心全意，只因懂你"的品牌情怀。

2. 符合消费者需求的产品文案特征

（1）信息传达简单直接。产品的卖点可能有很多，但是每一条产品文案尽量只传达一个核心信息，待成功地吸引消费者关注之后，再慢慢传达其他信息。这样消费者才容易被吸引，并且能够记住这一信息。罗列卖点的形式反而会让人抓不住重点，产品文案应该保持简单、直接的信息传递。例如，BOSE耳机"戴上耳机，世界与我无关"的文案传达的核心卖点就是隔绝噪声。小米Air的"像一本杂志一样轻薄"的文案传达的只有机身轻薄这一卖点。

（2）利益好处直达消费者。在产品文案中，产品的特性和功能只是附加价值，消费者利益才是主导因素。换句话说，在阅读碎片化的互联网时代，消费者只有从文案中发现和自身利益及目标密切相关的信息，而不是单纯的产品描述信息时，才会对这种产品感兴趣。消费者永远是市场上的主角，从消费者的视角出发，让他们能够感知到产品所能带来的利益和好处，是产品文案写作不变的真理。例如，OPPO手机的"充电5分钟，通话2小时"文案，传达的就是用户可以得到的产品价值，比起"续航能力超长"等平淡无奇的手机性能介绍，前者才是用户真正想知道的。

（3）语言表述吻合消费群体语言特征。文案需要锁定精准目标人群，然而不同消费者群体消费水平和消费观念的不同，决定了他们的语言习惯千差万别；各个电

视频：
SKⅡ：她最后去了相亲角

子商务平台的定位和调性也有很大差异，这些因素决定了每个平台上消费者的语言习惯不同。产品文案的语言表述，应该和消费群体的语言特征相吻合，与消费文化相呼应、相共鸣。如何才能用消费者习惯的语言来表现产品呢？这需要对目标消费者有细致入微的洞察，需要找到产品的消费者圈层，成为他们的朋友，甚至成为他们中的一员，去他们经常浏览和互动的平台，听他们在说什么，观察他们在意什么、喜欢什么、讨厌什么，留意他们的日常生活和消费行为，跟他们交流互动，成为他们的一部分。例如，某高端地产"没有一定高度，不适合如此低调""没有CEO，只有邻居""一生领导潮流，难免随波逐流"的文案语言，在普通上班族看来，并不能产生什么共鸣，但是对于成功人士，却可能击中内心。

【协作创新】

读懂消费者的方太产品文案

阅读方太的这一组水槽洗碗机的产品文案（见图3-11）。分小组讨论，从符合消费需求的产品文案特征的三个方面来分析每一条文案的成功之处。

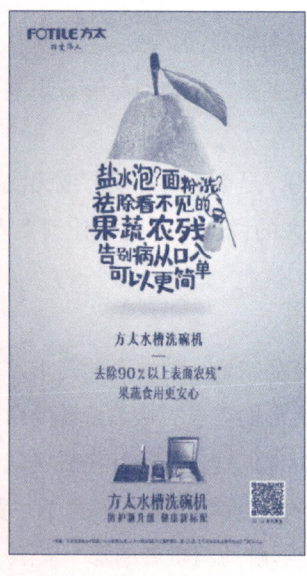

图3-11 方太水槽洗碗机文案

3.2 产品核心卖点提炼

3.2.1 产品核心卖点解读

1. 产品卖点的内涵

卖点,顾名思义,即销售的点子。20世纪50年代,罗塞·里夫斯(Rosser Reeves)提出了USP(Unique Selling Proposition)概念,解释为"独特的销售主张"或"独特的卖点",里夫斯比较早地意识到广告必须引发消费者的认同。他认为,USP是消费者从广告中得到的东西,而不是广告人员硬性赋予广告的东西。对消费者而言,卖点其实就是一个消费的理由,最佳的卖点即为最强有力的消费理由。

为产品寻找、发掘、提炼卖点,这已是现代营销学、广告学、公关学的常识,是营销人、广告人、策划人的必修课。显然,问题已不在于是否要为产品寻找卖点,而在于怎样才能找到卖点。

一个USP必须具备以下三个特征:

第一,向消费者提出一种主张,让他们能够意识到买了这种产品之后,可以获得的利益或好处。

第二,这种主张必须独特,是竞争对手没有或无法提供的。

第三,这种主张要有强大的说服力,能够让消费者产生购买欲望并立即采取行动。

2. 提炼产品卖点的重要性

(1)打动消费者,促进产品销量。消费者的需求,有物质层面的,也有精神层面的;有有形的需求,也有无形的需求。从消费者的角度来看,他们并不熟悉企业所在的行业,企业只需要告诉他们这款产品好在哪里就足够了。如果把所有的功能都罗列出来,消费者反而没有兴趣听。卖点不在于"宽",而在于"锐",不在于"多",而在于"精"。找到能够触动消费者的那个卖点,并恰到好处地用文字传达至消费者的内心,销售也就变得水到渠成。

(2)打造区分度,利于消费者识别。在市场经济时代,产品百花齐放,无论消费者产生何种需求,都能够迅速被市场满足。产品同质化愈演愈烈,产品之间存在的差异越来越少,竞争进入白热化和透明化。

然而,消费者对于物质和精神的追求无时无刻不在发展,由此引发消费需求不断提升,这促使产品和服务持续换代和升级。在这个不断迭代的过程中,产品的差异化逐渐形成,这种差异化的产品卖点成为产品独特的标签,是能够在消费者心理形成记忆的关键点,很大程度上提高了产品和品牌的识别度。

（3）赋予产品附加值，提高消费者忠诚度。产品附加值就是在产品原有价值的基础上，通过生产过程中的有效劳动创造出的新价值。产品的独特卖点可以是产品本身的差异性特征，还可以是产品更高层次的价值体现，例如文化价值、品牌价值、包装价值、服务价值等。文案要让消费者形成对价值观的认同，从而提高对产品和品牌的忠诚度。

3.2.2 产品核心卖点提炼方法

1. 产品核心卖点提炼原则

一般来说，产品核心卖点的提炼需要综合考虑消费者、产品、竞争对手三个方面的因素。基于这三个方面，总结归纳出卖点提炼的三个核心原则。

（1）消费者最关心的。无论产品有多少个亮点，如果消费者不感兴趣、不关注，或者对消费者解决痛点没有直接帮助，也无济于事，这些亮点终究没有办法成为卖点。因此，产品核心卖点一定要是消费者最关心和关注的，能够戳中消费者的痛点，帮助消费者解决问题。

（2）产品自身具有的。消费者关心和关注的卖点必须是产品自身实实在在具有的特征，有真真切切的支撑点，真实可靠，不能弄虚作假、夸大事实，不能卖点与实际不符、欺骗消费者。

（3）竞争对手没有或没提过的。所谓差异化卖点，是指与竞争对手的卖点不同，这种不同既可以是竞争对手不具备的，也可以是竞争对手虽然具备但是却从未提过的。谁先在市场竞争中找到卖点，谁就率先完成了市场占位，从而占据有利位置。

【素养园地】

诚信为本，莫把"卖点"变"雷点"

"卖点"与"雷点"，往往只在一念之间。一个好的产品，一个好的创意，一个好的策划，认真做好了，可以成就"卖点"；不认真做，或者想靠弄虚作假来糊弄消费者，即便一时拥有"卖点"，最终也会成为"雷点"。

产品如何赢得受众，两样东西是核心：一是商家的诚信，二是产品的品质。以这两样法宝作为内核，再将产品之外的附加价值作为锦上添花，才能够抓住消费者的心。倘若丢掉这两样内核，仅剩华丽的包装和营销噱头，最多也只能收获暂时的流量，消费者不会傻傻地一直买单，所谓的"卖点"也无法延续，最终失去的是消费者的信任。因此，最好的卖点不是营销，而是回归到产品的品质。只有用品质和诚信赢得消费者的尊重与青睐，产品和品牌才能够有长远的发展。

2. 产品核心卖点提炼维度

（1）围绕产品特征。对于非标准化产品来讲，来自产品本身的亮点是提炼核心卖点的第一选择。产品本身的卖点包括很多，如产品的大小、材质、颜色、形状、包装、味道、面料、功能等。这些都属于产品的基本特征和功能，也是挖掘产品核心卖点的基础层面。

（2）围绕产品利益点。产品利益点是指产品能带给消费者的利益和消费者对该产品需求之间的最佳连接点，即产品的某个特点能够带给消费者哪些利益，满足消费者哪些需求。

例如，消费者对休闲食品的需求主要集中在天然、营养、健康、时尚等方面。提炼产品核心利益点的过程就是要把产品自身的特点和优势与消费者对休闲食品的一系列需求有机地结合起来，提炼出该产品在天然、营养、健康、时尚等方面能够带给消费者的利益，并将这些利益点有效地传达给消费者。

（3）围绕产品前后端。并不是所有的产品都能够从产品层面上找到差异化卖点。在产品同质化的时代，尤其是标准化的产品，其卖点是很难通过产品本身找到的。这时，就需要从产品的前后端寻找差异化卖点，如服务、荣誉、专利、研发、物流、历史、文化精神和品牌价值观等。

3. 产品核心卖点提炼方法

（1）FAB法则。

FAB法则，即属性、作用、益处的法则，在商品卖点提炼中十分常用。FAB是三个英文单词开头字母的组合，F是指属性（Feature），即产品能够与其他竞品区别开来的固有属性和基本功能，主要从商品的特性、功能等角度来进行挖掘；A是指作用（Advantage），即消费者用了这个产品之后能得到的直接效果，它是由产品特性所引发出的用途，需要从消费者的角度来考虑，思考消费者关心什么，有什么问题需要解决，从问题出发提炼产品的优点；B是指好处（Benefit），即消费者通过使用产品所能得到的好处，解决了哪些问题。这些好处源自产品的特性和优点。文案写作应该以消费者的利益为中心，强调消费者能够得到的利益，从而激发其购物欲望。

在使用FAB法则的时候，可以用表格的形式，通过属性、作用、好处这三个步骤，来完成对产品卖点的提炼，华为手机FAB分析如表3-1所示。

表3-1 华为手机FAB法则分析表

属性（Feature）	作用（Advantage）	好处（Benefit）
它是什么	它能做什么	它能给用户带来什么好处
高通骁龙801处理器	手机运行更快了	玩游戏时手机不卡了

需要注意的是，企业最终要提炼并传达给消费者的卖点是B层面的。也就是

说，要将产品的特性一步步地转化为带给消费者的利益。在消费者眼里，产品的卖点更多的时候指的是产品能够带给他们的好处，而不是产品的功能。只有明确地把这种实际的利益告诉他们，让其意识到用了这款产品后真的能够获得不少好处，他们才会认真了解产品，然后为产品买单。正如美国著名的营销大师菲利普·科特勒所说："顾客购买的不是钻头，而是墙上的洞。"

【协作创新】

请各小组自选一款产品，运用FAB法则，为产品提炼核心卖点。

（2）九宫格思考法。在核心卖点提炼中，九宫格思考法是一个很好的分析方法。配合团队头脑风暴，先在九宫格中间的格子填上卖点提炼的维度，然后在其他的八个格子填上由此维度所引发的各种联想或想法，这样可以清晰地将不同维度的卖点一一罗列出来。

在填写周围八个格子内容的时候，有两种方式，如图3-12所示。一种是向四周扩散的辐射线式九宫格，在中央方格填写卖点维度之后，利用发散性思维，向其余的八个方向去思考，这八个方向的内容相互独立，但都与中央方格的卖点维度有联系。另一种是顺时针式九宫格，以中央方格的卖点维度为中心，依顺时针方向在周围的八个方格中依次填写围绕该维度所想到的具体内容，填写的顺序能够反映这些内容的重要程度。

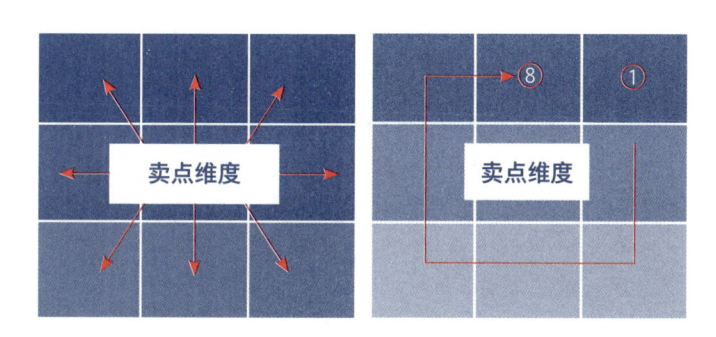

图3-12 九宫格填写的两种方式

使用九宫格思考法进行卖点提炼时，应该注意以下原则：

① 想到就写：只要是围绕某个卖点维度产生的联想都可以填写到周围的八个格子中。

② 简明直接：为了使九宫格更加清晰易懂，应该使用简明的文字或关键词进行描述。

③ 尽量填满：为了给每一个卖点维度提供更多的想法和解决思路，应该尽量将每一个格子都填满。

④ 重新整理：第一次填写的九宫格可能会存在逻辑不正确、内容不合适等问题，此时可以重新思考整理，进一步优化九宫格模型。

⑤ 细节思考：在完成了一个九宫格之后，还可以对每个格子中的内容进行再分解，细分为新的九宫格，直至最后每个格子的内容无法再分解为止。

⑥ 放慢节奏：适当放慢思考的节奏，多和团队交流想法，以获得更准确、更符合消费者需求的内容。

【文案赏析】

"东江藏"赣南脐橙的核心卖点提炼

"东江藏"脐橙产于中国脐橙之乡赣南寻乌县，种植于东江发源地的原生态地区，寓意藏在东江源头的好橙子。下面以"东江藏"脐橙为例，用九宫格思考法提炼产品的核心卖点。

1. 围绕产品特征提炼核心卖点

产品特征九宫格如图3-13所示。

卖点1	卖点2	卖点3
卖点8	产品特征	卖点4
卖点7	卖点6	卖点5

图3-13　产品特征九宫格

卖点1：个头大，皮薄。
卖点2：水分足，酸甜适中。
卖点3：肉质脆嫩、无核无渣，风味浓郁。

经过对产品特征的分析，发现很多品牌的赣南脐橙都具有以上特点，因此核心卖点很难在众多产品特征中脱颖而出，找到差异化卖点。

2. 围绕产品利益点提炼核心卖点

产品利益点九宫格如图3-14所示。

卖点1：产自"稀土王国"赣南寻乌，生长于富硒土壤中。
卖点2：生长于备受保护的山中净土，由东江源头水滋养，原生态种植，农残检验全部达标，安全环保。
卖点3：富含维生素C和胡萝卜素，有益身体健康。

卖点1	卖点2	卖点3
卖点8	产品利益点	卖点4
卖点7	卖点6	卖点5

图3-14　产品利益点九宫格

经过对产品利益点的分析，"东江藏"脐橙拥有有别于其他赣南脐橙的差异化特点，即产地的天然优势。东江源头的地理优势是十分稀缺的资源，并不是每一个脐橙产地都具备这一优势，而消费者对于水果的原生态、健康的诉求又十分强烈。因此，产品的差异化卖点就非常突出了。

3. 围绕产品前后端提炼核心卖点

产品前后端九宫格如图3-15所示。

卖点1	卖点2	卖点3
卖点8	产品前后端	卖点4
卖点7	卖点6	卖点5

图3-15　产品前后端九宫格

卖点1：品牌化运营，优选精品果径，确保品质如一。
卖点2：被认定为"无病毒优质出口产品"。
卖点3：快递驻扎果园，现摘现发，新鲜直达。
卖点4："快速赔"售后服务机制。
卖点5：发现与坚守，体现品牌创始人的情怀。

经过以上三个卖点提炼维度的分析，基本把"东江藏"赣南脐橙的卖点一一罗列出来了。但是，在微创新的背后又隐藏一个弊端：产品创新点增加，意味着卖点增加，卖点多了不是好事吗？意味着有更多可以打动消费者的理由，更能体现品牌的专业性和产品价值。其实不然，卖点不在于多，而在于精。

文案写作者需要对产品创新、消费习惯与认知、市场竞争态势等方面进行综合判断，从而找出哪些卖点可以去掉，哪些可以保留并放大，最终总结出三个最精炼、最能打动消费者、最能体现产品核心价值的卖点，然后用通俗易懂的语言表达出来。

（1）产地优势：我们的橙子，就种在赣南东江源头，群山环抱，溪水穿行。

（2）生态种植：原生态种植，坚守健康农法。

（3）创始人情怀：优质农产品的探索者与推动者，让良心农人的尊严备受尊重。

【协作创新】

请各小组自选一款产品，运用九宫格思考法，从三个维度提炼该产品的卖点，并总结提炼出三个核心卖点，将结果记录在表3-2中。

表3-2　核心卖点提炼九宫格表

产品卖点罗列与筛选	卖点1	卖点2	卖点3
	卖点8	产品特征	卖点4
	卖点7	卖点6	卖点5
	卖点1	卖点2	卖点3
	卖点8	产品利益	卖点4
	卖点7	卖点6	卖点5
	卖点1	卖点2	卖点3
	卖点8	产品前后端	卖点4
	卖点7	卖点6	卖点5
	核心卖点		

4. 产品核心卖点表达技巧

产品卖点提炼出来后，是不是所有宣传和文案就形成了呢？很多时候，文案和广告人员需要对卖点进行进一步的诠释和加工，转化成文案和视觉元素，然后再投放市场进行宣传推广。换句话说，就是对卖点进行诠释和展示。再好的卖点，如果没有一个好的形式来展现，只停留在自己的脑海中，是没有任何价值的。对文案创作者来说，如何对梳理出来的产品卖点进行合理的表达，才更容易抓住消费者的注意力呢？

（1）为简单的卖点找到丰富的层次。对于看似简单或差异化很小的产品，如果文案写得索然无味，就会降低消费者对产品价值的感知。他们可能会产生"这种产品这么简单？""这种产品肯定不值这些钱的"的想法。

因此，为简单且消费者非常熟悉的产品撰写产品文案时，可以针对一个核心卖点进行"复杂化"的描述，为看似简单的卖点找到丰富的层次。这样有助于打造产品的差异化特征，使消费者对产品有更深层次的理解，增强消费者对产品价值的感知。

【文案赏析】

海澜之家的广告文案

1 000名商品企划师，网罗全球潮流

从100种颜色中选出适合夏天的蓝

每天分析50 000笔男性时尚偏好

淘汰600种纱线，只为更体贴一点

气候分析师预判未来3季面料趋势

掌握亿万中国男性版型数据

一年创造十万种搭配可能

男人的衣柜，创造不平凡

这篇由许舜英为海澜之家创作的广告文案，延续了该品牌"男人的衣柜"这句推广语，将服装这种简单品类的卖点进行了复杂化的拆解，特别是通过一系列具体的数字，突出了产品对潮流趋势的把握、对颜色和面料的严选、对消费者喜好和需求的把握，在彰显服装质感的同时，也体现了品牌精益求精的态度。

（2）为复杂的卖点找到简单的诠释。对于卖点复杂的产品，如果想让消费者快速理解和感受，就必须化繁为简。因为对大多数消费者而言，复杂的产品本来就难以理解，甚至会产生距离感，这时如果再用复杂的语言去说明，就可能在消费者和产品之间建起一条更大的鸿沟。

比如，喜欢自拍的人在购买手机时，可能看不懂各种镜头、传感器、防抖的参数，对于1 200万像素和2 400万像素的摄像头的差别也没有什么概念，但是他们在乎用这部手机自拍的效果美不美。因此，文案创作者要把这些复杂的产品知识用通俗、简单、概括的语言表达出来，告诉消费者当他们使用了这个产品后，可以得到什么效果。例如"华为Nova3，海报级自拍"这句文案，就很好地为手机里的高科技卖点找到了简单的诠释，让消费者一眼就看懂"拍照效果好"这一产品核心卖点。

（3）为抽象的卖点找到具体的场景。如果卖点是抽象的、难以理解的，那么就需要借助具体清晰的场景来表达。例如，对于生产工艺比较复杂的科技产品，很难将技术卖点表达清楚，文案写作者可以使用简单的口语化语言，将消费者带入一个特定的使用场景，便于他们理解和感受。例如，美的空调"一晚低至一度电"的文案就将"省电"这一抽象的卖点具体成夜晚的使用场景，量化为具体的使用电量。

（4）为理性的卖点找到情绪的共鸣。对于任何一个产品或品牌，消费者会同时投入理性因素和感性因素，只是程度不一样。文案写作者需要换位思考：什么时候靠感性打动消费者，最大程度降低他们的排斥；什么时候通过理性诉求传达客观信息，让购买合理化。理性和感性结合的目的，一是满足消费者显性的理性目标，二是满足消费者隐形的情感共鸣，以达到更佳效果。

对于理性的产品卖点，既要通过理性的方法准确完整地传递产品信息，引导消费者进行对比判断，同时更需要利用感性诉求挖掘消费者的内心情感，吸引和打动消费者，唤起他们的情绪共鸣。

【文案赏析】

Keep：自律给我自由

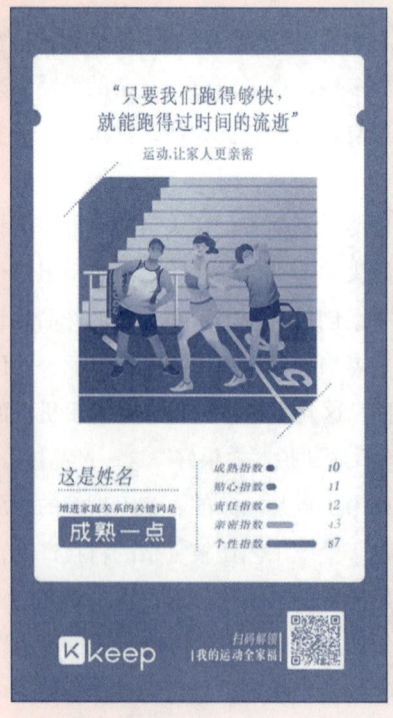

健身软件Keep践行着一种运动、坚持、热血的生活理念，利用运动能给人带来的能量来激励用户使用App坚持健身，让健身成为一种健康生活的习惯。无论是"哪有什么天生如此，只是我们天天坚持"，还是"自律给我自由"，Keep的品牌推广语和产品文案都是从非常理性的角度鼓励用户建立自律健康的生活方式，因为健身本身就是需要极大的自我约束能力带来延迟性满足感的事情。

2019年，Keep的一组文案以"家人"为情感的突破口，以"运动，让家人更亲密"为主题，创作了一系列充满温情的文案，让运动成为和家人沟通的语言，配合一幅幅理想中的全家福，引起了用户情绪的共鸣（见图3-16）。

图3-16 健身软件Keep文案

3.3 产品详情页文案写作

产品详情页是消费者线上购物的决策末端节点，产品详情页一方面需要承载越来越多的流量，另一方面支持越来越多的营销规则。产品详情页作为电商信息的主要承载页面，也是电商业务转化的主战场。因此，产品详情页的设计规划，是电商产品推广的核心。

3.3.1 产品详情页概述

1. 产品详情页内涵

产品详情页是指在电子商务平台中，卖家以文字、图片或视频等方式展示产品信息的表现形式。它既是一个极佳的向顾客详细展示产品细节与优势的地方，也是用户全方位了解产品的关键渠道，作为用户购买路径中极其重要的环节，产品详情页很大程度上影响着用户的购买决策。

产品详情页就好比是面试时的自我介绍环节,让面试官(用户)在最短的时间里知道你是谁(什么产品)、你有什么特质(独特卖点)、你能为公司带来什么(为用户解决什么问题),并且能够让面试官信任你(打消用户疑虑)、想要进一步了解你,甚至录用你(促成用户下单)。任何一个环节的失败,都可能造成面试官的失望(用户跳失),从而影响后续的面试环节和面试官的决策(转化率)。

【课证融合】

在1+X网店运营推广职业技能等级标准中,无论是初级的详情页设计与制作,还是中级的详情页优化,都是考核的重点。网店运营推广职业技能等级标准的相关部分如表3-3和表3-4所示。

表3-3 网店运营推广(初级)

工作领域	工作任务	职业技能要求
1.网店基础操作	1.1 商品上传与维护	1.1.2 能根据商品详情页的设计逻辑,与页面设计成员合作,完成符合商品特点的图文描述设置
2.网店装修	2.2 详情页设计与制作	2.2.2 能够根据商品信息,提炼卖点与特点,并制作完整的文案,文案内容能够激发消费者的购买欲望

表3-4 网店运营推广(中级)

工作领域	工作任务	职业技能要求
1. SEO优化	1.3 详情页优化	1.3.1 能根据商品信息,通过用户搜索需求分析,完善商品详情页基础信息,提高商品自然搜索排名 1.3.2 能根据商品信息和用户画像,提炼商品卖点,完善商品详情页描述信息,增加网店的自然搜索流量

2. 产品详情页设计目标

产品详情页设计的核心目标是要创造一种舒适合宜的购物环境,让客户无障碍地浏览各类信息,很容易就能够找到所需要的产品,并且获得足够好的服务与体验;同时随时提供最有效的工具,以帮助客户顺利进入预订购买环节。

由于产品详情页可承载的信息量较大,因此在设计时更应该遵循消费者的购物决策主线来构建整体展示与导购服务。从宽泛的视角来分析,把所有的产品信息随意堆砌在页面上也能带来一定的用户浏览量与交易量,但信息浏览的困难及消费决策的不顺畅必然无法最大化地提升消费者的购买体验,从而影响到最终的成交转化率。要想设计一个优秀的产品详情页,需要围绕两个方面来构建整体详情页服务:

一是与产品交易决策相关的信息内容的有效展示,从信息的排版、展示的效果、阅读的舒适性等方面都要给消费者带来良好的感受。

二是与消费者之间的互动体验设计，产品详情页是一个关键的人机互动场景，与用户产生互动性是设计产品详情页的终极目标，因此，如何在关键的位置、最佳的时机为消费者提供最合适的工具，以帮助消费者完成互动任务，是设计人员应该关注的重点。

3.3.2 产品详情页的信息架构

通过调研和分析大量的企业产品详情页的真实案例，按照产品详情页作用的四个层面，可总结出产品详情页的信息构架，如图3-17所示。需要注意的是，产品详情页的组成要素和逻辑顺序是不固定的。商家可以根据品类的特点、品牌的定位以及自身的需求进行灵活的选取、调整内容的逻辑顺序。

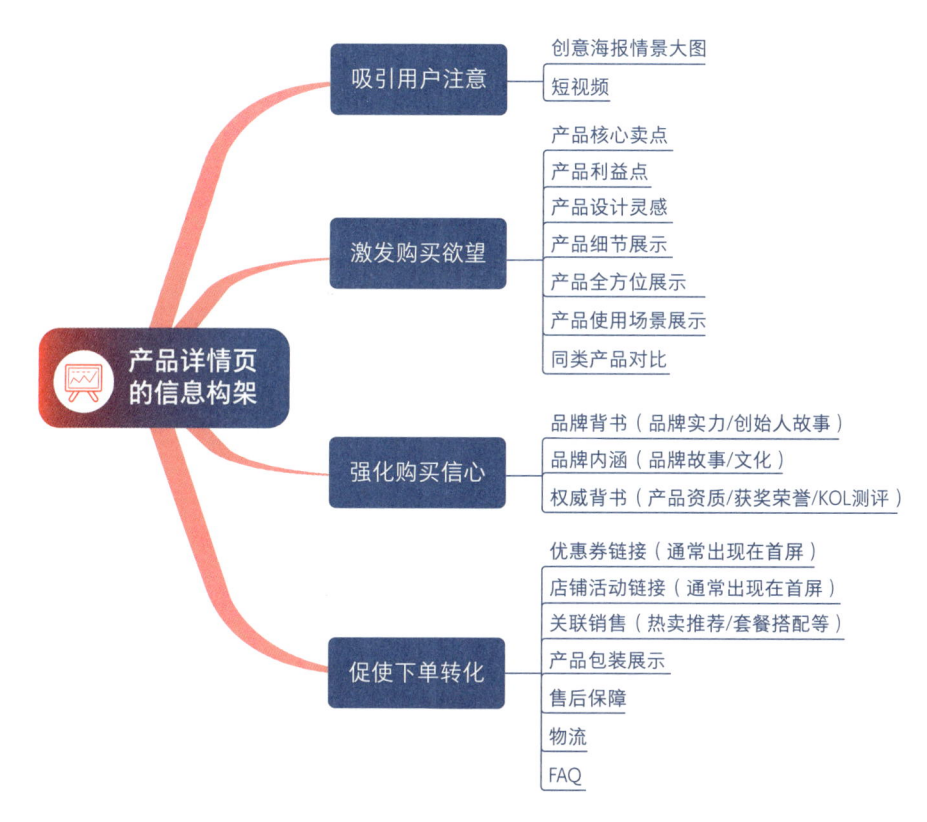

图 3-17　产品详情页的信息构架

一般产品详情页的信息架构包括以下内容：

（1）创意海报情景大图：根据"前三屏3秒注意力"原则，视觉焦点要突出核心卖点或消费者痛点，吸引用户注意力。

（2）产品卖点/功能/利益点：将提炼的产品核心卖点逐一转化为产品利益点。

（3）产品规格参数：产品的可视化尺寸规格设计，让用户能够直观了解。

（4）同行产品对比：通过与竞品对比，强化突出核心卖点，不断向用户阐述自己产品的优势所在。

（5）产品模特/全方位展示：场景化图片富有代入感，拉近与用户的距离；使用模特出镜，更加突出真实感。

（6）产品细节展示：产品细节突出工艺、质感、品相等，附带文案介绍，满足用户对产品细节的关注需求。

（7）产品资质证书/检验结果：打消用户的安全顾虑，提升其购买产品的信心。

（8）品牌/基地实力展示：突出品牌实力，进一步强化用户的购买信心。

（9）产品包装展示/售后保障/物流：解决客户的未知问题，减少人工客服压力，提高静默转化率。

通过以上分析，在梳理了产品详情页的信息架构之后，可以将一个非标准化的详情页通过模块化拆分尽可能地标准化，一个产品详情页的主要构成应该包含的内容如图3-18所示。

图3-18　产品详情页的主要构成

【文案赏析】

花西子爆款详情页文案

以前，当人们提到国货化妆品，总是不自觉地跟老气、廉价等词汇联系起来。而近两年，随着"国潮"以刷屏的姿态出现在用户的视野，很多老字号品牌都推出了让人耳目一新的新产品，"国潮"成为中国消费市场最具活力的话题之一。"花西子"品牌于2017年诞生于中国杭州，以"东方彩妆，以花养妆"作为品牌的理念，定位年轻消费群体。仅用三年的时间，便成为线上国货美妆第二大品牌。2019年花西子全年在阿里平台的销售额超过12亿元，首次参加"双11"活动，就取得销售破亿的成绩，成为国货美妆中的一匹黑马。

除了独到的品牌定位、优良的产品质量、极致的产品工艺、亲民的定价，以及强大的营销能力外，花西子的产品详情页也出类拔萃。高级、精致、细腻、卖点突出、直击用户痛点、处处传递着中国文化元素和内涵，完美对标了年轻用户群体。其爆款产品空气蜜粉的产品详情页如图3-19所示。

图3-19 花西子爆款产品空气蜜粉详情页文案

【协作创新】

以小组为单位，选取你认为比较好的两款产品的详情页，对比分析这两款产品详情页的信息构架，讨论它们有哪些相同点和不同点？各有什么优缺点？

3.3.3 产品详情页文案的写作方法

1. 产品详情页文案的写作原则

首先要弄清楚，详情页的文案不仅仅是纯粹的文案，它是介于"产品说明书"和"广告文案"之间的一种表达。它比产品说明书更生动，比文案更客观。好的产品详情页文案关注的并不是文案本身，它是对用户感受进行的设计，它的目标不是卖弄文采，不是彰显个人的"文学素养"以及"创意能力"，而是有效地设计并影响用户的感受。

（1）遣词造句合法，避免违规。"震撼首发、全网最低、销量第一……"这些曾被品牌们信手拈来的广告标语，如今再也不能随意使用了。2015年9月1日起，修订后的《中华人民共和国广告法》（以下简称《广告法》）正式施行。

《广告法》有着"史上最严"广告法的称号，所有包含"最""第一""顶级"

的极限用语将被明令禁止，违者将被处以20万元以上罚款。

《广告法》颁布实施后，电商平台也出台了相应规则。以淘宝网为例，对于卖家的滥用违禁词等违规行为，采取的处罚措施根据情节的严重分别包括：商品和店铺的搜索屏蔽、限制发布新商品、限制发布站内信、限制社区功能、限制买家行为、限制发货、限制使用阿里旺旺、限制登录、关闭店铺、公示警告、查封账户等。

【素养园地】

排查违禁词，自觉遵守国家法律和平台规则

违禁词指的是一些在详情页文案中违规使用的词。在《广告法》及相关平台规则中，都明确禁止使用夸大、虚假、误导消费者等宣传用语。

以下是一般产品违禁词：

（1）与"最"相关：最、最优惠、最佳、最好、最具、最爱、最赚、最优、最优秀、最大、最大程度、最高、最高档、最奢侈、最低、最低价、最低级、最热、最低、最便宜、最流行、最受欢迎、最高级、最时尚、最聚拢、最舒适、最符合、最先、最先进、最科学、最先进加工工艺、全网最好、最先上市、最先享受、最后一天、最后一波、最新、最新科技、最新技术、最新科研等。

（2）与"一"相关：第一、中国第一、世界第一、销量第一、排名第一、独一无二、唯一、第一品牌、NO.1、TOP1、全国第一、一流、仅此一天、仅此一款、仅此一次、最后一波、全网销量第一、全国某大品牌之一等。

（3）与"级/极"相关：国家级、国家级产品、全球级、宇宙级、世界级、千万级、百万级、星级、甲级、超甲级、顶级（顶尖/尖端）、高级、顶级工艺、顶级享受、极品、极佳（绝佳/绝对）、终极、极致等。

（4）与"首/家"相关：首个、首选、首发、全网首发、全国首发、全国首家、全球首发、全网首发、首次、首家、首款、独家、独家配方、国家级产品、国家领导人首选、填补国内空白。

此外，针对食品类、化妆品类等特殊商品，还有更为严格的违禁字词。因此，文案工作者一定要熟悉相关法律条款和平台规则，在进行详情页文案写作时一定要做好排查工作，否则电商平台会采取下架商品、删除商品、删除店铺相关信息、搜索降权商品、限制发布商品、监管账户等措施。

【协作创新】

以小组为单位，选取一个违反《广告法》使用违禁词被处罚的反面典型案例，并进行案例分析。

（2）紧贴品牌定位，避免错位。如今网购不仅是一种渠道，它已经成为人们的生活方式。一篇好的产品详情页文案是让人能从文中知晓品牌调性、产品属性和受众类型。比如，提起可口可乐，它的品牌调性就是青春、健康、有活力，可口可乐每年推出的广告片、广告文案都是围绕这三个调性展开的，而它的受众也都是正值青春年华的、有活力的年轻群体。因此，文案调性虽然是基于品牌调性而言的，但是文案调性也有自己的特性，如果精炼提取文案调性的关键词，那么就是这三个词：清晰、鲜活、有性格。

【文案赏析】

网易严选的文案，足以打动人心

网易严选于2016年4月正式上线，是网易旗下自营生活家居品牌，深度贯彻"好的生活，没那么贵"的品牌理念。网易严选的产品文案（见图3-20）牢牢把握生活调性，紧贴品牌定位，把产品比喻成活生生的人，有时候倾诉"月光"，有时候制造幽默，特别像一个要好的朋友。

上周买的彩票竟然中了头奖
暗恋的女神突然向自己表白
平时严厉的老板忽然要给我放暑假
我难以抑制地笑出了声
难道我今天起要走上人生巅峰？
一双手推醒了我：午睡枕该还我了

（a）网易严选午睡枕文案

喜欢撕拉齿轮划出的工整边缘
喜欢一秒钟将污垢抹去的欣然
喜欢一切尽在掌控的踏实
喜欢日复一日，一圈又一圈
似是在听光阴与陪伴的故事

（b）网易严选小卷纸文案

图3-20 网易严选文案

【素养园地】

大力实施品牌战略，努力建设质量强国

  2019年李克强总理在政府工作报告中提出，"打造中高端品牌商品，增强消费品美誉度和消费者忠诚度，促进形成供给充足的强大国内市场，不断满足人民的美好生活需要"，在我国经济结构转型升级的关键阶段，实施好品牌发展战略，建设质量强国是深入贯彻落实新发展理念、推动我国供给侧结构改革的必然要求，是加快经济发展方式由外延扩张型向内涵集约型转变、由规模速度型向质量效益型转变的战略性举措。

  近年来，党中央国务院高度重视品牌建设，特别是习近平总书记提出"中国制造向中国创造转变，中国速度向中国质量转变，中国产品向中国品牌转变"的"三个转变"重要指示后，我国的品牌建设进入了蓬勃发展的新阶段。

  2020年7月，Google与WPP集团联合发布了《2019 BranZ中国出海品牌50强》榜单。华为登顶榜首，紧随其后的是联想、阿里巴巴、字节跳动、小米依次位列榜单前五名。

  （3）用语平白朴实，避免自嗨。有人说：让文案接地气，其实就是把华丽费解的文案变得平白朴实。什么是好文案？也许人们第一反应是：一个好的创意，一句蕴涵深刻的言语，一篇唯美辞藻修饰的文章。

  平心而论，如果把"今年过节不收礼，收礼只收脑白金"当作文字看，真是俗不可耐，但当作一句话来说就感到非常顺口，一不小心就会从嘴里溜出来。要是这句广告文案改成"脑白金，调整人体生物节律，改善睡眠，调整肠道，还减少有害物质的吸收哦。"也许观众能记住的就只是那两个跳舞的老年人了。

  有这么一句话："你所认为的他认为的你，并不是真实的他认为的你。"这句话很拗口，大体意思就是：你认为你所表达的意思并不是受众所感知的；你认为你都表达清楚了，其实有可能听者什么都不清楚。因此，不要从自己的角度去写文案，而是要从用户视角出发。

【文案赏析】

睡小宝文案的用户视角

在电商平台搜索U型枕，消费者就会发现这个尴尬的现实：
（1）消费者面临无数选择，并不知道到底买哪个，同类产品竞争激烈；
（2）U型枕市场面临低价厮杀的困境，定价并没有优势；
（3）消费者已经对U型枕建立了固定印象，很难扭转。

也就是说，文案创作者得想办法让睡小宝跟传统U型枕区分开来，并且在一定程度上提高被仿制的门槛。作为产品详情页文案，需要把整个产品的属性进行分解，然后排序，最终的结果如图3-21所示。

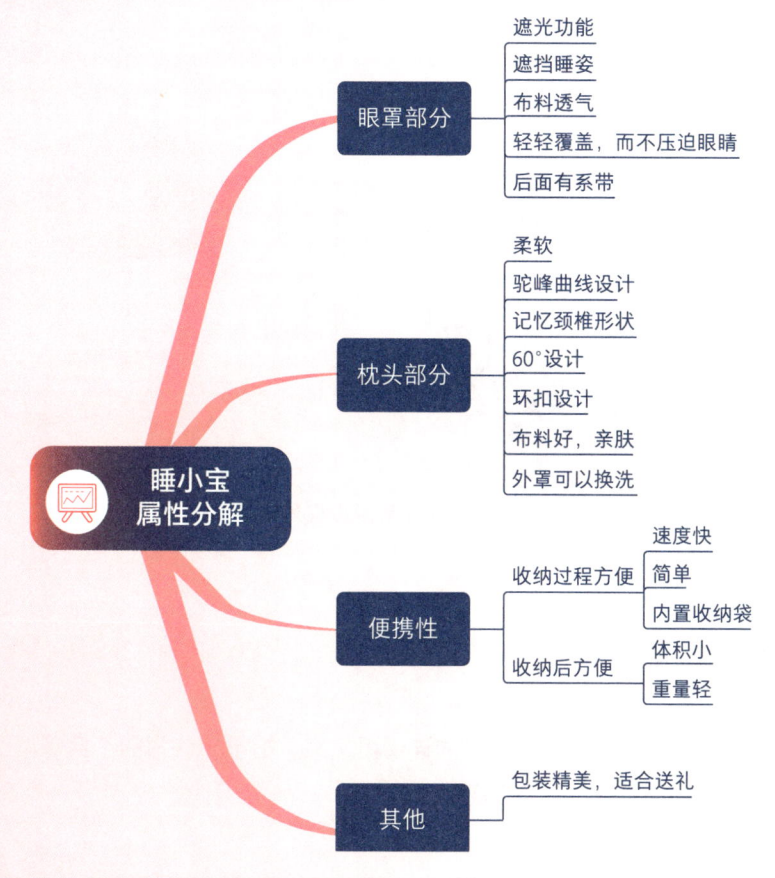

```
睡小宝属性分解
├── 眼罩部分
│   ├── 遮光功能
│   ├── 遮挡睡姿
│   ├── 布料透气
│   ├── 轻轻覆盖，而不压迫眼睛
│   └── 后面有系带
├── 枕头部分
│   ├── 柔软
│   ├── 驼峰曲线设计
│   ├── 记忆颈椎形状
│   ├── 60°设计
│   ├── 环扣设计
│   ├── 布料好，亲肤
│   └── 外罩可以换洗
├── 便携性
│   ├── 收纳过程方便
│   │   ├── 速度快
│   │   ├── 简单
│   │   └── 内置收纳袋
│   └── 收纳后方便
│       ├── 体积小
│       └── 重量轻
└── 其他
    └── 包装精美，适合送礼
```

图3-21　睡小宝属性分解思维导图

只是把属性告诉别人是没有用的，文案写作者还需要告诉用户"这对你来说意味着什么"。

比如，关于"便携性"的文案，本来的文案是：

（1）内置独立收纳袋；

（2）完美收纳，节省空间小天才。

经过修改，睡小宝用户视角文案直接指出用户的利益（见图3-22），这就是说人话、接地气。

（1）收枕头，比收电脑还简单；

（2）仅仅2罐可乐大小，方便带去任何地方。

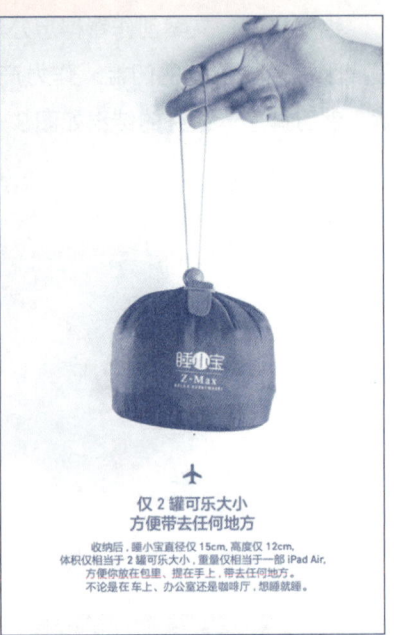

图3-22 睡小宝用户视角文案

【协作创新】

以小组为单位，选取一款产品的详情页文案，指出你认为的"自嗨型"文案，并进行修改，使其变成站在用户视角上的表达。

（4）从痛点入手，突出产品价值。产品文案的精髓就是要明确受众，避免自说自话。文案写作者需要明确产品详情页是做给谁看的，也就是明确定位，这就需要做市场分析、竞争分析、目标客户分析。因此，企业去研究自己的产品，研究竞争对手的产品，多方面了解你的目标客户。结合自身产品卖点，结合竞争对手的产品和详情页，结合目标客户，写出客户角度的内容。

所谓痛点，不是说买了这个怎么好，而是不买这个会怎么样。痛点的寻找可以使用同理心的方法，设身处地为消费者思考，为其找到必须要买这款产品的理由。

以消费者的痛点带出产品的卖点，就加深了消费者的认同感，也提升了他们的购买欲望。除此之外，还要深度挖掘购买这款产品的人所关心的利益点是什么。女装服饰就要注重人群划分、服装设计和风格；男装服饰就要着重性价比和品牌；特殊人群如肥胖人士，他们的痛点就是难买衣服，因此款式、尺码、面料就是卖点。产品越细分，目标人群的痛点就越容易找到。例如，鞋类产品，有户外鞋、皮鞋、单鞋、运动休闲鞋等，买户外鞋的消费者要求鞋子防水耐磨，皮鞋则适合出入较为正式的场合，单鞋追求款式和紧贴潮流，运动休闲鞋主要以健康舒适为主；男性买家注重品质，女性买家更注重款式。

因此，只要找到目标人群的痛点与兴趣点，并将其在详情页文案里放大，逐个击破，层层递进，就能写出转化率高的文案。

【文案赏析】

新产品文案如何唤起痛点？

当你想卖一瓶200元的洗发水时，产品文案第一句你先怎么写？

"一种很牛的洗发水，神一般的滋润效果。"

当你新发布了一款超级黑科技充电器时，产品文案第一句你先怎么写？

"××超级插座，8项功能改进，颠覆体验。"

当你创业做了全新的定制衬衣时，产品文案第一句你先怎么写？

"××定制衬衣，时尚贴身，定制你的专属衬衣。"

上面的文案，几乎符合了任何一个文案创作者的直觉反应——既然要写文案，就好好介绍自己的产品，让用户关注自己的产品。这也符合很多人对营销、广告的理解：写文案，打广告，就是为了让消费者关注你的产品。

但是，对新产品来说，文案第一步真正要做的，往往并不是把消费者的注意力转移到产品身上，而是把他们的注意力转移到他们自己身上。也就是"在关注你的产品之前，先让用户关注他们自己"。

比如，上面的高档洗发水文案，当你说"神一般的滋润效果"时，用户就要问：我用海飞丝用得好好的，干吗要改变？洗发水不就是30元的商品吗？为什么卖这么贵？

总之，新产品与他们过去的习惯显著不同（"习惯了普通洗发水"），如果直接让消费者关注新产品，他们是没有理由去改变自己的习惯的——任何人都懒得改变自己的习惯。

因此，如果你就是要发布新产品，改变消费者的习惯，就必须先让他们关注自己的产品。比如，同样是200元洗发水，文案可以这样写："你用着上千元的香水，但是却用39元超市卖的洗发水。"

这样写，就唤起了用户的痛点，让用户从"难以接受改变"的"冷冻"状态，变成"想要寻求新方案"的"解冻"状态。而这时候，让消费者开始关注新产品，才是成功的。

比如，"一朵棉花"床品四件套（价格600元左右），与大多数人的消费习惯不一致（他们买得很便宜），因此，产品文案如图3-23所示。

图3-23 床品四件套文案

【协作创新】

请小组选择一款产品,从分析用户痛点入手,撰写一句产品文案,突出产品给用户带来的价值。

2. 不同类型产品详情页文案的写作思路

(1)论述型产品详情页文案。论述型产品文案是最为常见的写作形式,它以突出产品的核心卖点为主,按照用户的购物习惯和逻辑顺序,进行循序渐进的页面内容布局。这类详情页文案要特别注意卖点环环相扣的逻辑性,抓住用户的心理,一步一步引发消费者的好奇心和购物欲望,增强用户的购买信心。在卖点的描述上,要注意将产品卖点的原始描述延伸为对目标用户起作用的语言,也就是让用户看了文案就能够准确地捕捉到产品的利益点。同时,对产品的文字描述要简洁明了,对商品的细节描述要真实可信。

(2)解决痛点型产品详情页文案。解决痛点型产品详情页是针对用户的痛点,根据用户的实际顾虑,围绕产品的核心卖点,从不同的角度切入,设计文案,营造场景,解决痛点,并用逻辑严密的文案引出用户立即购买的理由。同时,文案要重点围绕用户心理以及产品的特性展开,制造一种紧张感、稀缺感,引导用户下单购买。这类详情页文案需要更富创意性的设计和生动的表达,能够直击用户痛点,使用户产生情感共鸣。

（3）故事型产品详情页文案。"讲故事卖产品"这个模式在产品详情页设计上越来越常见，无论产品是什么类目，如果能讲好故事，为产品添加附加价值，顾客就会更加受用。一个优秀的故事必定能调动浏览者的情绪，让文案在被观看过程中不知不觉地起到潜移默化的作用，使用户迅速认同产品的价值，最后促成购买。撰写这类详情页文案的时候，要注重传达品牌的精神、文化和调性，使用户产生认同感和情感上的共鸣。将故事拍成短视频插入到详情页的首屏，也成为越来越多商家吸引用户的创新做法。

【素养园地】

疫情下的中国式温暖

"湖广熟，天下足"。鱼米之乡的湖北，是全国重要的农产品生产地。但是受2020年新冠肺炎疫情的影响，很多湖北优质的农副产品面临待销困境。2020年4月1日起，央视新闻新媒体联合各大电商平台、生活服务平台和社交平台，联手淘宝、京东、拼多多、苏宁易购、物美、多点、本来生活等数十个知名品牌，启动"谢谢你为湖北拼单"大型公益活动，倡议网友通过购买湖北生鲜、农副产品，助力湖北经济复苏。

活动吸引了广大网友的大力支持。大家都愿意搭一把手、尽一份力，让湖北尽快回归热闹和繁华。不少湖北商家为了感谢消费者的关注和支持，在产品详情页的首屏，用简短的图文表达着他们的感激之情，一封来自洪湖农家的感谢信如图3-24所示。

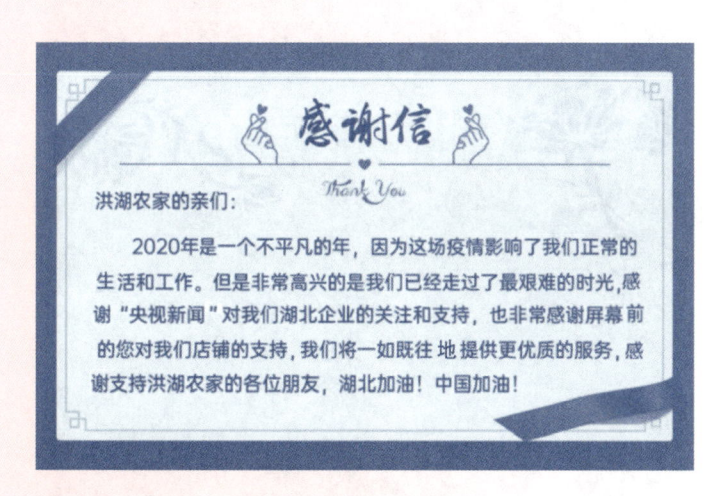

图3-24　洪湖农家感谢信

在新冠肺炎疫情下，人们可以感受到千千万万普通中国人爱心凝聚的巨大力量。这种中国式的温情和团结，给社会带来了更多温暖的力量，让更多人感受到同舟共济、守望相助的温暖与大义。

3. 产品详情页文案的写作技巧

（1）一屏一主题，核心文案一句话。在移动互联网时代，设计适应移动端阅读的产品详情页是必然选择，在视觉传递过程中，当眼睛对文字信息处理的压力过大时，人们会自动忽略文字信息的内容。换句话说，密度过大且细小的文字很容易被用户直接忽略，从而失去文字传递信息的作用。在创作产品详情页文案的时候，要充分考虑到用户对文字信息的接受能力，做到一屏一个主题，让信息的传递一目了然，一语中的，使用户一眼就能接收到有效信息。

页面核心文案以一句话为原则，直观清晰的表达。通过将核心文案放大，非核心重点缩小删减，来区别文字信息传递的强弱，使信息有层次地传递给用户。页面核心文案通常是一个短句或者短语，描述产品的核心卖点。非核心重点则是进一步阐述卖点或者描述场景细节。

【文案赏析】

华为P40产品详情页文案

众所周知，手机夜拍一直是手机摄影的难点，而华为P40有了硬核超感知徕卡三摄的加持，辅以XD Fusion图像引擎的超清图像处理能力，助力用户随手也能拍出明亮又清晰的夜景照片，而在弱光、微光的环境下，更是拥有"拍暗，拍案叫绝"的非凡表现，将华为高端手机夜拍的优势诠释得淋漓尽致（见图3-25）。

图3-25　华为P40产品核心文案

【协作创新】

以小组为单位,分享令你心动的"一句话文案",并讨论其特点。

（2）语言风格统一,场景式文案增强代入感。文案也是体现品牌调性的重要元素,在撰写产品详情页文案的时候,文字的风格要保持统一,同时契合品牌的定位。例如,对于主打年轻群体的平价美妆产品,可以采用俏皮活泼的语言风格；对于承载中华传统文化的国货老字号产品,则可以采用工整严谨的语言风格。

场景化指的是通过营造特定的场景,将用户带入到某种氛围或者情绪中去,增强用户的代入感,形成情感上的共鸣,引起用户的购物欲望。除了图片和视频外,文字也能够呈现打动用户情绪的场景画面。

【文案赏析】

南孚的场景化文案

南孚作为高端电池的生产企业的代表,其整体策略是进一步攻占低端电池市场份额,让更多人选择使用持久耐用的电池。在互联网上,年轻人的消费习惯正在逐渐发生改变,而市面上还没有一款专门针对年轻人(主要是"85后")的电池产品。南孚看到了这个机会,准备推出糖果装电池。南孚新产品的文案就将场景化文案附着在人们的日常用语中和年轻人经常表达的情感上。南孚的场景化文案如图3-26所示。

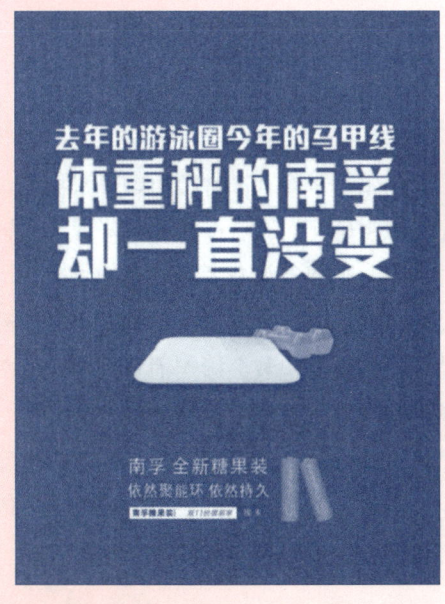

图3-26 南孚的场景化文案

（3）巧用FAB销售法则，提高详情页文案转化率。FAB销售法则是在产品详情页中，将产品特征（Feature或Fact）、商品所具有的优势（Advantage）、商品能够给顾客带来的利益（Benefit）有机地结合起来，按照一定的逻辑顺序加以阐述，形成完整而又完善的销售效果。

从销售的角度说，一次有效的文字或语言传达，是要在产品和客户之间建立连接，这也是FAB销售法则的核心理念。产品文案的落脚点应该是用户，有共鸣才会触发购买意愿。

① 产品特征：就是指产品的特质或特性等最基本功能和属性，也就是对产品卖点的支撑。对于产品特征，文案创作者一定要非常有耐心地去收集和了解，它是文案的基础，如果对自己产品的基本特征和属性都不知道，在这一步随便应付，那么后面的文案都是不真实的。

② 产品利益/优势：产品利益/优势可以被理解为产品的卖点，它是站在产品角度去说的，也就是这个产品能给用户提供的利益点。例如，笔记本特别薄、汽车后排空间很大等。

③ 消费者利益：消费者利益是基于产品利益而来的，可以被理解为产品的"卖点"，卖点是站在产品的角度说的，而消费者利益是站在用户的角度去说的。对用户来说，产品优势能为他们转化为哪些价值？能解决哪些实际问题？例如，笔记本特别薄，那就非常便于携带；汽车后排空间很大，可供全家人一起出游。

3.4 产品包装文案写作

产品包装作为产品和品牌的载体，是产品营销策略和品牌塑造的重要环节，对品牌形象、品牌内涵、品牌认知度有着举足轻重的作用。产品包装就好像是品牌的"形象代言人"，它是企业与消费者沟通的纽带，扮演着消费者对产品的感知、记忆和情感寄托的角色；它是建立品牌认知度的重要桥梁，有利于在消费者心目中树立品牌形象、展现品牌个性，实现品牌价值传播。产品包装会影响消费判断，消费者会因为某款产品的包装或者它传达出的某种特殊意义而产生消费欲望。

产品包装除了需要有好的创意设计，通过新颖的外观造型、丰富的色彩搭配和个性化的包装设计来吸引消费者的注意力、激发其购买欲之外，很大程度上还依靠优秀的包装文案来传递更多的品牌信息和价值，让消费者与品牌产生交流互动，获得更佳的产品体验。

3.4.1　产品包装设计的重要性

1. 识别记忆，树立品牌形象

产品的营销，包装就是敲门砖。想象一下，当消费者置身于超市购物或者浏览电商产品链接时，看到货架上琳琅满目的商品和各式各样的产品图片和视频时，首先会被哪些产品吸引？不难理解，产品包装最基本的作用就是解决产品的有效识别性。这里的识别有两个意义。第一是让客户第一眼就发现其所需产品，只有发现其所需产品，才有可能购买该种产品；第二个意义是让客户快速地识别出该种产品的利益点是什么。

包装设计是内在产品的外在反映，真实传递产品的信息。它借助图形、色彩、文字等视觉元素，给消费者缔造一个独特的视觉形象，激发消费者的购买欲望，使消费者能够快速识别产品并产生记忆。在包装设计中，应着重体现有别于其他品牌的差别化形象特征，形成品牌的特质，逐步在消费者心目中树立品牌的具体形象。

【素养园地】

用产品包装承载文化和传承

为了展现赣南苏区红色摇篮的文化和传承，"红色传橙"产品包装以长征故事为设计灵感，使产品极大程度地还原了红色经典独特文化。复古红的外盒包装，呼应红色文化Logo中"传橙"与"传承"的谐音设计，展现产品特性的同时，也分享了品牌背后的文化和精神。

产品外包装封面的设计中的主题文化插画，还原了长征时期的经典画面。红色发散式设计再次强化了红色主题。内盒包装加入了长征地图的设计。简单的文字配合长征线路图，宛若时光穿梭机一般将消费者带回到经典的长征时期。在整个产品包装的设计中，品牌理念与产品特色贯穿始终。展现了一个有情怀、有故事的红色传承包装形象。"红色传橙"产品包装如图3-27所示。

正是这些体现在产品包装上的文化和传承，赋予了产品更厚重的内涵，为品牌塑造了差异化的记忆点，也让优秀的中国文化和精神得到更多的传播。

图3-27　"红色传橙"产品包装

2. 互动体验，强化品牌个性

消费者体验现已经成为所有市场营销活动的中心，企业的所有服务都是为了提高消费者体验而打造的。做专业的产品包装设计之前，一定要对产品进行准确的市场定位和目标消费人群分析。然后才能有的放矢，设计出符合市场定位和用户需求的产品包装设计。例如，如果设计食品包装，就要考虑如下问题：消费者购买这种食品后如何将其带回家？带回家后放在哪里储存？吃的时候如何打开？吃不完的时候又如何存放？这中间的每一个环节都需要考虑到食品包装的设计细节，这些细节的设计将直接决定消费者对产品的购买和使用体验。包装设计要充分站在消费者的角度去考虑问题，尽可能地去满足消费者的需求，并解决消费中存在的问题，给消费者带来良好的消费体验。例如，全网坚果销量领先品牌——"三只松鼠"，从最外层的纸箱包装到产品的包装，到售后卡，再到体验袋，以及赠送的卡套、湿纸巾等周边产品，无不体现出商家的用心和细致。这些虽然都是小礼物，但会让人感觉足够暖心，收到这样一整套的网购商品，谁愿意再去挑刺儿？"三只松鼠"产品包装如图3-28所示。

图3-28 "三只松鼠"产品包装

除了使用体验，越来越多的产品包装开始注重消费者的互动体验。对品牌而言，包装是最直接面对消费者的媒介，其设计的好坏决定了产品能否第一时间吸引消费者的注意力；对社会化媒体时代的消费者而言，他们更愿意参与到品牌塑造的过程中去，好玩、有趣、有互动的创意包装，在带来视觉享受的同时，还能收获心理上的满足感，使消费者与品牌建立起更密切的关联，对品牌个性有更深入的理解。

3. 社交分享，促进品牌传播

承载着诸多品牌信息的产品包装，就是一个个移动的广告牌，在琳琅满目的产品中，品牌依附着产品包装被消费者认知和购买，随着产品的质量、品牌形象和个性被逐渐接受和喜爱，品牌也就深深植入消费者的心里。在万物皆媒体，产品即营销的移动互联网时代，社会化分享传播成为品牌传播的重要途径。当一个产品被赋予了社交素材的属性，用户便会为它进行自发的分享和传播。而这种免费的传播渠道，往往会获得比广告投放更佳的效果。

【文案赏析】

味全每日C的瓶身社交文化

作为"瓶身资深玩家"的味全每日C,把瓶身文案变成了一种社交文化,其瓶身文案如图3-29所示。仅仅只是一个瓶身,却变成了味全的创意秀场,成为一种品牌标识的延续。2019年,味全每日C又别具一格地推出了"数字瓶",这些融合数字谐音的文案真实而简洁,给消费者一种趣味性和幸福感。同时,用数字拼出自己想说的话,也鼓励了消费者创作UGC内容,这样的瓶身自带社交属性,在满足消费者分享欲望的同时,也扩大了品牌传播的力量。

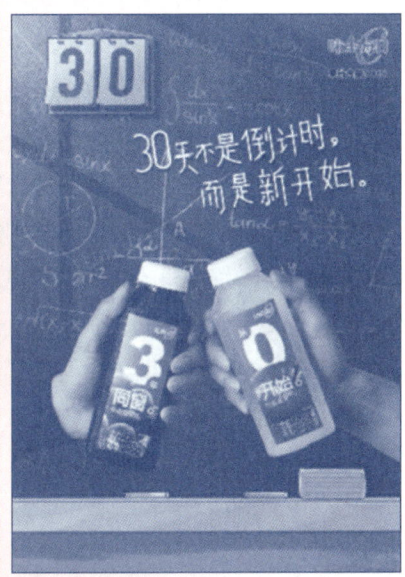

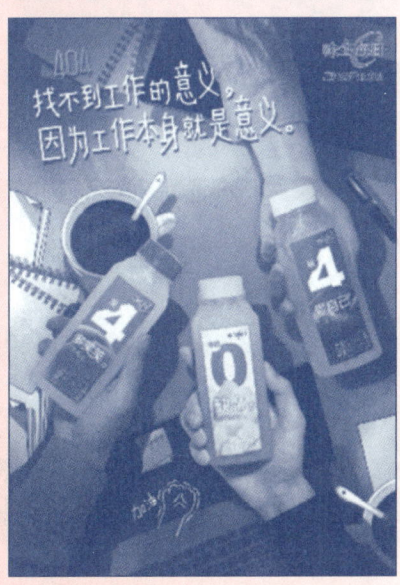

图3-29 味全每日C的瓶身文案

【协作创新】

以小组为单位，分享一款让你印象深刻的产品包装，说说你是如何理解产品包装设计的重要性的？

3.4.2　产品包装文案的类型与写作技巧

1. 产品包装文案的类型

在产品的包装设计中，文字是传达产品信息至关重要的组成部分，包装设计中可以没有图形或图像，但是一定不能缺少文字。文字是表达包装内容物的视觉语言的一部分，在产品包装设计中有着越来越重要的地位。文字的内容也从最初的基础性说明发展为以营销为目的的广告文案。根据文案的不同功能，可以将产品包装文案的类型分为基础性文案、功能说明性文案和广告文案。

（1）基础性文案。产品包装上的基础性文案包括品牌名称、产品名称、生产厂家及地址名称等等。品牌和产品名称是包装上的主要文字，一般安排在包装的主要展示面上。这些文字代表的是产品形象，需要精心命名和个性化的文字风格设计，以提高文字的表现效果，有助于树立品牌形象。生产厂家及地址等文字信息则一般出现在包装的侧面或背面。

【文案赏析】

"恋红妆"包装文案

"恋红妆"是前海农优一百（深圳）网络科技有限公司携手烟台柏军果品，以"基地联姻，品牌联营"的深度合作模式打造的烟台大樱桃品牌。

"恋红妆"的外包装以黑色基调为主，以樱桃的红色作为点缀，整个外包装透出时尚调性，品牌Logo突出具有记忆感，品牌名称"恋红妆"，代表了其彰显"美"的品牌个性，从心灵深处唤起消费者对爱与美好事物的向往。烟台大樱桃的标识突出了产品的地域性，使人一目了然。"恋红妆"包装文案如图3-30所示。

图3-30　"恋红妆"包装文案

（2）功能性说明文案。功能性说明文案是对产品内容做出细致说明的文字，其内容包括产品材质成分、容量、型号、规格、产品用途、使用方法、生产日期、保质期、使用与保养方法、注意事项等。这些文字多出现在包装的侧面或背面。需要特别注意的是，功能性说明文案的用词需要符合产品真实情况，客观属实，不可夸大用词和虚假宣传效果。例如，《中华人民共和国广告法》就对化妆品广告有明确的禁用词语和用词规范。

（3）广告性文案。产品包装上的广告性文案指的是用作宣传产品卖点、展现品牌个性的宣传性文字。这类文案内容应简明扼要、真实、生动，并遵循《中华人民共和国广告法》的用词规范。广告性文案应根据品牌营销策略和产品销售策略灵活设计和运用，是产品包装文案中最生动的文字部分，是跟消费者互动交流的窗口，但并不一定是包装上的必要文字。根据文案的特点，可以将产品包装上的广告性文案分为卖点型产品包装文案、情感型产品包装文案和互动型产品包装文案。

① 卖点型产品包装文案。产品包装文案不是产品说明书，也无法像产品详情页一样将产品核心卖点一一罗列出来。卖点型的产品包装文案通常会以产品的某一个卖点为切入点，结合产品的风格和调性，形成文案，呈现在产品包装上。

【文案赏析】

统一如饮的卖点型包装文案

统一如饮的产品包装文案以中式果饮的配方为卖点，将产品的配方成分和功效融入文案中，字里行间带着浓浓的中国风，在传递产品卖点的同时，让消费者对其"中式果饮"定位也印象深刻。统一如饮的卖点型包装文案如图3-31所示。

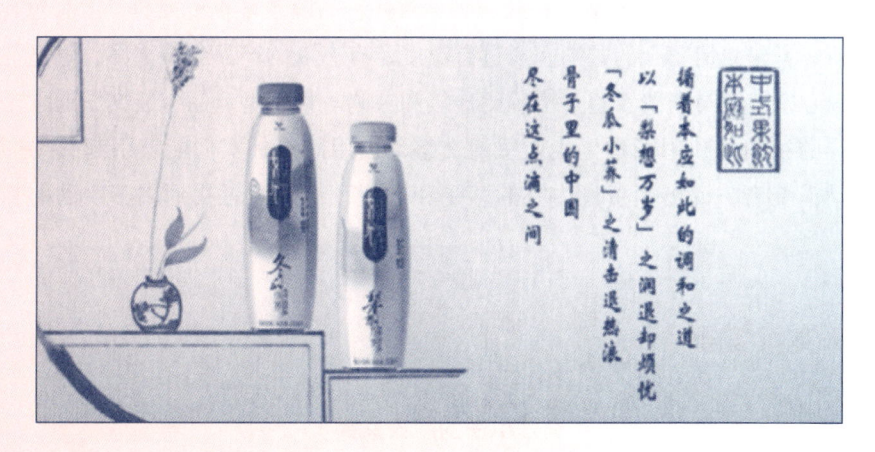

（a）统一如饮包装文案1

（b）统一如饮包装文案2

（c）统一如饮包装文案3

图3-31 统一如饮的卖点型包装文案

② 情感型产品包装文案。在社交媒体时代，品牌越来越重视通过产品包装文案与消费者建立情感上的共鸣。通过有温度、有态度的产品包装文案，触达消费者的内心，持续与消费者建立情感的连接和共鸣。情感型产品包装文案通常是站在用户的视角，利用场景化代入感的文字，运用简单朴实但能够引起共鸣的语言打动消费者，说出消费者内心的感受和态度，让消费者找到属于自己的独特标签。

【文案赏析】

江小白的瓶身文案

2015年，一个表达瓶让江小白彻底火起来，江小白的瓶身文案一方面增加了消费附加价值，另一方面打开了品牌营销的大门。这些关于生活、关于爱情、关于友谊的走心文案，伴随着江小白的产品流淌进了消费者的心里，消费者开始愿意为情怀和共鸣买单。江小白凭借年轻化的包装和有温度、有态度的走心瓶身文案，开启了跟年轻人的有效沟通互动，成为能够走进消费者内心的品牌。2020年，江小白又抓住了新冠病毒疫情期间人们的心理和感受，推出了一系列文案。它就像一个老友，似乎总能看穿消费者的心思，说到消费者的心坎上。江小白的瓶身文案如图3-32所示。

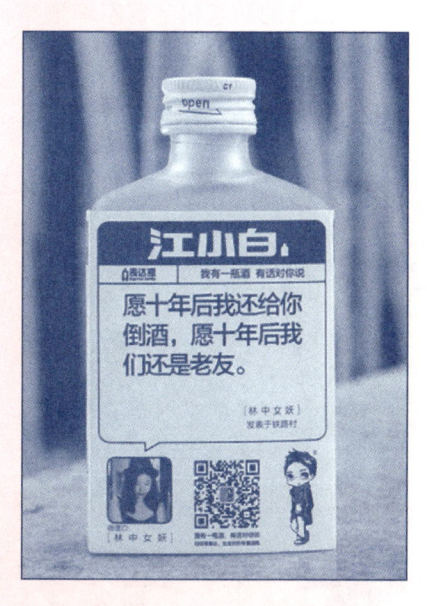

图3-32　江小白的瓶身文案

③ 互动型产品包装文案。通过在包装上设计富有创意性的互动形式，让消费者深度参与品牌传播的过程中，使消费者了解更多的品牌内涵，理解品牌理念，与品牌建立起更紧密联系。这些互动形式，有的是通过创意的文字互动形式，有的是通过AR技术展示更多的产品故事，有的是引导消费者参与互动游戏。各种各样的互动形式，通过产品包装文案让消费者参与其中，目的都是让消费者拥有更多的品牌体验，实现社会化分享和传播。

2. 产品包装文案的写作技巧

（1）统一调性，语言风格与品牌定位一致。产品包装文案的语言风格取决于品牌和产品的定位，有的品牌风格偏理性，有的品牌风格偏感性，加上不同品牌和产品的目标消费人群不同，文案写作者只有在充分理解品牌的定位，了解用户画像的基础上，才能够撰写出合适的包装文案。比如，韩国品牌普遍语言风格可爱随性、充满了浪漫色彩；而欧美品牌非常理性，在撰写文案的时候需要注重摆事实讲道理。这些都跟消费者的语言习惯和品牌的调性密切相关。

【文案赏析】

农夫山泉"故宫版"包装文案

这套限量版农夫山泉"故宫瓶"共分为九款包装,上面印着乾隆、富察皇后等馆藏人物画像,中国风十足。除了人物画像,它还设计了一系列人物独白文案。文案的风格延续了故宫文创品牌固有的萌态和亲切感IP形象,但又不失文化底蕴和历史深度。农夫山泉"故宫版"包装文案如图3-33所示。

(a)农夫山泉"朕打下的一瓶江山"包装文案

(b)农夫山泉"朕饿了"包装文案

(c)农夫山泉"如意如意 遂朕心意"包装文案

图3-33 农夫山泉"故宫版"包装文案

（2）明确策略，突出产品差异化特色。产品的差异化特色，可以是功能差异化，也可以是理念差异化。功能差异化可以从产品效果、成分、机理、安全等角度来写；理念差异化可以从产品开发故事、创作灵感、价值观，或者精神理念等角度来撰写。

【文案赏析】

爱绕千丝万缕，一藤牵挂一瓜

　　山东海阳市出产的网纹瓜，要求是"每一茬每一藤苗，只保留一个生长最好的瓜"。一藤一瓜，犹如母亲总是将自己全部的养分和情感倾注给自己的孩子。种植者倾注自己半生心血，只为育养出如自己孩儿般、最甜美的瓜果。天下星农团队抓住了"一藤一瓜"的差异化特色，将产品命名"藤爱"。"疼"的谐音为"藤"，释意：怜爱，打心里爱。

　　"爱绕千丝万缕，一藤牵挂一瓜"的文案被设计在产品包装上，突出了产品差异化特色，赋予了优质农产品情怀和温度，传达了品牌的精神理念。"网纹瓜"产品包装如图3-34所示。

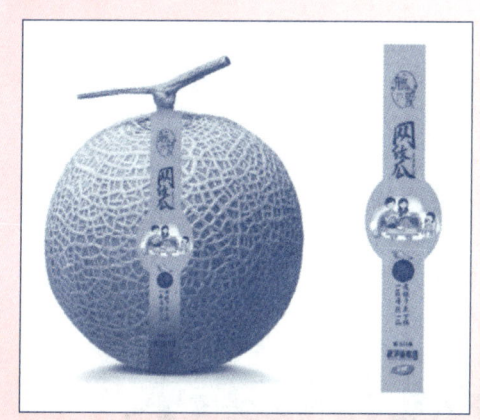

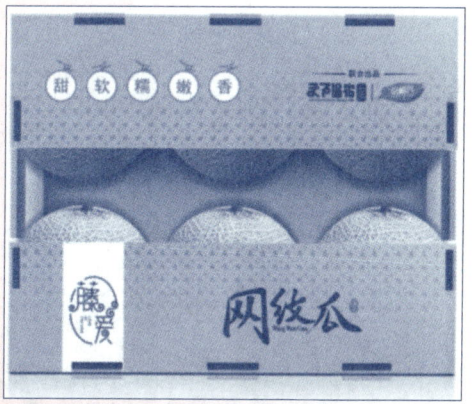

图3-34 "网纹瓜"产品包装

（3）贴近生活，拉近跟消费之间的距离。作为跟消费者沟通互动的媒介，产品包装文案在场景构建和表达方式上应尽量生活化，用走心的语言抓住用户的内心，引起用户的共鸣和认同。

【文案赏析】

老品牌如何用包装文案打动年轻人

说到国货老品牌霸王洗发水，消费者的第一印象是不是那熟悉的绿色、圆形人物头像Logo、印有大大的"育发"和"防脱"的经典包装？2019年，霸王洗发水一改多年的"老干部风"传统造型，将产品包装和文案进行了全面升级。颇具时尚感的包装设计和"新媒体"风的包装文案让人耳目一新。霸王洗发水以调侃幽默的语言，勾勒出职场人"绝望到秃头"的场景，跟"脱发高危职业"群体进行交流互动，联合金蝶软件推出联名新包装，粗重的扎心文案，句句戳中程序员脱发的要害！在戳中脱发人群痛点的同时，更激发了一种职业身份的自豪感，让消费者产生共鸣，形成身份认同感，拉近了彼此之间的距离。霸王洗发水与金蝶软件推出的联名款新产品包装文案如图3-35所示。

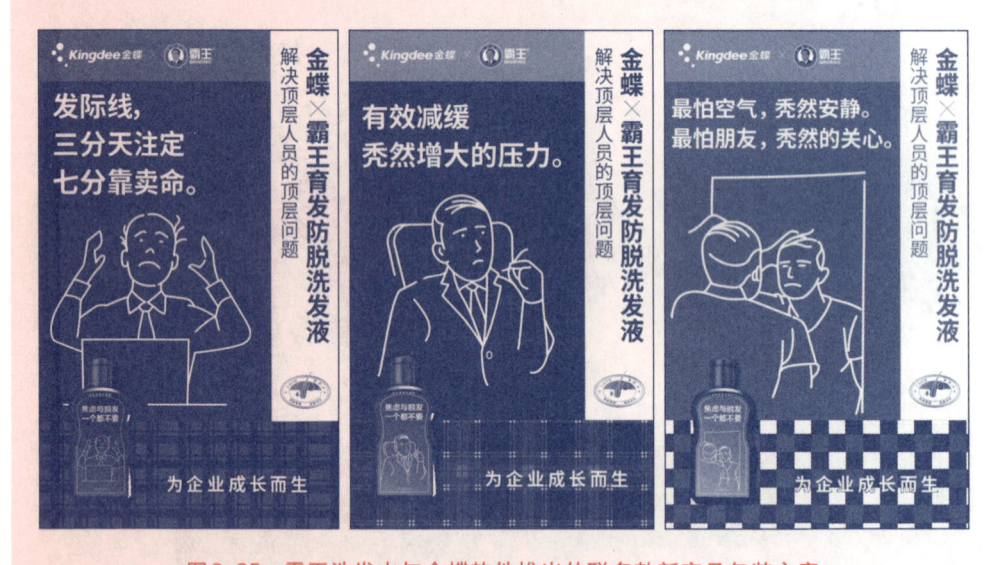

图3-35　霸王洗发水与金蝶软件推出的联名款新产品包装文案

（4）善用热点，自带传播属性。既然万物皆媒体，产品即营销，那么产品的包装文案自然也离不开借势发挥。这就需要文案写作者善于敏锐地预判和捕捉热点，并能够快速地形成包装设计和文案。合适且及时的借势包装文案可以让产品自带话题和流量，为品牌增强传播力，为产品提升销售力。

【素养园地】

伊利"大国时刻礼盒"为祖国献礼

在2019年国庆节假期期间,电影《我和我的祖国》讲述了普通人与国家之间息息相关密不可分的动人故事,唤醒了全球华人的共同回忆。伊利作为电影《我和我的祖国》的官方独家乳制品品牌合作伙伴,在洞察到国民高涨的爱国热情之后,也积极参与到爱国行动之中,用自己的方式向祖国献礼。伊利携手《中国日报》推出了"我们的大国时刻"限量装产品(见图3-36),对电影中的历史性瞬间进行了艺术化的描绘。礼盒外包装的文案是"骄傲吧,我们的大国时刻",配合极具创意的设计风格和色彩,赋予了产品包装更多的价值,让每个人都能够成为祖国发展历程中的见证者和参与者。

同时,借助《中国日报》的海外影响力,伊利很好地将品牌信息推向海外,让世界了解"中国品质",让世界能够更加深刻地了解到中国的文化和发展,向世界分享中国的喜悦,为祖国树立更加优质的形象。伊利联手电影《我和我的祖国》推出的产品包装如图3-36所示。

图3-36 伊利"我们的大国时刻"限量装产品

【知识与技能训练】

一、单选题

1. 文案创作者可以从以下（　　）维度来提炼产品的卖点。

   A．围绕产品特征　　　　　　　　B．围绕产品利益

   C．围绕产品前后端　　　　　　　D．以上都是

2. 以下关于卖点的说法，错误的是（　　）。

   A．卖点是独特的销售主张

   B．卖点是消费者的消费理由

   C．只有向消费者传递尽可能多的卖点才能打动消费者

   D．产品卖点的提炼要考虑消费者、自身产品、竞争对手三个方面的因素。

3. 在撰写产品详情页文案时，能增强消费者购买信心的方式是（　　）。

   A．展示展品资质证书

   B．撰写品牌故事，突出品牌实力

   C．展示产品检验结果，打消消费者的安全顾虑

   D．以上都是

4. 用FAB法则提炼Vivo X7手机的产品卖点，以下选项中属于FAB法则中的"B"的是（　　）。

   A．1 600万像素柔光自拍功能

   B．拍人像很亮很清晰

   C．夜晚也能把自己拍得美美的

   D．以上都不是

5. 移动互联网时代的品牌特征是（　　）。

   A．品牌走进年轻人世界，关注亚文化

   B．品牌进入多入口的整合传播时代

   C．品牌注重浸入场景，建立关系和输出内容

   D．以上都是

二、多选题

1. 产品详情页文案的特征包括（　　）。

   A．它比说明书更生动

   B．它比广告更客观

   C．它是介于产品说明书和广告文案之间的一种表达形式

   D．它是引导用户下单的重要环节

2. 产品包装的重要性体现在（　　）。

   A．让消费者第一眼就发现企业的产品

B．激发目标消费群体的社会化分享传播

C．带给消费者良好的消费体验

D．让用户快速识别这是什么产品

3. 以下文案中属于Y型文案的是（　　）。

A．犹如置身音乐会现场

B．仅2罐可乐大小，方便带去任何地方

C．创享极致，静心由我

D．小行动，大梦想

4. 关于产品文案，下面说法正确的有（　　）。

A．在诠释产品卖点的时候，可以适当地夸张演绎，以获得更好的营销效果。

B．产品文案撰写的三要素分别是产品、品牌、消费者。

C．在撰写产品文案时，让消费者清楚地感知到产品利益点非常重要。

D．产品包装文案可以拉近跟消费者之间的距离，让品牌更具有亲和力

5. 产品包装的作用有（　　）。

A．识别记忆　　　　　　　B．互动体验

C．社交分享　　　　　　　D．促进品牌传播

三、判断题

1. 好的产品详情页应该是对用户感受进行的设计，而不是卖弄文采或是彰显个人的文学素养。（　　）

2. 卖点不在于多，而在于精。（　　）

3. 出色的产品包装文案可以让产品拥有社交属性，成为消费者之间表情达意的媒介。（　　）

4. 在商品同质化的时代，很多产品无法提炼出差异化特点。（　　）

5. 文案人员要自觉遵守国家法律和平台规则，禁止使用相关法律法规中规定的违禁词。（　　）

四、案例分析题

以江小白的瓶身文案为例，谈一谈你对产品包装文案对品牌传播的重要性的理解。

五、实训实战题

（一）实训背景

本实训为产品文案的写作，学生通过对本实训，掌握产品文案写作的综合技能。实训素材选取广东著名的农产品茂名荔枝（见图3-37）。

图3-37 广东茂名荔枝

　　广东茂名高州市盛产荔枝，以根子镇的荔枝最为出名。早在唐代，高州荔枝就已被列为贡品。高州气候温和，雨量充沛，日照时间长，独特的自然气候，使高州的荔枝比珠江三角洲和闽南、桂东南等地的荔枝早熟20多天，5月中、下旬率先上市，是全国荔枝成熟最早的产区。桂味荔枝（简称桂味）因有桂花味而得名，又名桂枝、带绿，桂味作为荔枝中的"贵族"，无论从外皮厚度、荔枝核大小，还是果肉的味道上，都远胜于其他种类的荔枝。

（二）实训任务

　　以小组为单位，针对目标产品，完成该产品的产品文案写作。

（三）实训步骤

1. 产品背景了解

　　查阅产品背景材料，对产品特征、品牌定位、产品故事等形成认知。

2. 产品核心卖点提炼

　　（1）使用九宫格思考工具法，以产品特征、产品利益点、产品前后端分别作为九宫格中间的主题，在小组内进行头脑风暴，从三个维度尽可能多地提炼产品卖点。

　　（2）对产出的产品卖点再进行头脑风暴，利用思维推导工具，最终锁定2～3个产品核心卖点。

3. 产品详情页文案写作

　　（1）对产品卖点、目标用户等内容进行分析，参考产品分析模板。

　　（2）根据产品详情页文案，写出逻辑框架，构思产品详情页的内容，参考产品详情页写作逻辑框架。

　　（3）根据普通型产品详情页文案、解决痛点型产品详情页文案、故事型产品详情页文案的写作特点组织语言及视觉表现方式。

4. 产品包装文案写作

　　（1）围绕目标产品的特征，进行产品包装文案写作的构思，参考产品包装文案写出思考工具模板。

　　（2）进行内包装文案和外包装文案的文字撰写及视觉设计，包括对图片、排版、文字等的设计。

第四章
电子商务活动类文案写作

※【知识目标】
- 了解活动策划方案的写作框架
- 掌握店铺活动页面文案写作方法
- 掌握电商平台站内流量入口文案写作方法
- 掌握信息流广告文案写作方法

※【能力目标】
- 能够根据制定原则梳理活动策划方案框架
- 能够按照活动主题创作活动海报文案
- 能够根据站内流量入口类别创作不同的推广文案
- 能够创作信息流广告文案

※【素养目标】
- 培育对"中国制造""中国品牌"的大国自信
- 在活动类文案写作中培育公益心,塑造服务社会、无私奉献的精神
- 增强电子商务文案从业者遵纪守法、规范经营的法治意识

※【思维导图】

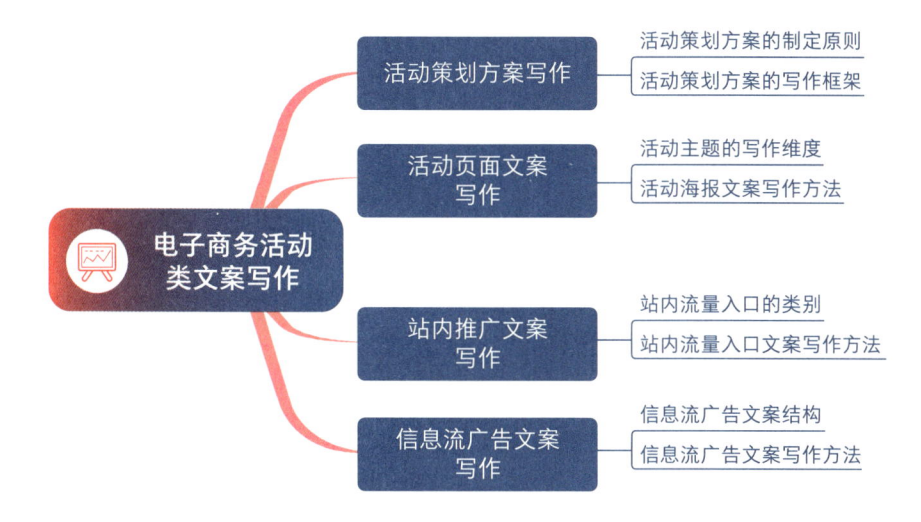

- **电子商务活动类文案写作**
  - 活动策划方案写作
    - 活动策划方案的制定原则
    - 活动策划方案的写作框架
  - 活动页面文案写作
    - 活动主题的写作维度
    - 活动海报文案写作方法
  - 站内推广文案写作
    - 站内流量入口的类别
    - 站内流量入口文案写作方法
  - 信息流广告文案写作
    - 信息流广告文案结构
    - 信息流广告文案写作方法

【案例导入】
美妆国货之光的"双11"活动战报

2019年天猫"双11"全球购物狂欢节，自然堂多个品类零点后迅速售罄，并在短时间内刷新了销售额记录。据自然堂公布的数据，零点仅仅过去39分钟，自然堂天猫旗舰店销售额已经突破1亿元；1小时2分钟达到2亿元，24小时突破4亿元，蝉联全网国货美妆销量冠军。自然堂"双11"头条海报如图4-1所示。

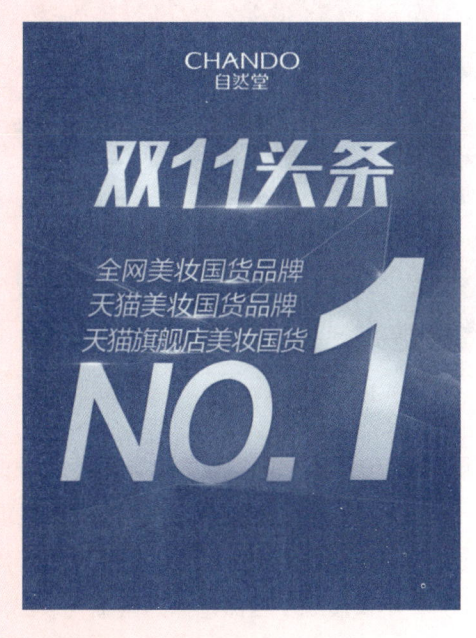

图4-1 自然堂"双11"头条海报

第四章 电子商务活动类文案写作　131

从数据上看，消费者对于国货的认可度越来越高。以创立于2001年的自然堂为例，在国际品牌先发、竞争白热化的美妆市场，自然堂快速增长，已成为国民美妆品牌中最大、最具代表性的品牌之一，这与其在线上电商活动方面持续发力、不断创新的步伐息息相关。

"自然堂，你本来就很美"早已成为深入人心的一句经典文案。自然堂以此为创意原点，将这句经典文案更新出了新的高度。

"双11"活动期间，自然堂推出了"更美更开心"主题的创意营销活动，同一天官宣八位代言人。从消费者的心理体验入手发起设问："双11""剁手"很痛苦吗？不，购买使用美妆护肤产品，人变美了自然"更开心"。基于这样的创意构想，自然堂非常大胆地起用了开心麻花团队等国民"笑"星。出现在线上平台的活动海报最大限度地贴合了"更美更开心"的活动主题（见图4-2），也让消费者"越买越开心"。

图4-2 "更美更开心"活动海报

在中华人民共和国成立70周年之际，作为"国潮"代表的自然堂用自己的独特的方式为祖国献上一份贺礼——特别定制的献礼款炫彩红星唇膏。

如图4-3所示，这款唇膏有着象征着五星红旗的五角星膏体，颜色是饱满的"中国红"，色号是"70"，不仅展现了自然堂作为国潮代表品牌的骄傲，也体现了国货的独立原创性。

图 4-3　中国红炫彩红星唇膏

另外，在2019年10月初，自然堂就上线了线上盲盒的活动（见图4-4）。当各大商场入口纷纷出现抽盲盒的盛况时，很多人被自然堂吸引到了线上，玩起了拆盲盒——0.01元即有机会获得各种爆款产品，一时间掀起了话题讨论的热潮。这种玩法没有地域限制，范围更广，趣味性更强。

图 4-4　自然堂线上盲盒活动

案例启示：产品固然要做好，营销活动也要给力。自然堂创新了很多活动玩法，配合宣传到位的活动海报和优秀的文案，直接提升了消费者的关注度和到店率，为最终成为"双11"大赢家进行了良好铺垫。

电子商务领域是各项促销活动发生最为频繁的领域，活动类文案也是电子商务营销过程中最常看到的一种形式，常见的具体形式包含了节日活动、产品上新活动、品牌推广活动、店铺周年庆活动等。

一场推广活动能够为企业带来比平时更多的品牌曝光量和产品销售量，活动类文案也成为商家绞尽脑汁去创新的内容。电子商务活动类文案可以分为两种类型：一种是活动策划方案，另一种是活动页面文案。下面将分别总结这两种类型文案各自的特点、写作方法和技巧。

4.1 活动策划方案写作

作为电商行业最为基础的文案类型之一，活动策划方案是开展各项电子商务营销活动的起点，也是对活动各方面的预先设定与安排。活动策划讲究掌控全局，先谋定而后动。要想把电商活动做得好，策划工作必须提前做到位，同时做到有效且高质量地将活动策划的思路及具体内容以文本的形式呈现给相关方，这样才能真正实现各种人力、物力和财力的最优组合，这样既能使营销活动收益最大化，也能实现企业开展活动的既定目标。

活动策划方案的主要作用是为电商活动的具体实施和执行提供指导性意见。因此，活动策划方案具备应用型文案写作的规范性和结构化特征，也就是说，活动策划方案写作必须在制定原则的基础上，完成活动背景、活动目标、活动内容、活动时间安排等基本写作框架。值得一提的是，在写作过程中仍然需要注意创意的重要性，比如在活动主题、活动内容、活动实施等方面。

4.1.1 活动策划方案的制定原则

电子商务活动策划是一项系统工程，每一个写作环节都决定了活动策划方案的整体质量及具体实施的效果，因此，在电子商务活动策划开始之前，为了让活动达到更好的效果，要先了解一下活动策划方案的制定原则。

1. 统一性原则

无论是报名参加平台官方的活动，还是策划店铺商家的活动，活动的主题、形式、内容、环境等都要统一，活动的内容、形式、流程等在写作时都应围绕着主题来进行。例如，某天猫商家报名参加88会员节，需在后台详细阅读招商规则（见图4-5），对活动节奏、活动介绍、招商要求、营销管理规则等进行全面的了解，必须确保其活动策划方案的内容与天猫官方活动指南、招商规则及玩法设置相统一，否则会带来审核不通过的结果，进而导致报名失败，错过参加官方促销活动的时机。

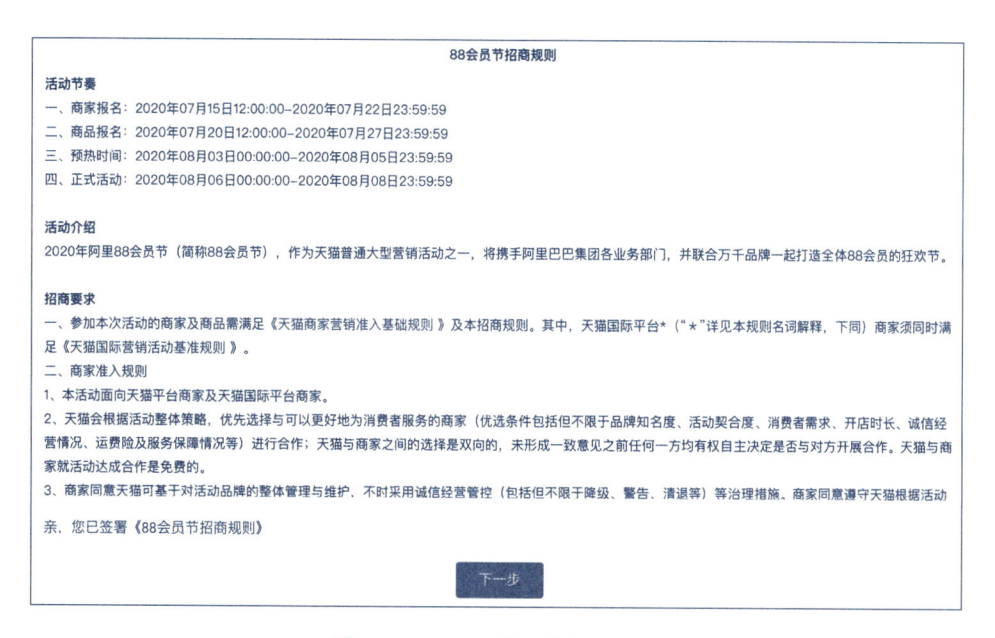

图4-5　阿里88会员节招商规则

2. 确定性原则

活动策划方案要为电商活动的具体实施和执行提供指导，因此在写作上不宜出现不确定的因素和字眼，不要选用"大概""大约""好像"等词语。另外，在方案中，每一个环节都应当要有详细具体的计划与人员安排，对每个活动目标及事项都尽可能做到量化，可以通过绘制表格的方式将这些事项细化并标注好。

3. 可行性原则

在活动策划方案的制定过程中，要保证方案能够顺利进行，活动目标不宜过高，活动内容不宜过多，活动形式不宜过难。活动的规模要以具有的预算和可预期的收益来确定，同时要注意把握好活动节奏，以免活动变得虎头蛇尾，达不到预期的效果。如图4-6所示，某商家在报名参加2020年聚划算"6·18"活动时，由于活动方案的可行性问题，造成商品竞争力不足，商品审核不通过。

图4-6　某商家报名参加"6·18"活动后台审核结果

4. 针对性原则

活动策划方案必须要根据活动主体的特点来进行策划，这样才能吸引目标群体的关注，达到活动的目的。在制定电商活动策划方案时，要针对不同的人群特点，制定活动的主题、内容和形式。比如，新人购是天猫平台针对新用户的内容集中阵地，汇聚了新用户专享权益（红包）、专享货品、专享玩法，通过站内外精准定向，降低拉新的触达、转化和沉淀成本，帮助品牌、行业、平台招募新客、转化和沉淀新客。

5. 特色性原则

成功的活动贵在有自己的特色，千篇一律的活动自然无法吸引消费者的参与。创新是促销活动实现"突破"的"秘密武器"，是狙击其他品牌跟进和拦截的有效方式。尤其对于店铺自主策划的活动来说，那些雷同的、相似的活动只是简单地通过打打特价或买赠来执行，如果活动形式没有创新，那么这样的活动不可能取得良好的效果。在各个商家促销手段日益同质化的今天，活动方案的设计、推广文案的创作等，均要考虑到差异化和个性化，以形成一系列店铺特色活动。

4.1.2 活动策划方案的写作框架

电子商务平台上活动类型众多，但消费者仅能接触到的是其在媒体端的展现效果，而活动的整个策划内容和流程都是未知的，但这些内容都是商家提前准备并设计好的。这些对消费者而言不可见的前期活动策划工作，是宣传活动取得较好的运营效果的决定性环节。

在电商营销活动开始之前，就需要着手准备和组织，活动规模越大，启动时间就要越早。比如，天猫平台每年的"双11"活动，各个品牌旗舰店基本上在9月份就开始准备活动策划方案了。

电子商务活动策划方案基本架构包含活动背景、活动目标、活动主题、活动内容、推广渠道、资源需求、活动预算等。整个活动方案要求逻辑性一致，活动策划各项内容详细、策划主题鲜明、内容设计符合当前热点。

活动策划方案的写作架构如图4-7所示。

图4-7 活动策划方案的写作框架

1. 活动背景

活动策划均需要在一定环境和背景下进行，因此，首先需要对活动开展的背景进行了解。比如，活动开展的环境如何？活动开展时电商企业有什么样的考虑？目前企业处于什么发展阶段？这些都是进行活动设计必须要事先了解清楚的内容。

2. 活动目标

一般来说，电商活动的主要目标有品牌宣传、新品宣传、促进销售、拉新用户、节日庆典等，而且一次活动的举办可以同时实现好几个细化目标。制定活动目标，可以使运营人员、营销人员更有针对性地发力，及时调整当前执行力度，努力实现预期目标。

3. 活动主题

很多电商企业在刚刚开展活动运营的时候，都会为了活动主题而煞费苦心，原因是他们把这个作为活动运营的第一步，其实活动主题不应该在运营一开始就定下来。活动主题就是基于活动目标和时间节点确定的一个文案，这个文案不但要吸引人，而且又要简单、与众不同又符合定位。在确定主题之前，准备工作有很多，活动主题也有不同的写作维度，文案写作者可以通过多次的头脑风暴确定吸引消费者的活动主题。例如，良品铺子在"6·18"这个时间节点上，以"吃货复苏，为中国经济发展打CALL"为主题，策划了一系列促销活动（如图4-8所示）。

图4-8 良品铺子"6·18"年中促销活动主题

4. 活动内容（活动时间、活动创意/玩法、活动流程）

活动内容的安排是最为重要的策划内容，对于活动内容的设计，除了要考虑活动主题、活动展现的形式和渠道之外，还需要根据活动时间节点对各项内容进行细致的安排。比如，可以根据活动持续时间的长短，可以将活动分为三类：第一类是短周期活动，最需要的就是把控好上线时间和活动数据；第二类是中周期活动，一般会策划多个专题和多个项目，这里需要策划好每个活动，注意每个活动上线的时间、设计完成的时间，以及策划活动之间的相关性，确定每个环节的负责人，沟通和落实好每个人的工作内容和职责；第三类是长周期的活动，一般为系列活动，需要明确活动创意、每个活动负责人和相关文档等。

活动流程一般包括预热蓄客、正式促销及返场等主要阶段，例如，京东"6·18"活动第一时期为"预售期"，第二时期为"专场期"，第三时期为"高潮期"，第四时期为"续售期"，要对每个时期或环节的核心玩法及创意进行详细的介绍。因为活动流程是告之用户如何参与本次活动的主要内容，所以要简洁清晰，最好以图文形式展现，便于消费者花最少的时间了解店铺的活动玩法。如图4-9所示，京东家电以海报的形式直观地向消费者展现"逢5"活动的玩法，文案中清晰地表达了每月5日、15日、25日，每满300元可用一张30元的优惠券，而且说明了使用规则，"立即领取"的操作引导语也能很好地引导消费者点击，从而进一步提高活动的参与率。

图4-9　京东家电"逢5"活动玩法

5. 推广渠道

在活动内容策划清晰后，还需根据实际情况调动所有推广渠道来共同发挥作用，以实现活动效果最大化。一般来说，商家可以使用的推广渠道包括免费渠道和付费渠道两种。

（1）免费渠道。卖家可根据自己已有的免费渠道，如微博、微信、微淘、直播等来安排推广工作，不同渠道分工及特点有所差异，可以在活动的不同环节发挥不同的作用。如图4-10所示，格力电器在微博上发布"热8购物季"的推广图文，利用免费的渠道将活动内容广而告之。

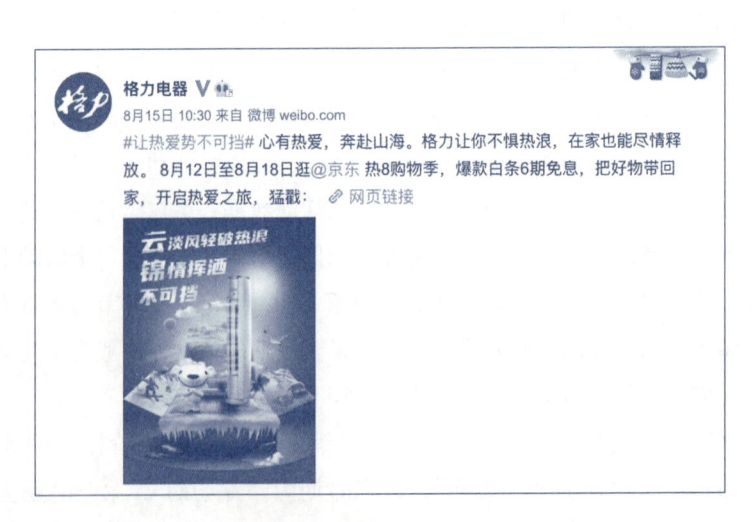

图4-10　格力电器官方微博

（2）付费渠道。卖家可根据当前的活动预算选择是否投放。例如：淘宝中钻展、直通车、搜索平台的竞价搜索广告，以及广告联盟等。部分卖家也可选用、制作和投放线下宣传推广物料，以形成线上线下立体闭环传播矩阵，从而增加曝光量，为线上活动引流。

6. 资源需求

再好的活动内容设计，如果没有相关的资源准备和持续跟进，都只能是停留在纸上的文字。在进行活动策划方案写作时，有关活动资源需求方面的内容同样不容忽视。配合活动开展的人力资源需求、物料资源准备、库存资源需求等，都应该在活动策划方案里有明确内容的体现，确保活动执行时有据可查。例如，在“双11”期间，需整合各种资源，卖家可以组建项目部，项目部下设多个职能部门和执行小组，比如，物流部要增派人手做好库存清点、仓库布局、订单分拣、提前打包、发货及售后等工作。

7. 活动预算

在活动策划方案写作的最后一部分，要记得对本场活动预计的成本进行统计，最好使用表格的形式，将活动成本一目了然地呈现出来，便于决策方审阅。如图4-11所示，飞猪官方为3周年庆活动进行了成本估算，总成本包括活动奖励预算和推广成本预算两个部分，从而更加清晰地展现每个活动子项目需要的预算，为活动策划方案把好了成本关。

飞猪3周年庆活动预算表

类别明细	项目	可预知的主体支出预算明细					预算费用/元
活动奖励预算	飞”珠“计划	8000一名，20名，共160000元	专属礼包：价值100元*N名，但优惠券最终要产生交易才能有效，不额外算				160000
	千元旅行	第一名5万元	第二名2.3万元	第三名1.3万元	4-10名1.4万元	11-1000名，价值200元优惠券，共197800元	197810
	我渴望的旅行	估算1.5万元一名，3名，共4.5万元；	开发成本较高，但没办法具体计算；				45000
	爆发日活动	整点活动送周边，30元一个，每天送出42个，每个价值30元，2天共2520元	双倍奖励，预计10万元	福利奖以折扣为主，无法核算；			102520
推广成本预算	10月1日-10月10日	微博打造话题，飞“珠”计划，分享抽奖20000元	微博推广30000元	微博达人推广50000元	抖音推广227000元	KOC推广30000元	152700
	10月11日-10月20日	微博知名旅拍博主，图文推广100000元	微信旅游自媒体大V软文推广100000元	小红书旅行KOL图文推广150000元			350000
	10月21日-10月27日	专注微信H5活动推广，选择多个微信自媒体大V编辑软文推广H5，预算300000万元					300000
	10月28日-10月29日	微博引流，转发分享送周年庆周边预算50000元	小红书KOL推广预算150000元	百度联盟广告SEO预算200000元			400000
合计		优惠券、福利券、人力资源等支出，预计200000元					1908030

图4-11　飞猪3周年庆活动预算表

4.2 活动页面文案写作

活动页面文案是引导用户转化和促成最终变现的关键环节，主要起到引流作用,因此,活动主题及海报文案都需要简单、醒目、实用,而且具备最直接的吸引力。

4.2.1 活动主题的写作维度

活动主题根据平台和商家的不同、时间和商品的差异而呈现多样化的特征,活动主题的创作思路也和文案从业者的偏好和个人经历有关。为了避免天马行空地进行文案写作,提高写作效率,建议围绕平台官方活动和店铺商家活动两个维度来进行活动主题的写作。

1. 平台官方活动

(1)平台行业营销活动。平台行业营销活动是电商平台官方根据商品所属不同的行业发起的各项营销活动,此类活动通常具有明确的行业标签,特色较鲜明。商家如要报名参与,活动主题的写作必须围绕自身商品的行业来进行。

例如,图4-12展示的是天猫新风尚活动页面,该活动是天猫服饰的大型营销活动,联合平台服饰类商家,共同打造初秋上新的服饰类营销活动,为消费者提供优惠折扣和优质服务。

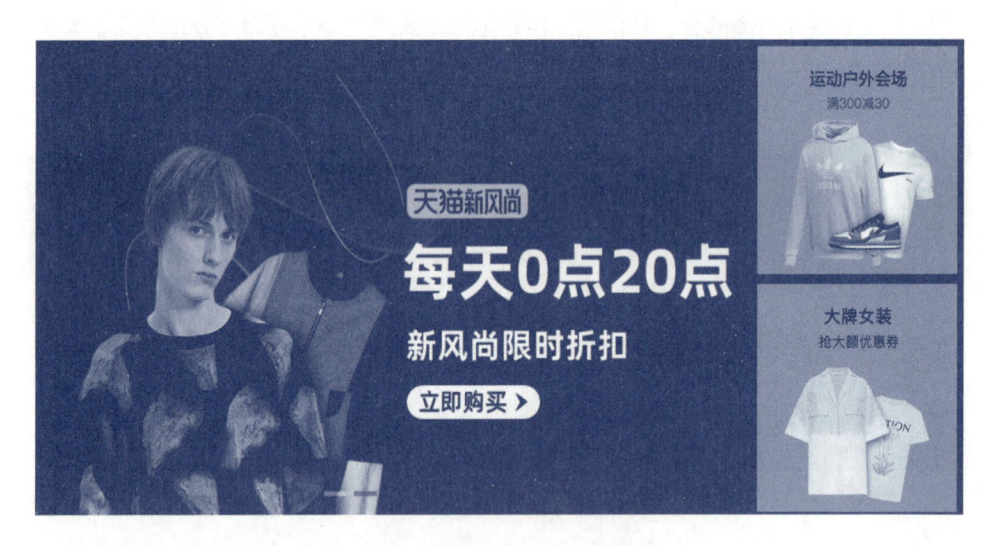

图4-12 天猫新风尚活动页面

(2)平台大促活动。每年的"双11"购物狂欢节和"6·18"年中大促活动是电商界最为知名的大促活动,无论在哪个电商平台参与活动,其主题一定离不开这两大促销活动。图4-13所示的就是天猫"6·18"理想生活狂欢季活动页面,除此之外,像阿里88会员节、年货节等平台官方大促活动,都可以作为活动主题的写作切入点。

图4-13　天猫"6·18"理想生活狂欢季活动页面

（3）节日营销活动。节日营销活动是指商家利用消费者在节日期间的消费心理，综合运用营销手段进行产品、品牌的推介活动，它是整个营销策划的一部分，而不是短期售卖活动，对于一些节日消费类产品来说，节日营销的意义显得更为重要。例如，在中秋节或端午节前夕，许多售卖月饼或粽子的商家都会提前报名参加，其活动主题就应紧密围绕中秋或者端午来制定。天猫中秋节活动页面如图4-14所示，从零食、月饼、补品、酒水四个类目，配以针对性强的文案，将中秋节营销活动的内容结合朋友相聚、家人团聚等场景进行了生动的描述及表达。

图4-14　天猫中秋节活动页面

【文案赏析】

天猫妇女节文案赞美女性爱自己的力量

受新冠肺炎疫情影响，2020年天猫没有像往年一样铺天盖地在线下投放广告，而是把精力和资源都放在了线上。

在妇女节前夕，天猫推出一支线上视频广告（见图4-15），定下了整个天猫女王节的主题：爱自己就是了不起。

图4-15　天猫妇女节线上视频广告

　　家人、朋友、爱豆、工作、生活、猫；
　　女生有很多东西需要去爱；
　　好像都少了点自己；
　　在这个窝在家里的冬天；
　　停下来，好好爱自己；
　　因为爱自己，不凑合；
　　因为爱自己，去锻炼；
　　因为爱自己，让自己开心。

　　作为电商平台，营销可不能只停留在传播概念上。于是，天猫还推出了一系列"爱的补己站"主题海报（见图4-16），来带出女王节核心的货品类目，比如："颜值补己""有型补己""呵护补己""美味补己""健康补己"等。

图4-16　天猫妇女节"爱的补己站"主题海报

2. 店铺商家活动

（1）折扣直降类。这是目前促销活动中出现的较多的一种方式，简单来说就是商品促销打折，不管是线下卖场还是线上促销，都会看到一件九折、两件八五折，买得越多折扣越大的促销活动。直降，很明显就是降价，在电商平台大型促销活动中最为常见，比如在"双11""双12"周年庆等活动期间，用简单直接的方式最有效，用户也喜欢这种充满诚意的促销方式。淘宝里的聚划算频道、天天特价都属于典型的商品直降活动，在活动的当天商品是降价销售的，一口价是不能够更改的。

在进行这类活动主题的写作时，往往应注意折扣比例要设置合理恰当，首件折扣不能太大（以后活动折扣无法设置），也不能太小（没吸引力），最好设置阶梯价格，刺激用户多消费。平时促销活动一般不应采用直降的形式，因为经常使用直降的活动形式，对品牌形象会有影响，容易让用户觉得商品廉价，没有购买的欲望。

（2）满减赠送类。商家活动较为常见的还有"满额减"形式，全场和部分品类都可以参加，比如，京东店家经常有部分商品参加满300元减30元、满88元减5元的活动，以刺激该类商品的销售。满减赠送类活动页面如图4-17所示。

这类促销活动还包括达到一定条件后赠送用户礼品的形式，例如，购买满两件，或者购物金额满199元，或者前几名下单，才可以拿到赠品，不同的条件代表不同的难易程度，这要靠运营人员去衡量设置哪些条件能够在保持利润的情况下对用户最有吸引力。同时，文案也必须准确、清晰地呈现这些重要信息，以免在活动中增加不必要的沟通成本。

满减赠送类活动主题应突出强调赠品的信息和需要达到的条件，最好赠品是与消费者购买的商品有着一定的关联性，且质量不打折扣，并通过文案加以解释说明，增强用户的下单购买信心。

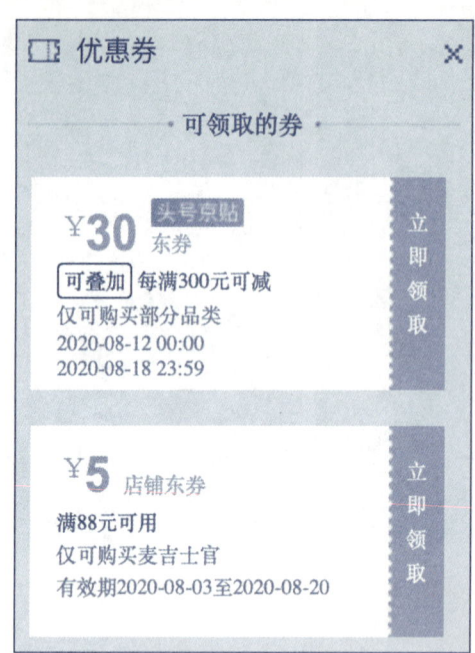

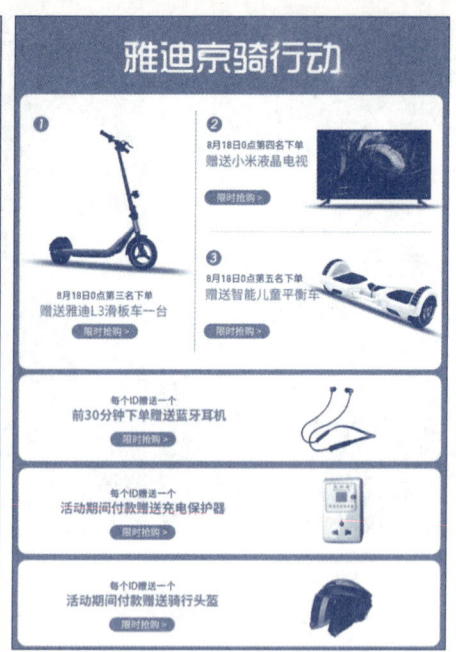

图 4-17　满减赠送类活动页面

（3）价格专享类。很多店铺为了活跃和留存老用户，会采用会员或者等级机制，比如，购满99元为初级会员，全场商品打95折；购满299元为中级会员，全场打9折；购满599元为高级会员，全场打85折。还有些店铺专门接入了平台的会员体系，为平台会员提供专享价。价格专享类活动页面如图4-18所示。

图 4-18　价格专享类活动页面

针对这类电商活动，进行主题写作时应突出会员身份与权益，专享商品要时常更新，刺激用户去升级和二次购买。例如，百丽官方旗舰店邀请消费者加入店铺会员，在每月8日会员日活动中，独享丰富权益。

（4）公益推广类。对于一项营销推广活动来说，如果其中蕴含的价值观正确，能够起到积极向上的引导作用，为社会和他人做出贡献，那么这项活动就会获得更多用户的支持。在进行这类活动主题写作时,应以公益为出发点,深度挖掘活动背后的重要意义,通过图文结合的形式打动人心,帮助活动对象得到更好的推广效果。

例如,网易严选的"双11""爱心蛋"活动,就策划了两项活动:一项是关爱流浪猫——利用网易严选的包装纸盒为流浪猫建造冬天的猫屋;另一项是山区孩子为严选羽绒服代言并拍摄视频参与活动的计划。这两项活动的参与成功者都可以获得网易送出的"爱心蛋"孵化商品,也是为网易严选用户参与此次公益活动赠送的纪念品。这项活动虽然不如其他电商平台"双11"活动那么热闹,但是得到了用户的一致好评。这种具备公益性质的活动更加能够获得用户的支持。

【文案赏析】

沁园的公益营销

得益于互联网的低门槛、场景化与连接性,越来越多的年轻人愿为公益"打call"。年轻一代最大的特点是拒绝说教、热衷社交分享、喜欢新鲜感。沁园通过分析发现,这些关注公益而又有"玩心"的年轻群体与沁园的潜在用户画像高度重叠。正是基于这些洞察,沁园采取了"明星+公益+直播"的互动模式,成功将公益话题引爆。

把公益变得可感化

沁园将品牌的首次天猫超级品牌日,打造成了一次别开生面的公益行动。通过一场展览,唤起了人们的城市情怀,更唤起了人们对脆弱母亲河污染问题的关注和反思。

沁园联合中国台湾热门IP,借势这波热潮,携手天猫制作"母亲河棒冰"(见图4-19)。此番沁园跨越20个省市,1万多公里,采集了20条母亲河的样本,打造出这20种神秘的"母亲河棒冰",还原母亲河的真实水质。4月16日,母亲河棒冰展在上海母亲河黄浦江边展开,引起群众的广泛关注。

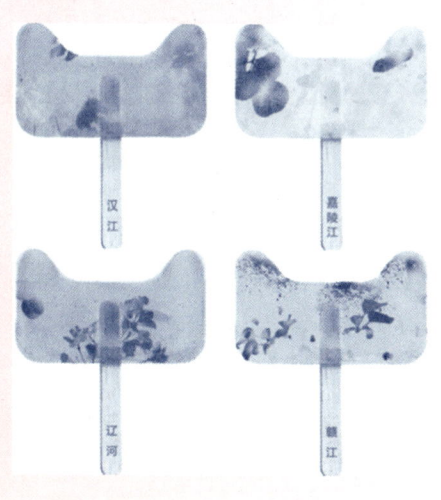

图4-19 沁园的"母亲河棒冰"

事实上,"守护母亲河行动"这一公益着力点,与沁园"让未来更净一步"的品牌理念拟合度非常高。这也是公益化品牌营销活动的重要参考因素。公益不该只是沉重的话题,在举办线下"母亲河棒冰"展的同时,线上也同步上线母亲河棒冰互动H5,用户可以选择自己的母亲河,并定制自己的母亲河棒冰,设计丰富多彩的外包装,这样的趣味互动在社交平台上引起了强烈的反响,大家纷纷晒出自己的"母亲河棒冰"。

明星助阵,全网发酵,打响超品号角

线上打造微博话题阵地#母亲河棒冰#,明星吴尊首发母亲河预热视频引起悬念(见图4-20),微博娱乐新闻类KOL持续为此话题造势;微信端同步推送一系列"种草"类软文,为母婴类、家装养生类人群不断种草沁园品牌信息。话题榜阅读量超过830万次,预热视频揽获209万次播放量和超过3万次的讨论。

图4-20 吴尊微博首发母亲河预热视频

超品日当天,线上热门App同时发布活动(见图4-21),多家媒体为沁园"打call"。

为了让更多人参与进来,沁园还发起了一场品牌联合运动(见图4-22),与方太、小狗电器、金牌橱柜等品牌共同发声,发布品牌联合海报,引起很多人的关注和行动。

图4-21 热门App同时发布活动

图4-22 品牌联合活动

全民公益的觉醒，沁园的成功探索

如今，公益不再是一小部分爱心人士的专利，随着人们公益意识的提高，越来越多的人愿意主动参与到公益中来，并以"一传十，十传百"的传播速度影响着更多的人。沁园正是看到了这一趋势，不断探索品牌与公益相结合的全新领域，成功举办了这一活动，努力推动全民公益时代的来临。

【素养园地】

品牌的公益观

品牌不再仅仅是印在包装盒上的Logo如此简单，商家的每次营销活动，每次规模投放，都是在一点一滴地为自己的形象填充血肉。而参与公益活动，正是很多企业会选择的提升品牌美誉度、体现社会责任感的方式之一。

　　引发公众参与公益活动的最大痛点，来自人性的最大善意：对弱者的同情和关切。参与公益的用户，其实是为了通过对他人的帮助来完成自我的实现，从而完成社会资源的再次分配，使社会能够更高效地运转起来。

　　有的企业直接通大规模的捐款在物质上给予公益事业支持，而更多的企业是通过基于创意和内容的巧思达成"现象级"公益活动，"阿尔茨海默病字体"和"一元购画"即是刷屏的典型案例。也正因为如此，越来越多的品牌将愈发注目公益事业。但是，当商业的元素开始进入公益领域时，如何做一场纯粹的公益活动，而不是以公益的噱头博取眼球，则是考验一个品牌、一家企业的良心所在。

4.2.2　活动海报文案写作方法

　　活动海报文案是引导用户转化和促成最终变现的关键环节，主要起到引流作用，因此需要简单、醒目、实用以及具备直接的吸引力。对于电商来说，海报是"图形+文字"的结合，两者相辅相成，图形化的设计看起来比较美观，并更容易吸引消费者的眼球，文字则用来表现或突出主题。这里所说的海报文案是指海报中的文字，它是海报的主题，用来展示海报的宣传要点。因此，电商海报中的文字是海报的主体，图像主要起着辅助表达的作用。

　　活动海报文案工作人员除了需要结合活动目标来严格进行活动的策划之外，还必须掌握活动海报文案的写作方法。

1. 写好主副标题及操作引导语

　　海报文案一般是活动页面的流量入口，处于用户第一眼能够看到的位置。它的作用在于通过精美的配图、简短的文字，让消费者能够点击进入活动的具体页面。虽然所占篇幅较小，但是作用巨大。海报文案必须在三秒钟内引起用户点击的兴趣，因此，海报的文字必须简练，最好能用一句话就能明明白白地告诉受众，活动的具体内容是什么、对用户有什么好处、他们该如何参与。这样，用户就能够在三秒钟内做出正确的判断。

　　一般来说，活动海报文案需要至少包括活动或商品推荐的主副标题和操作引导语两个部分，基本遵循"一主一副一操作"原则。

　　（1）主标题：展示活动/商品是什么或有什么突出卖点，突出这张海报最想要传达的主要信息或商品的核心卖点。

　　（2）副标题：辅助说明活动/商品的相关介绍或其他卖点，针对主标题进行补充说明，进一步介绍活动/商品。

　　（3）操作引导语：引导用户点击/参与，增加具有引导作用的动词，引导用户点击进入。引导用户操作的动词，在海报设计中经常被文案创作者忘记，也是特别需要注意的部分。

【文案赏析】

"6·18"大促活动海报文案案例

下面几则Banner海报是"6·18"大促来临之前，各大电商平台和品牌商打出的海报设计。

天猫打出了风尚日的活动主题（见图4-23），所有进口服饰品牌优惠不止5折，给了用户很大的想象空间，使用户对促销力度有了更深的思考，能够促成点击。

图4-23　天猫风尚日海报文案

京东平台的生鲜频道，则直接打出了满399元减200元的大幅度优惠活动（见图4-24），直接以满减形式让利消费者，是一种直接让消费者能够体会得到的打折力度。

图4-24　京东生鲜海报文案

第四章　电子商务活动类文案写作　　149

唯品会则以"时尚服装节"为主题，直接在Banner海报以大号字体出现了"1折""19元""速抢"等词汇（见图4-25），营造一种赶紧来抢的紧张感。

图4-25 唯品会"时尚服装节"海报文案

【协作创新】

请大家以小组为单位，分析上述案例中的海报文案是如何遵循"一主一副一操作"原则的。

2. 做出好创意

活动海报要能够吸引用户，一定要有令用户心动的突出利益点，这些利益点可以是价格吸引、优惠券等实际利益，也可以是价值观、认同感等心理需求的满足。更加值得注意的是，海报内容一定要有创新之处，只有具备区别于竞争对手的创新点，才能够在众多活动中脱颖而出。同时，文案创作者还应创新性地设计一些有着良好传播效应的互动环节，这样会起到意想不到的营销效果。

当然，目前优质的内容电商平台也有很多，可以借助这些内容电商平台对活动海报和活动产品进行引流。比如，淘宝系平台内容电商发布平台：淘宝头条、有好货、淘宝直播、爱逛街等；或者借助微信的公众号文章，以及小红书的"种草"文案等平台进行宣传和推广，用优质的创意内容去吸引消费者，进而引导转化。

【文案赏析】

2019天猫"双11"品牌联合秀

2019年的"双11"，天猫别出心裁地策划了"天猫'双11'品牌联合秀"，天猫使用猫头与众多知名品牌联合，创造了丰富多变的全新造型，无论是海报还是文案都创意十足。"助你愿望11实现"的文案不仅以谐音的方式呼应了"双11"全球狂欢节，而且用愿望的实现更容易打动消费者。在此次活动中，华为、农夫山泉、蒙牛的海报文案分别如图4-26、图4-27和图4-28所示。

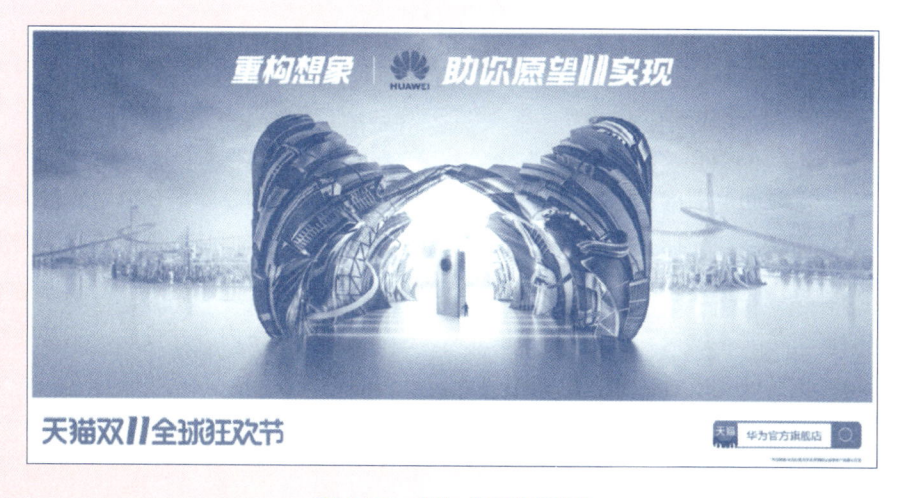

图4-26　华为"重构想象"

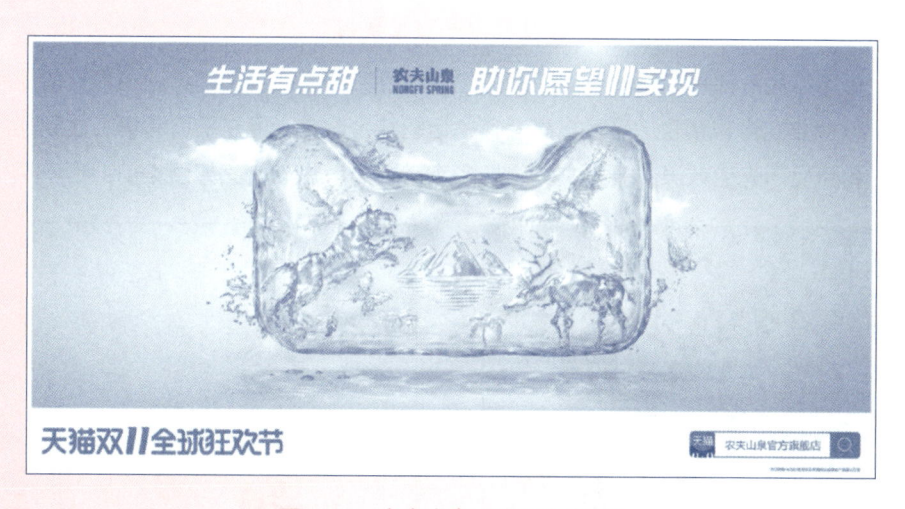

图4-27　农夫山泉"生活有点甜"

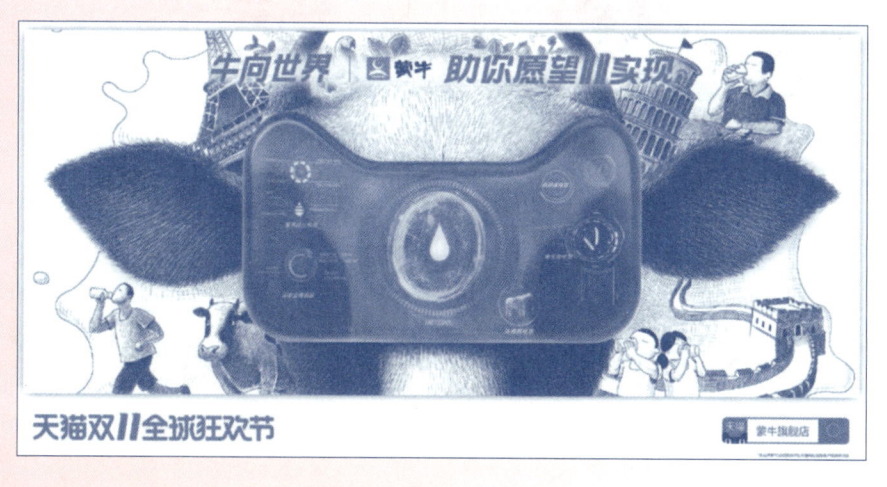

图4-28　蒙牛"牛向世界"

第四章　电子商务活动类文案写作　151

【协作创新】

请以小组为单位,搜索并整理其他品牌的活动海报文案,讨论其创新之处。

3. 借力热点话题

在一定时间范围内,网络或社会热点话题是自带流量的,如果在活动海报文案借力热点话题展开,那么就能获得更大的关注量和转发量。但是,借力热点话题需要注意三点:一是注意甄别热点话题的价值取向,不分善恶地蹭热点、博眼球是不可取的;二是要速度快,在热度消失之前,迅速地做出文案内容并投放;三是要巧妙借力,生搬硬套或者非常尴尬的蹭热点,只会适得其反。

【文案赏析】

品牌商借力高考热点

每年的高考都是全网关注度极高的热点事件,各大品牌商都希望将自己的品牌理念、企业文化、新款产品等与高考有关话题结合起来,通过借势营销,达到品牌推广和新品曝光的效果。晨光文具、加多宝借力高考热点文案如图4-29所示。

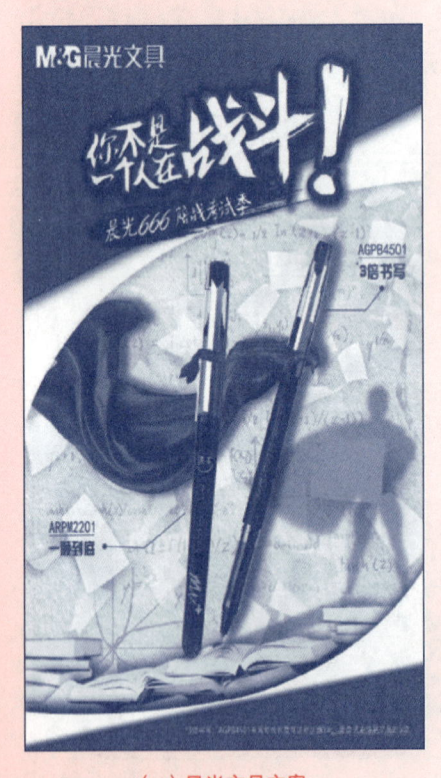

(a)晨光文具文案 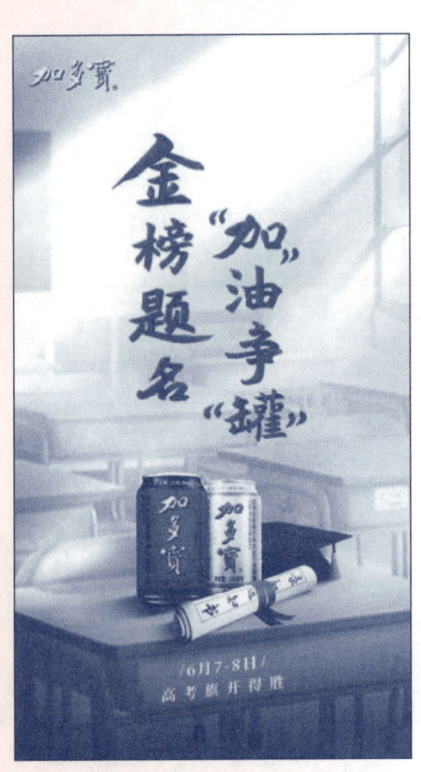　　(b)加多宝文案

图4-29　晨光文具、加多宝借力高考热点文案

【素养园地】

蹭热点当以德法为底线

《华商太难了！》近期，"掌上瑞士""掌上白俄罗斯""掌上印度""掌上都柏林"等十余个微信公众号都发布了类似的标题和文章，以华人口吻讲述"国外新冠肺炎疫情下的困境"。但网友发现这些文章情节如出一辙，仅换了主角姓名、从事的行业和所在国家。随后有网友发布《新冠肺炎疫情之下的南极：店铺关门歇业，南极华商太难了！》等文章调侃。

这些不同微信公众号发布的高度雷同、如出一辙的文章被曝光以后，引发了网友的强烈质疑和非议，而微信官方也及时介入，在深入调查的基础之上，依据微信公众号相关的运营规则，对发布文章的三家运营主体下面的50多个账号进行了封禁处理。可以说，让这些肆意蹭新冠肺炎疫情热点，为了流量不惜编造虚假消息的微信公众号运营者付出了应有的代价。

全国人民为了抗击新冠肺炎疫情，守护自己和他人的身体健康、生命安全，做出了巨大的努力和牺牲。但是在一些微信公众号运营者的眼里，却把新冠肺炎疫情当成了自己赚取流量、实现变现的最佳商机，为了蹭热点而不择手段，甚至完全忘记了自己的社会责任，完全不顾道德与法律，最终必然会付出沉重的代价。

从道德层面来看，大肆编造这种虚假信息并通过公开的平台散布，本质上是对公众的一种欺骗，既会导致国内公众对国外新冠肺炎疫情防控形势的误解，也会加剧海外华人对自身处境的担忧和恐惧。而从法律层面来看，根据《中华人民共和国治安管理处罚法》第二十五条规定，散布谣言，谎报险情、疫情、警情或者以其他方法故意扰乱公共秩序的，处五日以上十日以下拘留，可以并处五百元以下处罚；情节较轻的，处五日以下拘留或者五百元以下罚款。情节严重的，以编造、故意传播虚假恐怖信息罪定罪处罚。

这意味着，这些公众号运营者大肆编造虚假信息的行为，不但违背了基本的社会道德，同时还涉嫌违反国家的相关法律。希望那些无底线蹭疫情热点的微信公号运营者心中有德法，悬崖勒马。

4.3 站内推广文案写作

站内推广的目的是引流，只有做好店铺的引流操作，店铺的点击量及成交率就会有所提升。站内推广文案的主要作用就是展示核心信息，引起用户兴趣，刺激用户点击、转化。

4.3.1 站内流量入口的类别

以淘宝、天猫、京东等主流电商平台为主要代表,站内流量入口文案主要呈现在直通车、京东快车、钻石展位等,下面主要介绍有代表性直通车和钻石展位这两类流量入口。

1. 直通车

(1)直通车的作用。淘宝直通车是为淘宝卖家量身定制的,按点击量付费的效果营销工具,实现商品的精准推广。每件商品可以设置200个关键词,卖家可以针对每个竞价词自由定价,竞价结果可以在淘宝网上充分展示(以全新的图片+文字的形式)。淘宝直通车推广,在给商品带来曝光量的同时,其精准的搜索匹配也给商品带来了精准的潜在买家。

直通车文案和创意图创作水平不仅决定了是否能在站内推广时获得高点击率,还影响着质量得分和点击费用的高低,甚至关系到品牌美誉度和运营投入产出比。

【课证融合】

在网店运营推广1+X职业技能等级证书考试中,无论是商品的标题制作,还是推广策略的制定以及推广效果的分析和优化,都是考核的重点。网店运营推广职业技能等级标准中的相关工作领域、工作任务及职业技能要求如表4-1和表4-2所示。

表4-1 网店运营推广(中级)(部分)

工作领域	工作任务	职业技能要求
1. SEO优化	1.2 商品标题制作	1.2.1 能根据建立的商品关键词词库,依据选词和组词策略,制作合适的商品标题

表4-2 网店运营推广(高级)(部分)

工作领域	工作任务	职业技能要求
3. 流量获取	3.1 推广策略制定与实施	3.1.1 能根据推广需求,制定并实施站内付费推广策略
	3.2 推广效果分析与优化	3.2.2 能对站内付费推广效果进行分析,并根据分析结果优化站内付费推广策略

(2)直通车文案的特点。直通车图是针对直通车的投放位置而制作的图片,尺寸是800像素×800像素,与产品主图类似。直通车文案即出现在直通车图上的带

有促销性质的文案。好的文案是直通车创意图的点睛之笔，一方面可以清晰地展现产品的主要卖点，另一方面可以打造自己的特色，让消费者一看见就能想到特定的品牌。

例如，在淘宝网搜索框里输入搜索词"洗衣机"，在结果页的右侧掌柜热卖位置有如图4-30所示的两张图，很明显地可以发现，左侧的创意图整体没有重点，不具有任何新引力；右侧的创意图既突出了产品又重点强调了强力去污的卖点，同时配以价格、物流等描述信息，能够获得较高的点击率。

图4-30　直通车创意图对比

高点击率的直通车创意图主要借助背景、产品、文案、模特的完美搭配，通过有创新性的方式将消费者的需求点展现出来，达到吸引消费者注意力，进而点击购买的目的。

2. 钻石展位

（1）钻石展位的作用。作为阿里妈妈三大营销推广工具之一，钻石展位是面向全网精准流量实时竞价的展示推广平台，扣费方式按CPM收费和CPC付费，以精准定向为核心，是帮助商家提供精准定向、创意策略、效果监测、数据分析等一站式全网推广投放解决方案。钻石展位依靠图片创意吸引买家点击，从而为商家带来巨大的流量。

（2）钻石展位文案的特点。与直通车不同，钻石展位不是通过主动搜索关键词进行推广，而是直接将准备好的创意图片推送到买家的终端，依靠吸引消费者点击来实现推广。这意味着钻石展位不需要在关键词的流量池里通过与竞争对手比拼价格来抢占位置，而是借助大数据直接将商家的广告送到意向客户的眼前。既然是直接把内容推送到买家面前，那么就一定要尽可能地抓住买家眼球，只有吸引买家的注意力，他们才能有后续的点击行为，进而收藏、加购、下单、成交。钻石展位文案如图4-31所示。

图4-31 钻石展位文案

钻石展位文案具有主题突出、信息简明扼要、内容层次分明等三个关键特点。其实，钻石展位投放的图片可能只有短短几秒钟的时间，如何在这短短的时间内抓住顾客的眼球，是写钻石展位文案需要把握的重点。一定得让消费者知道商家的广告图片最突出的主题是什么。

钻石展位文案中的文字也不要过多，因为在几秒钟的时间内，根本没办法浏览很多文字，因此在写作的时候要尽量精简，要有惜字如金的意识。

另外，广告的主图可能需要表达多种信息，比如说满减、包邮、打折等，对这样的内容就需要把握主次，同时配合视觉设计，让整个文案变得有层级感。

4.3.2 站内流量入口文案写作方法

1. 卖点展示法

卖点展示法通过各有侧重的展示方式将商品的卖点展示给消费者，这样的文案才能够吸引消费者，实现引流的目的。以下是卖点展示法的三点写作技巧。

（1）品质为主：围绕产品核心卖点，突出卓越的商品品质。例如，北冰洋汽水的"气足、爽口"，漫步者运动耳机拥有"影院级音效"等，如图4-32所示。

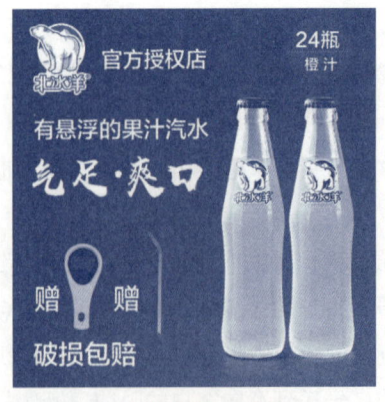

（a）北冰洋汽水文案　　　　（b）漫步者耳机文案

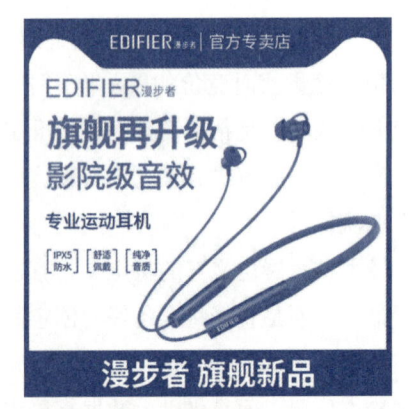

图4-32 "品质为主"的直通车图

（2）数字刺激：利用数字更直接地让消费者加深对产品的了解，从而更加认可产品，吸引消费者点击并一探究竟。例如，六神花露水安心驱蚊7小时，格力空调一级变频一级能效，如图4-33所示。

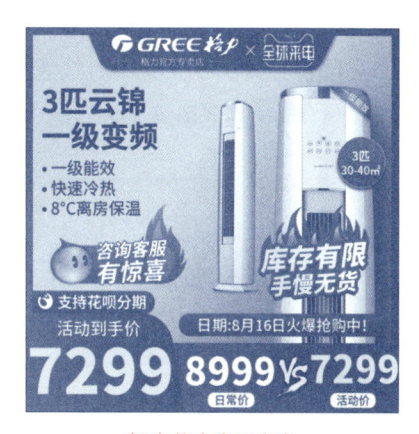

（a）六神花露水文案　　　　　　（b）格力空调文案

图4-33　"数字刺激"的直通车图

（3）营造稀缺：俗话说"物以稀为贵"，在文案中营造稀缺感能够大大提升产品在消费者内心的价值感。例如，金泉腊味以广东省非物质文化遗产作为卖点的直通车图，还有故宫紫禁城600年限定款星空彩妆套装的钻展文案，以稀缺性驱动消费者的购买行为，如图4-34所示。

（a）金泉腊味文案

（b）故宫星空彩妆文案

图4-34　"营造稀缺"的推广文案

第四章　电子商务活动类文案写作　157

2. 折扣冲击法

价格优惠始终是消费者关心的信息，在进行这类文案的写作时，可直接突出折扣的力度，形成一定的价格冲击力，以下是四种典型的打折类型。

（1）降价打折：在文案中直接注明降价和打折力度，以较大号字体或醒目颜色突出强调。例如："全场满199元减100元"，如图4-35所示。

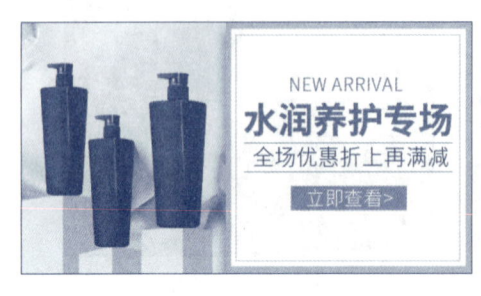

图4-35　突出降价打折的钻石展位文案

（2）限时抢购法：利用限制时间的方式制造稀缺感，吸引消费者抢购低价商品。例如："零食限时购，12月25日—31日。"如图4-36所示。

图4-36　突出限时抢购的钻石展位文案

（3）错觉折扣：让消费者产生"低价高购"的错觉，更好地提升产品的价值，不但可以减少消费者对打折的产品质量顾虑，又可吸引更多人的购买。例如："会员充值1 000元，首单立减200元"。

（4）临界价格：通过将产品的价格限定在某个能让消费者产生最大满意度的范围来完成交易，实现促销目标。例如："游戏配件低至9.9元"等，如图4-37所示。

3. 情怀动心法

情怀动心法是指在商品相对成熟的阶段，在品牌的核心内容上注入情感，增加品牌的核心文化，并在商品营销推广的过程中，通过释放品牌的核心情感能量，辅以商品的功能性诉求来打动消费者，从而保持商品销量在稳定上升的过程中有爆发性的增长。如图4-38所示，电器狂欢活动以孝敬父母为情怀触点，起到引流的作用；口罩卖家在文案中突出抗击新冠肺炎疫情的正能量，与消费者产生情感共鸣。

图 4-37　临界价格的推广文案

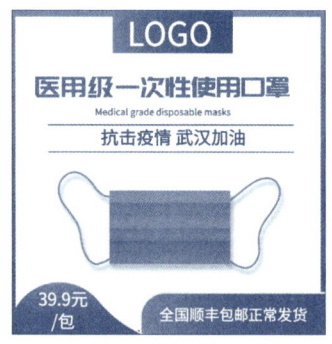

（a）电器狂欢活动文案　　　　　　（b）口罩文案

图 4-38　情怀动心的推广文案

【素养园地】

严禁虚抬商誉，不得以次充好，"双11"电商需谨记这10条警示

2019年"双11"之际，武汉市市场监管局特别发布了网络集中促销经营活动规范10条警示，指导电商企业依法依规开展网络集中促销活动。

（1）应当在网站或网店页面显著位置并以显著方式，事先公示网络集中促销的期限、方式和规则等信息。

（2）不得采用格式条款设置订金不退、预售商品不适用七日无理由退货、自行解释商品完好等排除或者限制消费者权利、减轻或者免除经营者责任等对消费者不公平、不合理的规定。

（3）不得限制、排斥竞争，限制、排斥促销经营者参加其他平台组织的促销活动。

（4）禁止采用虚构交易、成交量或者虚假用户评价等虚抬商誉的方式进行促销。

（5）不得发布虚假违法广告，不得对商品和服务做出引人误解的虚假宣传和表示。

（6）不得因促销降低商品及赠品质量，不得借机以次充好、以假充真，不得销售、附赠国家明令禁止销售的商品。

（7）促销的商品或者服务销售完毕后，应当在促销页面、购买页面及时告知消费者。

（8）依法开展有奖促销，公示可查验的抽奖方法，不得虚构奖品数量和质量，不得进行虚假抽奖或者操纵抽奖。

（9）依法明码标价，禁止实施价格欺诈行为，损害消费者权益。

（10）严格遵守"网络购买商品七日无理由退货"等规定，及时妥善化解消费纠纷，营造安全放心的消费环境。

4.4 信息流广告文案写作

早在PC时代，信息流广告就已经出现，但由于PC端上可供选择的广告类型比较丰富，信息流广告并没有展现出独特的优势。但是，随着移动互联网浪潮席卷而来，由于智能手机、平板电脑等移动端设备的屏幕相对较小，如果将PC端上的广告简单粗暴地移植到移动端上，效果会大打折扣。因此，相较于用户干扰度较高、展示效果较差的Banner和插屏广告，原生的信息流广告凭借可靠的展现量、更高的点击率和更好的流量变现，逐渐成为公认的最适合移动端的广告形态之一。

简单来说，信息流广告就是嵌入在信息与信息之间的广告（如微信的朋友圈广告），如果你不留意它们周围的"推广""广告"的字样，甚至完全不会发现这是一条广告。信息流广告最早于2006年出现在社交巨头Facebook上，随后国内新浪微博、今日头条、微信、UC、百度等也相继推出信息流广告。

4.4.1 信息流广告文案结构

1. 资讯类平台信息流广告结构

手机百度、腾讯新闻、今日头条、新浪新闻、网易新闻、搜狐新闻等都是以资讯分发为主的平台，用户使用时间长、频次高、黏性强。这类平台的信息流广告结构接近资讯内容本身，而且穿插在资讯内容列表之间，或者出现在文章详情页的结尾。由于信息流广告融合于内容流里，为了保证效果，提高转化率，广告主和平台对信息流广告文案的质量及结构提出了更高的要求。

今日头条率先推出信息流广告，资讯流中穿插展现原生广告（见图4-39），广告即是内容，是一种契合资讯深度阅读体验的广告形式，其广告形式多样，广告位样式也比较多。今日头条App信息流广告的特点如图4-40所示，其主要结构形式包括：文字创意+小图、文字创意+组图、文字创意+大图，这三种结构也是目前信息流广告最为经典的呈现样式，既不会干扰用户浏览信息，又能满足不同用户的审美观，使用户更容易接受，广告转化效果好。

图4-39　今日头条信息流广告

图4-40　今日头条App信息流广告特点

2. 社交类平台信息流广告结构

微信、QQ、新浪微博、百度贴吧等社交类平台用户互动性强，信息可二次传播，裂变速度快。由于平台拥有大量用户注册信息，因此，基于用户自然属性判定而投放的信息流广告精准度较高。但是由于不像资讯类平台有多个频道，所以这类平台的信息流广告结构较为单一。

以微信朋友圈广告为例，它是以类似朋友的原创内容形式在用户的微信朋友圈进行展示的原生广告。通过整合优质用户流量，朋友圈广告为广告主提供了一个国内独一无二的互联网社交推广营销平台,实现推广品牌活动、门店、应用、公众号、小游戏,以及派发优惠券、收集销售线索等商业目的。

(1)微信朋友圈常规式图文广告。这类信息流广告属于朋友圈原生内容,广告融入真实场景,好友互动可见,有利于引发社交传播。VIVO微信朋友圈信息流广告如图4-41所示。

图4-41 VIVO微信朋友圈信息流广告

这种信息流广告结构具体包括:

① 广告主头像和昵称:用户点击可直接跳转广告主公众号介绍页。

② 外层文案:文案应简洁、友好、易理解,字数不超过40个字,且不超过4行。

③ 外层图片:广告创意直接触达用户的重要组成部分,通过丰富的视觉元素阐述创意,支持配置1张、3张、4张或者6张图片;单张图不超过300Kb,图文中文字篇幅不超过30%。

④ 文字链:引导用户访问广告推广页,是进一步向感兴趣的用户传递诉求的重要部分。

⑤ 定位和门店标识:点击可跳转查看门店详情页,进而可以拉起地图导航,进一步引导用户到店。

⑥ 用户社交互动:允许用户对广告进行点赞和评论,让用户参与到广告中。

(2)微信朋友圈标签式卡片广告。这种信息流广告拥有更大的视觉范围、更丰富的产品展示空间,可以延伸广告的范围,使广告信息更加聚拢;这类信息流广告的用户转化路径更短展示,更容易激发社交传播。VIVO微信朋友圈标签式广告如图4-42所示。

图4-42　VIVO微信朋友圈标签式广告

这种信息流广告结构具体包括：

① 广告主头像和昵称：与常规式图文广告一致。

② 外层图片/小视频：用于展示产品细节或场景，图片大小为800像素×450像素，大小要求在300Kb以内，不支持GIF格式，其中文字占图片篇幅不超过30%；通过动态视频传达广告创意，外层支持小视频时长6～30秒。

③ 外层文案标题：少于10个字，不允许换行。

④ 外层文案详情：少于30个字，不允许换行。

⑤ 标签信息：支持自定义标签，标签包含的总字数在16个字以内，最多3个标签。

⑥ 用户社交互动：与常规式图文广告一致。

此外，微信朋友圈还有全幅式视频广告，由四个部分的内容构成，包含广告主头像和名称、外层文案、外层视频、用户社交互动等。这种信息流的视频素材更具沉浸体验，利于品牌更好地讲述故事。

【文案赏析】

溢出屏幕的自豪感：京东家电"双11"朋友圈广告

2017年10月30日，当你打开微信朋友圈，会看到京东家电以"家电网购，中国人的自信"为主题的信息流广告（见图4-43），红色与金色搭配的主色调带来强烈的视觉冲击，唤醒中国人的民族自豪感，很多网友都自发点了赞。9亿网友的点赞一起见证着一个史无前例的纪录：微信朋友圈有史以来第一次全量广告投放！

图4-43　京东家电"双11"朋友圈广告

所谓朋友圈全量广告投放，意思就是只要是使用微信的用户，都会在朋友圈里收到京东家电的推送广告。这意味着全中国有超过9亿名微信用户在同一天在自己的朋友圈看到同一条广告。更值得关注的是，京东家电直接将情怀上升了一个层次，不再是一人一城的小家情怀，而是瞄准了全中国人的民族自豪感。背景中不断上升的五角星和主画面里盘旋的金龙都具备极强的象征意义，搭配纯正的中国红和烫金大字，极具感染力地向消费者传达"中国人的家电网购"这一理念，调动消费者意识中的自豪感。

京东家电这样大手笔的投入如一石激起千层浪，也引发了家电行业的连锁反应。美的、格力、海尔、奥克斯、创维、康佳、方太、格兰仕、老板、九阳、万和、林内等近百个国内主流家电厂商纷纷行动起来，以微博互动的形式响应京东家电的广告内容，各自抒发中国人的集体自信。

【协作创新】

请以小组为单位，浏览QQ、新浪微博、百度贴吧等其他社交类平台，并对平台出现的信息流广告结构进行分析。

3. 视频类平台信息流广告结构

鉴于互联网在线视频市场的前景提升，爱奇艺、腾讯、优酷、抖音、快手、西瓜、哔哩哔哩（B站）等视频类平台成为目前比较受关注信息流广告平台，但信息流原生广告特点让视频类的信息流广告制作成本较高，只有整合多方资源，才能取得理想的广告效果。

本书以西瓜视频、抖音短视频及哔哩哔哩为例，介绍主流视频类平台信息流广告的文案结构与特点。

（1）西瓜视频：广告穿插在视频内容中进行原生展示，能够让广告信息更自然地触达目标客户群体，客户接受度高，广告产品形态多样，支持大图、视频等多种广告样式。西瓜视频信息流广告如图4-44所示。

图4-44　西瓜视频信息流广告

（2）抖音：广告展示在抖音信息流内容中，强势锁定新生代消费主力，展现原生样式，打造竖屏全新视觉体验，账号关联强聚粉，支持人群属性标签、兴趣、场景等多种灵活、精准的人群触达方式，主要结构为"视频+文案+链接"，适用于移动下载、电商分享功能、品牌宣传等多种推广目标。抖音短视频信息流广告如图4-45所示。

图 4-45　抖音短视频信息流广告

（3）哔哩哔哩：广告展示在视频信息流内容中，主要结构包括信息流小图广告文案和大图广告文案。信息流小图广告主要适合于教育培训、App下载以及电商平台推广。信息流大图广告更适用于品牌活动推广或最新动漫预热等。哔哩哔哩信息流广告如图4-46所示。

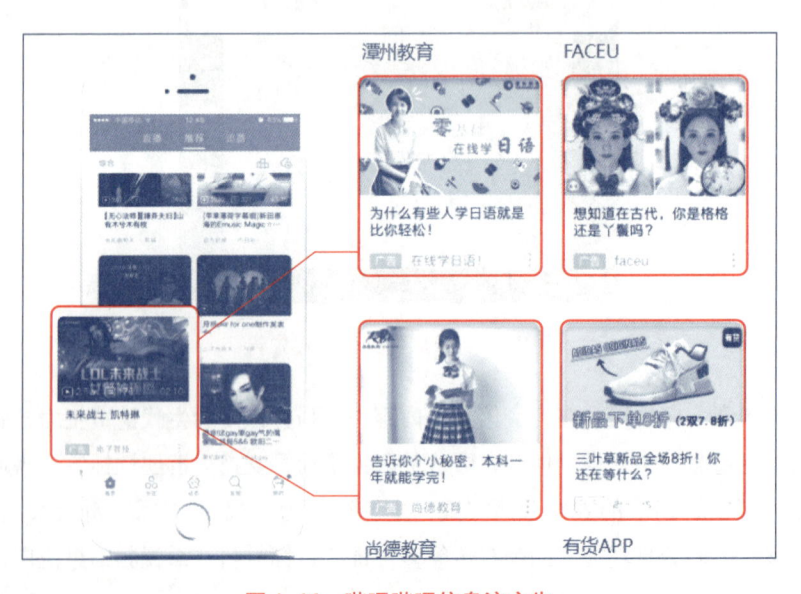

图 4-46　哔哩哔哩信息流广告

【协作创新】

请以小组为单位，讨论分析视频信息流广告的优缺点。

4. 浏览器类平台信息流广告结构

QQ浏览器、UC浏览器、搜狗浏览器、OPPO浏览器、VIVO浏览器是目前移动设备主流的浏览器平台。用户基数大，多与其他平台整合，为广告主提供优质的移动端流量，助力广告主从移动端获得良好的广告效果。

该类平台信息流广告主要展现在手机浏览器推荐及其他频道原生资讯内容之间，其广告结构与资讯类平台基本类似，但仅首页触发曝光，用户关注度较低。浏览器类平台信息流广告如图4-47所示。

图4-47　浏览器类平台信息流广告

【素养园地】

信息流广告模式必须合法合规

近日，有媒体对10家知名手机浏览器App展开调查，以初次下载后首页推荐的100条信息流为样本，发现广告和内容乱象重重。个别浏览器广告比例高达20%，而且大多以美容保健类广告和借贷广告为主，没有任何风险提示。在内容方面，两性话题、穿着暴露的美女图片是各家浏览器较爱推荐的内容，10款样本浏览器中，便有7家明显涉嫌低俗违规。

目前来看，是否在浏览器主页加入信息流广告，不是一个技术有无问题，更多的是价值判断问题。之所以这样说，是因为信息流模式是有争议的，正如此次调查所展示出的问题一样，它非常容易导致信息质量低俗，广告过度泛滥。前者很好理解，"标题党""震惊党"，甚至色情低俗信息等，都是不正当的流量获取手段。关于后者，一种典型的表现形式就是"信息流广告"，即在主动进行信息推送的过程中，夹杂着几条广告，甚至用内容包装广告，从而降低用户的抵触心理。由此来看，信息流广告很容易被利益绑架，为商家说话，从而使浏览器失去了客观性。而且，比起竞价排名机制来，它处于一个灰色地带，不易被察觉，很难被监管。

手机浏览器对信息流模式的趋之若鹜，是市场竞争的产物。因此，首先要将其放到公平竞争的环境下比较，看看一个干净利索的浏览器走得更远，还是嫁接各种功能的浏览器更能赢得用户。其次，也要明确划出信息流的"红线"，浏览器是否加入信息流广告，可以视为一种商业选择，但任何内容都应该遵守合规合法的底线，不仅要坚决杜绝色情低俗内容，也要对互联网广告提高门槛，要求"明确进行标识、可以一键关闭"，这是企业和平台必须遵守的规则。

4.4.2　信息流广告文案写作方法

有很多信息流广告，以更低的CPC（Cost Per Click，每次点击成本）获取了更多的点击量，但并没有很好的转化效果，是一种因小失大、得不偿失的举措。广告点击率快速提升的方法有很多，好的文案创意是其中非常重要的一种，它既有助于点击率的提升，又可以兼顾广告效果的转化。

1. 根据平台类别确定文案特色与风格

在上文的讲述中，将信息流广告的平台分为四大类，分别是资讯类、社交类、视频类和浏览器类。平台类别不同，呈现给用户的内容特色与风格各有差异，作为原生内容形式的信息流广告，也应保持特色与风格。

资讯类、浏览器类平台的内容偏信息属性，信息流广告文案可往资讯描述方向靠拢，使得广告内容更原生；社交类、视频类平台内容的娱乐和社交属性更强，文案可结合网络热点、使用网络流行语，更加社交媒体化，吸引用户关注。

因此，根据平台类别确定文案特色与风格是信息流广告文案写作的第一步，只有选定了投放平台，明确了广告文案的特色与风格，才能有针对性地进行文案写作。

2. 突出广告文案的实际目的及侧重点

信息流广告投放通常需要有明确的目的。根据不同的目的，在广告文案撰写中就要有不同的侧重点。

（1）品牌推广：该类广告文案需突出品牌在行业的地位、口碑、服务等。例如：胜域咨询：懂市场、懂营销，更懂企业。

（2）促进销售：该类广告文案需重点提出价格、优惠、节日、活动等。例如：自从买了这台按摩椅，全家都抢着按，仅一部手机的价格！

（3）增强曝光：该类广告的目的是增加曝光量和点击率，通过极具吸引力的文案需迅速抓住网民眼球。例如：不要穿传统保暖内衣了，现在流行自发热内衣，恒温37℃。

（4）提高转化率：该类广告需保证文案、落地页和客户产品匹配相关性强，有助于提高转化率。例如：复读补习怎么才有效？小班教学，他们都考进了985高校！

因此，在明确了文案风格特色第一步后，第二步是突出广告文案的实际目的及侧重点。

3. 区分消费者的不同属性

用户在阅读信息流时，只会把注意力放在与自己认同、关心的信息上。广告创意需要针对本企业的目标受众人群制作，从行业报告、用户调研、自身用户人群画像等方式都可以大概了解自己产品的人群属性。因此，信息流广告需要从用户角度出发，用户认知才是我们广告的营销重点。

一般来说，信息流广告投放后台都有人群定向及兴趣定向的筛选功能，根据消费者的不同属性及消费者购买过程阶段不同，文案写作的侧重点也应有不同。

通常把消费人群大致划分为三类：潜在人群、行业目标人群、品牌忠诚人群。对于不同的人群，企业主的信息流广告传达给消费者的信息均有不同。以家装行业为例，针对潜在人群，这部分人目前没有强烈的需求，但他们身上的某些标签或某些行为透露出潜在的消费需求，那么在这个时候，文案就需要更原生化，以覆盖影响和刺激需求为目的。"婚房怎么装修才好？小户型怎么装修更温馨？"这样的信息流广告文案能够刺激有婚房装修需求或者已购小户型用户的装修需求。针对行业目标人群，这部分人对行业现状已有一定的了解，比较心理和满足心理值得关注，这时的文案就需要直击痛点，满足需求及强化优势。"包材料、包售后、新房装修299元/平方米起！"这样的文案能够站在用户对行业已有了解的角度，从材料、售后、价格三个方面出发强化自身的优势。而针对品牌忠诚人群，在进行文案写作时往往想尽办法突出品牌形象，从而促进销售。例如："维意定制情人节特惠：0元抽奖，免费设计全屋家具。"

此外，为了增强信息流广告的代入感，让消费者第一时间想到文案就是为自己而写，还要根据消费者不同属性的区分来撰写不同的文案。简单来说，针对消费者的年龄、性别、所处地区等特有的固定标签，比如，在性别标签方面，"珠海长隆'女士专享套餐'有多优惠？"这样的文案能更好地触动消费者。

4. 巧妙运用信息流广告文案写作技巧

（1）文字结构简单易读。文字结构是人们看广告的第一印象，只有简单、干净、易于阅读的文案才更能在用户浏览时的那一秒的停留中，快速抓取到吸引目标群体的关键词。因此，留白很重要，短句也会让空间更"宽敞"，没有人会喜欢阅读密密麻麻的文字，更不喜欢需要长时间思考才能理解的广告内容。

（2）利用细分 让广告更有代入感。

① 细分场景，让广告更原生。广告的撰写应加入场景化的描述。分析目标用户的各种特点，使用户能够想象不同状态下的场景或者体验该种场景，将这种场景用文字体现出来。场景型的文字如果贴合App内容本身，就会显得更原生，也可以起到增加转化率和点击率的作用。

② 细分人群，使用户产生"适合我"的感觉。细分人群是广告投放的基础。商家要对产品目标用户进行细分，结合产品特点或宣传点，进行深度融合。

③ 细分环境，选择贴近最适合用户的需求，结合周围环境的变化创作文案内容。比如：季节、天气、时事热点等，也可以在文字上做一些简单的变化。

广告示例：

33岁的她总被人嘲笑年纪大，穿一件流行孔雀蓝色裙子让别人惊叹吧！

以为裙子不合适，结果拍照上传朋友圈，都在点赞！

分析：描述受众的使用场景，戳中受众需求痛点，通过描述使用后的切身感受或效果，让人产生代入感，将产品卖点场景化，刺激用户需求，引发点击转化。

（3）增加文字的吸引力，让文字变得有趣，引人注意。首先，站在用户的角度，而不是产品的角度。广告是写给目标群体看的，所以最好要从他们的感触、体验、需求等方面来描述。信息流广告是内容广告，硬性强塞容易引起用户的反感。

其次，引起用户的好奇心。人总是难以对自己的好奇心说不，点击可能在还没思考的时候就产生了。需要注意的是，文案内容要尽可能地跟产品卖点结合，否则会带来大量无转化点击。

广告示例：

原来买石英男表有这么多的猫腻，看完再买不后悔！

实体店不会告诉你的秘密，其实没有那么贵！

分析：利用好奇心，在文案中抛出疑问或埋下好奇点，吸引受众。如上述文案，受众首先就会被吸引引发疑问，是什么"猫腻"？什么"秘密"？每个人都有一颗好奇心，因为文案中抛出了疑问点，所以他们会带着好奇去点击并一探究竟。文案中隐含的疑问点是基于产品本身的，单纯只为点击而设疑反而容易引起反感。

（4）利用简单的关键词，增加文字的关注度和易阅读感。在文案中巧用数字、符号，数字、符号，是比较容易凸显产品卖点的，容易在第一时间抓住客户的眼球，让用户短暂停留。

广告示例：

女子冬季养颜五大必读法则

北京雾霾爆表，什么样的净化器才能拯救我们？

分析：关注一些热点词、语气词、常用词，用户对这些词的关注度会比普通词更高。

【知识与技能测验】

一、单选题

1. （　　）是开展各项电子商务营销活动的起点，是对电商活动各方面的一个预先设定与安排。
   A．活动策划方案　　　　　　B．成本核算报告
   C．工作会议纪要　　　　　　D．市场调研报告

2. 以下选项中不是电子商务活动策划方案的制定原则的是（　　）
   A．统一性原则　　　　　　　B．集中性原则
   C．可行性原则　　　　　　　D．特色性原则

3. 由于不像资讯类平台有多个频道，所以（　　）平台信息流广告结构较为单一。
   A．视频类　　　　　　　　　B．社交类
   C．浏览器类　　　　　　　　D．生活工具类

4. （　　）目的的广告文案需重点提出价格、优惠、节日、活动等。
   A．品牌推广　　　　　　　　B．促进销售
   C．增强曝光　　　　　　　　D．提高转化

5. （　　）是针对直通车的投放位置而制作的图片。
   A．直通车图　　　　　　　　B．活动横版海报
   C．详情页　　　　　　　　　D．店铺首页

二、多选题

1. 电商活动推广的付费渠道包括（　　）。
   A．钻石展位　　　　　　　　B．直通车
   C．微淘　　　　　　　　　　D．自建抖音号

2. 以下活动中属于平台行业营销活动的是（　　）
   A．"8·18"手机节　　　　　B．"5·17"吃货节
   C．三八"女王节"　　　　　　D．天猫家装节

3. 店铺商家活动的类型包括（　　）。
   A．折扣直降类　　　　　　　B．满减赠送类
   C．价格专享类　　　　　　　D．公益推广类

4. 电商活动海报基本遵循"一主一副一操作"原则，具体要素指的是（　　）。
   A．主标题　　　　　　　　　B．副标题
   C．操作方　　　　　　　　　D．操作引导语
5. 今日头条App信息流广告特点是（　　）
   A．展现形式多样　　　　　　B．售卖方式多样
   C．素材多创意　　　　　　　D．支持第三方监测

三、判断题

1. 活动策划方案的主要作用是为电商活动的具体实施和执行提供指导性意见，因此，在实际执行时必须按照方案的内容，不可以做任何改动。（　　）
2. 电子商务活动策划是一项系统工程，每一个写作环节都决定了方案的整体质量及具体实施的效果。（　　）
3. 电商平台官方活动指南仅是一份参考资料，报名给电商平台"小二"的活动内容及玩法可以不与其保持一致。（　　）
4. 确定活动主题是活动运营的第一步。（　　）
5. 站内推广的目的是引流，所以推广文案写得越夸张，获得的点击量就越大，转化率就越高。（　　）

四、案例分析题

越来越多的国货正在成为中国人购物车里的主角。天猫"6·18"亮出了一份最新成绩单：苹果、美的、耐克、奥克斯、海尔、欧莱雅、兰蔻、阿迪达斯、小米等一众大牌纷纷闯入"亿元俱乐部"，当中超过六成是国货品牌。美的、华为、小米、奥克斯、海尔、荣耀、格力、vivo、OPPO、TCL、苏泊尔、九阳、海信、志高……消费电子行业国货正在全面雄起，在"亿元俱乐部"中占比过半。2019年天猫"6·18"开场首日仅16分钟，消费电子成交量超上年60分钟成交金额。41分钟，美的成交量超上年全天；紧接着，不到2小时，OPPO、荣耀成交量均超上年全天。在服饰美妆领域，也涌现出一大批"亿元俱乐部"玩家。回力、李宁、南极人等老国货品牌，通过和天猫的合作获得新生。以李宁为例，通过天猫大数据发现，潮鞋的目标人群为18～30岁的男性，他们热爱时尚也热爱中国文化，于是推出了Counterflow-溯系列篮球鞋，并赶在"6·18"前开设了"中国李宁"专门面向潮流人群的官方旗舰店。天猫"6·18"一开启，李宁产品也迎来爆发式增长，迅速破亿元。

根据以上案例材料，试以实例分析国货品牌的活动文案是如何在"6·18"等大促活动中发挥重要作用的。

五、实训实战题

（一）实训背景

学生已经对电商活动策划文案的写作框架有一定的理解，通过本次实训活动，可以掌握电商活动策划文案的写作框架，并提升其实践应用能力。

（二）实训任务

2020年天猫"6·18"理想生活狂欢季（简称"天猫6·18"）是天猫年度特殊大型营销活动之一。天猫将携手阿里巴巴集团各业务部门共创新型购物方式，并联合众多品牌一起打造理想生活狂欢季。

请认真查看活动完全指南，根据招商规则，为"小熊电器官方旗舰店"撰写一份活动策划方案，并完成活动海报文案的设计。选择一款产品，确定信息流广告投放平台类型并为其创作信息流广告文案。

（三）实训步骤

第一阶段：活动规则及产品了解。

查阅活动完全指南，了解活动规则。登录"小熊电器官方旗舰店"，对产品形成一定的认知。

第二阶段：活动策划方案写作及物料设计。

（1）小组成员集思广益，完成活动策划方案写作框架。

（2）小组成员分工协作，完成活动海报文案和信息流广告文案的写作。

（3）各小组整合信息，完成实训报告。

第三阶段：课堂路演。

（1）各小组制作方案展示PPT。

（2）以小组为单位逐一汇报展示。

（3）教师对汇报结果进行点评。

05 Chapter

第五章
电子商务内容类文案写作

※【知识目标】
- 了解内容类文案的概念以及写作流程
- 掌握电子商务主要内容类平台的概况以及用户习惯
- 掌握营销软文、"种草"推荐、品牌故事的写作方法

※【能力目标】
- 能够根据内容特点的不同,选择不同的内容类平台
- 能够将产品融入文案,撰写营销软文内容类文案
- 能够提炼出产品的"种草点",撰写"种草"推荐内容类文案
- 能够找准切入点,撰写品牌故事内容类文案

※【素养目标】
- 培育对"中国制造""中国品牌"的自信
- 增强电子商务内容类文案写作的诚信意识和规范意识
- 增强质量意识、安全意识和创新思维,培育集体意识和团队合作精神
- 培养电子商务文案人员的重版权的法治意识

※【思维导图】

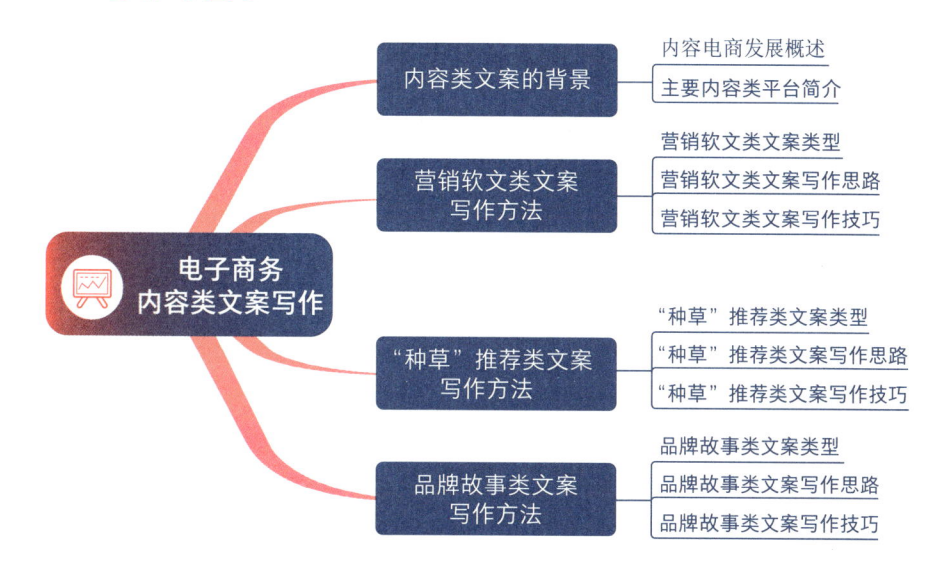

- 电子商务内容类文案写作
  - 内容类文案的背景
    - 内容电商发展概述
    - 主要内容类平台简介
  - 营销软文类文案写作方法
    - 营销软文类文案类型
    - 营销软文类文案写作思路
    - 营销软文类文案写作技巧
  - "种草"推荐类文案写作方法
    - "种草"推荐类文案类型
    - "种草"推荐类文案写作思路
    - "种草"推荐类文案写作技巧
  - 品牌故事类文案写作方法
    - 品牌故事类文案类型
    - 品牌故事类文案写作思路
    - 品牌故事类文案写作技巧

【案例导入】
小红书的"种草"文案

小红书成立的初衷是向海外用户分享购物经验，但随着电子商务和内容电商的快速发展，小红书逐渐拓展了自己的业务，不仅增加了更多与消费者生活相关的各种领域的内容分享，还打造了自己独有的社区电商平台——小红书商城，用户可以在小红书社区中通过文字、图片、视频来分享自己的生活点滴，如服饰搭配、美妆教程、旅游攻略、美食测评等，小红书通过大数据和智能推荐对这些信息进行精准高效的匹配，将其推送到对其感兴趣的用户眼前，以更好地实现从内容到产品的转化，分享者可以通过文案来提高产品的转化率。

以下为家具装修类博主"宅蘑菇"所分享的内容，其小红书推文配图如图5-1所示。

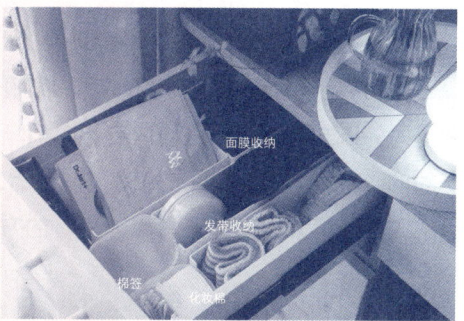

图5-1 "宅蘑菇"小红书推文配图

第五章 电子商务内容类文案写作

梳妆台：这样做收纳，属于自己的精致

我又为梳妆台添置了好物，再次来和大家分享下梳妆台的收纳经验吧！

一、化妆品收纳

我的化妆品和护肤品不多，已经过了会被随便"种草"的年纪，基本都是空一瓶用一瓶。所以一个大抽屉就能装满我的所有化妆品，都是基础款每种1~2件，分小格收纳，收纳小盒子是纳川抽屉收纳盒。没有特别整齐也没有很乱，随手用完就随手放在抽屉里，自己知道大概在什么位置就行。

我家梳妆台是定制家具，我给出了具体尺寸的图纸，和衣柜一起做的。所以你们看到放这些物品的尺寸都是刚刚好。但是我挺后悔，因为定制家具很笨重，墙面还是钉死的，想换漂亮的梳妆台也不行了。因此，定制家具有利有弊，大家可以自己权衡。

二、饰品收纳

我新入了一个饰品收纳盒，其材质是质感很好的进口胡桃木，从精致的拉手到木料手感，再到防滑底衬，细节做工都非常棒。来自大家熟悉的加拿大原创家居品牌Umbra。我家卧室墙上的小叶子装饰也是这个品牌。双层抽屉设计，拿取饰品都非常方便，上层有透明的盖板，在防尘的同时也能看到盒子里的内容。内部小分格可以把各种饰品分门别类地放好，有项链托盘也有耳钉戒指插槽，容量比较大，还能放入迷你小戒指盒。

三、桌面组合抽屉

你们经常问的桌面小房子抽屉收纳，我今天再发一下，这个买回来时其实不是白色，有几个抽屉都是彩色的。我拿白色的纸胶带，自己把抽屉前给贴成白色的了。其品牌是阿楹家饰。

这几个抽屉容量其实挺大，因为我梳妆台抽屉多，所以这里其实没放满，我用来放化妆棉、护肤品小样、发圈之类的零碎物品。

四、护肤品收纳

每天用的护肤品，我用纸盒收纳，不用的时候整盒端放在下面抽屉里就不容易落灰了，非常方便。纸盒本身有盒盖，护肤品瓶子高高低低的，不太好盖，如果买大一号纸盒也是不错的。

卧室的其他部分在我的家居专辑里可以找到哦！

案例启示：通过这个小红书上的案例可以看出，新媒体时代的电子商务文案有着不同的形式与写作方法。内容类文案渐渐变得重要，读者在阅读中无形地接受了产品的"种草"，这样的方式对于消费者来说能容易接受，印象也更加深刻，将产品融入生活场景，通过分享"种草"的方式将产品的点击率转化率提高，是内容类文案所需要重视的。

5.1 内容类文案的背景

近些年，人们在接触自媒体时会发现，不管是粉丝破百万人、千万人的优质账号，还是粉丝寥寥数个的萌新账号，都开始转向内容电商，且文案更加倾向于"种草"的软文特征，通过文章售卖各种商品。如图5-2所示同道大叔、日食记、企鹅吃喝指南等账号的内容类文案。很多时候，品牌将文案投放在自媒体，不再满足于品牌曝光，更希望可以通过文案实现销售转化，达成良好的销售业绩。无论哪种类型的内容类电商文案，最主要目的都是促成交易，内容类文案既要文字优美，又要形成可传播的内容，而不只是介绍产品卖点。内容带货越来越受到商家的重视。因此，写出高流量、高转化率的内容类文案成为产品推广的重要手段。

图5-2 内容电商微信公众号

5.1.1 内容电商发展概述

1. 内容电商的概念

内容电商是指在互联网信息碎片化时代，通过优质的内容传播，进而引发消费者的兴趣并促使其下单的电商形式，其采取的手段通常为公众号文章、UGC内容模式App中的软文，以及直播、短视频、长视频等。简单来说，就如图5-3所示，内容电商以优质内容作为吸引核心目标人群的手段，为他们推荐产品。这里的"内容"所指范围是非常广泛的，比如生活小贴士、购物分享、热点评说、热门话题等。

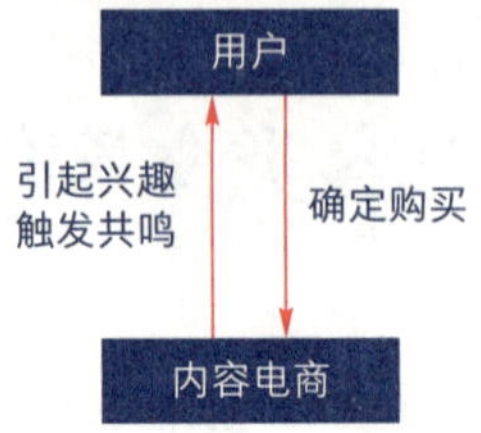

图5-3　内容电商与用户关系

内容电商与传统电商主要有以下区别：

第一，传统电商需要进行激烈的流量竞争，这直接导致了获取新用户的成本较高，且这些新用户未必能产生购买力，用户的转化率较低。而内容电商是靠"内容"吸引用户，只要用户喜欢你创作或分享的内容，就会直接产生购买力。

第二，消费者购买的驱动力不同。传统电商往往采用价格战或各种花式促销方式吸引消费者。而内容电商是因为用户认同内容中体现的价值或对内容创作者的信任而进行购买。

第三，消费者的初始目的不同。消费者打开传统电商平台的目的非常明确，那就是购物。消费者往往会直接根据自己的需求主动搜索相关产品，理性比较产品价格、注重销量排名、查看客户评价。而内容电商的用户只是像逛街一样无目的地浏览平台推送的文章，在阅读文章内容的过程中，受内容影响而产生购物冲动，所以购物偏感性，更易于接受新鲜事物。

随着内容电商的兴起，传统大型电商平台，如淘宝、京东，都开始建立内容电商的入口。以淘宝为例，从移动端首页就可进入淘宝头条，根据用户喜好向用户推送产品内容资讯。

2. 内容电商发展现状与趋势

内容电商的成功案例有很多，如"罗辑思维""一条""鲸鱼好物""吴晓波频道"等，这些在内容电商上取得一定成就的案例，都是离不开优质的内容和具有特色的商品。以"黎贝卡的异想世界"为例，2017年12月19日，其在公众号推出同名品牌，在小程序"黎贝卡Official"开卖。黎贝卡在朋友圈的数据显示，同名品牌的9个单品两分钟内卖出了1 000件；7分钟交易额突破100万元。

内容电商是迎合现在消费场景升级、消费心理升级的大环境下，内容与电商各自强需求的必然产物，其需要人为创造沉浸式、冲动式、隔离式、单独评估的消费场景。它更多的是以用户为导向制定个性化产品或宣传产品的个性化。从商家角度来看，要从"以产品为导向定位用户"逐步转变为"以消费者为核心"，以内容为起点与消费者直接接触，进行销售。

内容电商营销模式会是未来电子商务企业所追求的必然趋势，从发展现状来看，一部分企业已经抓住了这个趋势，收益颇丰。在未来，提升内容质量、普及正能量，将会是内容电商的一大亮点。

【素养园地】

内容电商引领公益助农

2019年春节前夕,湖南、湘西椪柑丰收。由于多种原因,部分地区如保靖县有大量椪柑滞销。企鹅号扶贫项目组团队得知情况后,第一时间联系保靖县相关部门和京东扶贫馆,随后通过内容定制和定向推送,协调了多家电商平台进行支持。在内容推送和电商渠道的双重影响下,仅两天内就有上万名网友购买了近10万斤椪柑,销售额达28万多元,解了当地农户的燃眉之急。

企鹅号是互联网内容创作平台,可以把创作者生产的内容通过微信、QQ、腾讯视频等九大平台进行分发。这次帮助销售滞留农产品,依靠的就是企鹅号"一点接入、全平台分发"的能力。正是看到这个能力在扶贫助农中的作用,2018年5月,企鹅号联合京东众筹电商平台启动了"特产中国"扶贫项目,希望通过镜头与文字的记录,用众筹完成购买转化,帮助农产品走出深山,形成直接收益。

腾讯企鹅号内容总监陈鹏介绍说:"我们四处探访,严格把关,在十个月的时间内,联合上线了近百个农特产品。贵州红糖、石门柑橘、竹溪月饼、阳高水蜜杏、湖南薛家村茶叶……这些特产的背后,是贫困户乃至贫困县的需求。我们通过上百篇原创内容,为他们带来近800万元的资金转化,像京东十堰扶贫馆的竹溪县月饼,月销售额就达200万元。"

这种互联网扶贫新模式正进一步拓展。企鹅号团队和湖北省有关部门进行合作,帮助当地贫困村和贫困户解决农产品销路、品牌问题。目前上线了红薯粉、柑橘、香菇等8期产品,成交额超过30万元。

5.1.2 主要内容类平台简介

1. 电商内容化平台

电商内容化是现在电商平台发展的趋势,随着电商用户越来越多,电商成为人们购物的第一选择,电商平台也越来越发展成熟,它们的功能渐渐发生了扩展,尤其是现在很多年轻人并不是只有在需要买东西的时候才逛电商平台,而是闲来无事就喜欢逛一逛,去发现自己心仪的物品。因此,电商平台为了迎合这种趋势,成为内容生产方,以生产大量用户感兴趣的内容来导流并引发消费行为。

(1)淘宝内容平台。截至目前,淘宝应该是第一个真正意义上实现"内容即商品"的平台,淘宝内容通过阿里亿级流量精准分发、连接阿里全系100多个内容消费频道、充分挖掘了内容能量。淘宝内容营销的形式以及对应渠道如下:

① 淘宝直播:淘宝直播、客服直播。在淘宝上,直播出现之后就给消费者们

提供了一个相对专业的导购，这样能够实时地为买家们解决相关的疑惑点，并且达人、卖家和客服都能进行直播，这样就能够帮助商家进行多方位引流，专业性的主播还能够引入更加精准的流量，这样就能够促成转化。另外，还能够提升顾客的黏性，帮助店铺积累更多的老顾客。

② 短视频：哇哦视频、微淘、有好货、必买清单、详情页。短视频是淘宝内容营销的重要形式，也是其重点发展的一种形式，因为优质的短视频能够快速被抓取和展示，并且能够让买家更加具体地了解商品，这样就能够提高商品的场景化营销效果，让消费者的代入感更强，其消费欲望也会随之增加。

③ 图文：微淘、有好货、淘宝头条、必买清单等。图文虽然是一种比较传统的内容营销方式，但是也最能够简单直观地展现出各种产品，而且图文结合的方式就能够更好地帮助买家了解产品，进而使其产生购买的欲望。

（2）京东内容平台。图文、短视频、直播、AR/VR等，是京东站内主要的内容形态。具体的形式大致可分为资讯类、榜单类、导购类、单品类、视频类等，商家可根据各自的需求选择合适的形式来进行内容营销。

京东的内容渠道主要由公域渠道与私域渠道两大部分组成。其中，公域渠道主要有发现好货、会买专辑、京东快报、排行榜、京东视频、京东直播等；而私域渠道则以发现页面为核心。

① 京东快报：京东首页的核心频道，专业化的内容导购。该频道定位于通过展现以生活消费为主的内容资讯来提升品牌的曝光度，从而长期影响用户的购买行为。

② 发现好货：京东首页的核心频道，精品内容导购。该频道专注于高品质、调性的长尾单品，面向于追求生活品质的中高端消费者，带他们发现、挖掘品质好物。

③ 会买专辑：京东首页的核心频道，强导购渠道。主要针对细分场景和人群，通过主题式的商品集合推荐，为用户提供强指导性的购物攻略，有效降低用户筛选成本，引导购物。

④ 排行榜：京东首页核心频道，属于"榜单"导购。该频道结合权威算法逻辑，根据用户的类目偏好，为用户推荐数字榜单和内容榜单，比如热卖榜、好物榜等，解决用户决策困难的痛点。

（3）蘑菇街。蘑菇街从电商导购平台起步，借助社交场景顺势而为，后转型尝试构建以商品售卖为主的自持电商卖场，到如今发展成为服务于年轻时尚女性的内容化电商平台。LOOK是蘑菇街的核心内容输出渠道之一，致力于解决用户穿衣搭配的烦扰，用专业化运营内容生产机制为用户提供资讯浏览的渠道。

蘑菇街的LOOK主要以确保平台内容的质量为主，兼顾效果，后期依据数据监控结果逐步调整开放相应的产品内容和能力，以LOOK形式为大众用户营造可"逛"的内容社区，读者的阅读目的性不强，像逛商场一样浏览内容，点击感兴趣的标题，可以在浏览行为中进行内容互动或发表LOOK。

2. 内容电商化平台

内容电商化以小红书、今日头条为代表，这些原本以交流分享、内容输出的平台在积累了大量的内容与阅读者后嵌入电商交易功能，让读者可以在阅读内容过程直接进行购买，形成一体化平台。

（1）小红书。小红书是基于UGC的生活分享社区和跨境电商平台，随着社区发展成熟，用户对社区中讨论的商品产生购买欲望，小红书上线电商平台"福利社"，从社区升级电商，完成商业闭环。小红书内容主要由三方面构成：一是用户原创内容，这是小红书主要的内容来源；二是专业生产内容，这些大都是垂直类专业知识的分享；三是专业用户生产内容。

小红书的目标消费群体是"85后""90后""00后"，这是一个充满个性，讲究质量的消费群体，微信、微博等社交媒体都是该群体的主要交流媒介和交流工具。他们更容易接受新型的事物，也更喜欢在网上浏览别人生活中分享的点滴。

读者在看到别人推荐的产品后，乐于在社区内进行互动交流，询问价格、地点、使用体验等具体的产品信息，与作者形成互动。发布笔记的用户也能根据提问进行回复等操作，双方或多方之间建立起交互沟通，有利于详细了解产品的相关信息。

（2）今日头条。2018年，今日头条将自己的标语从"你关心的，才是头条"改为"信息创造价值"，今日头条从单纯的一款互联网产品转变为一个具有价值感的内容平台。正是这一系列的变化，才奠定了今日头条转型内容电商的基础。

2014年7月，今日头条推出今日特卖，通过信息流的方式推荐给用户，点击后跳转至京东、天猫、苏宁精选、唯品会、1号店等。

2016年9月，今日头条与京东展开合作，推出"京条计划"。

2017年9月，今日头条上线放心购；同年4月，放心购进一步分拆为"放心购3.0"和"放心购鲁班"两条产品线。

2018年9月，今日头条悄悄地上线了一款名字为"值点"的独立电商App，并在今日头条设置流量入口。值点所属公司为字节跳动全资子公司，目前为自营模式电商平台，面向中低端用户。

2019年5月，今日头条小店上线，头条号的创作者可以开通头条小店，上架自己的商品，通过电商变现，今日头条扣除卖家一定的平台点数。

最终，今日头条还是选择了做跟自己本职相关的内容电商，通过平台打造的让创作者能够实现内容变现的生态闭环来巩固流量，从而产出高质量的内容，再进行转化。

（3）自媒体——黎贝卡的异想世界。2014年，时任《南方都市报》首席记者黎贝卡，离开传统媒体，转行做起了自媒体，创立了自己的公众号"黎贝卡的异想世界"，以图文形式分享穿搭资讯、时尚心得与生活态度。乘着新媒体兴起的东风，再加上极具亲和力与感染力的个人风格，黎贝卡迅速发展成为时尚领域的头部意见领袖（Key Opinion Leader，KOL）之一。

随着个人影响力不断扩大，黎贝卡也逐渐成为诸多国际大牌挑选的合作对象，从时尚博主迈入名人之列。势能堆叠、商业价值攀升，又令"黎贝卡的异想世界"这个原本隐藏于单一公众号背后的个人化形象，有了更加多元的IP化价值。

2017年，抱着试试看"所见即可买"，做更直接的内容电商的账号，也希望扎根"种草"这个垂直类领域，"每天只种一棵草"应运而生。一年后，偏向于自我成长、生活方式品类的"生活"号——异想生活笔记、分享关于包袋的"包包"号——你的包真好看，以及关于女性小白理财知识分享的"理财"号——邓姐姐的美好生活提案，相继诞生。除此之外，黎贝卡还创立了两个自己的服饰品牌，以及1个买手平台。这个以"黎贝卡IP"为核心的自媒体矩阵不断升级，几乎涵盖了女性生活消费方式的方方面面。

5.2 营销软文类文案写作方法

5.2.1 营销软文类文案类型

软文是指通过特定的概念诉求，以摆事实讲道理的方式使消费者走进企业设定的"思维圈"，以强有力的针对性心理攻击迅速实现产品销售和品牌营销的文字模式。与硬广告相比，软文的精妙之处就在于一个"软"字，利用文字的表现形式来伪装自己，让用户在不受强制广告的宣传下，实现文章内容与广告的完美结合，巧妙地与受众建立信任并与之产生共鸣，从而达到广告宣传效果。

按照不同的推广主体与投放渠道，软文可以划分为不同的类型。按照推广主体的不同，软文可以划分为品牌推广软文、产品推广软文与活动推广软文三类；按照投放渠道的不同，则可以划分为新闻资讯类软文、自媒体类软文、问答类软文、个人社交平台类软文与社群类软文五类。

1. 按照不同的推广主体分类

（1）品牌推广软文。品牌推广软文是指企业为建设品牌形象、积累品牌知名度、沉淀品牌资产而撰写的软文。常见的有品牌故事软文，通过讲故事的形式把品牌发展的历史脉络、品牌内涵、价值及特点向读者娓娓道来，并潜移默化地让读者对品牌产生印象或好感。例如，《探访中国力量|自然堂：做时间的朋友》一文，讲述了国货品牌——自然堂的发展路径，并以对自然深切的谦恭之心为角度

介绍了自然堂通过商业上的成功带动喜马拉雅的生态保护,将"探索自然的相处方式"贯穿于整个品牌的发展历程。这类软文的写作方法与品牌故事的创作保持一致。

【文案赏析】

知乎品牌推广软文

在2020年高考后,知乎通过全网平台发布了一个态度短片,献给即将填报志愿和面对选择的人。其简短的文案以"答案"为主线,以"去选择,去行动"为号召点,使正面的品牌形象跃然纸上。

答了无数道题
从这一次开始
选择
不再有标准答案

选择"说出来"
选择"不被代表"
选择"不同"
"其实没有什么不同"
选择"不相信成功拥有唯一标准"
选择"站出来"

与这个不确定的世界对抗
选择去搏那万分之一的可能
好在此刻你经历的也有人经历过
去借前人的火把探路
也可以自成一首不同的光束

人生海海,本就各有解答
风不会只吹往同一个方向
如果缺少一点运气
那就加上一些勇气

去选择,去行动
去发现更大的世界
成为一种、两种甚至所有可能

视频:
知乎《答案》
态度短片

即便我们终极其一生都没能成为巨浪

也能各自奔涌、自成流向

人生海海，各有解答

当你选择，就是答案

填下你的志，实现你的愿

从这一次，到每一次

有问题，上知乎

此外，当企业品牌遭遇危机的时候，可用软文进行危机公关，以快速缓解事态恶化、消除危机事件带来的负面影响。众所周知的海底捞深陷"勾兑门"事件如图5-4所示，海底捞官网及官方微博发出《关于媒体报道事件的说明》。该声明语气诚恳，在感谢媒体监督的同时对勾兑问题进行客观澄清。海底捞掌门人张勇发布的微博软文更是态度诚恳，人情味十足，运用仅有的140字化解了此次事件大部分的危机。

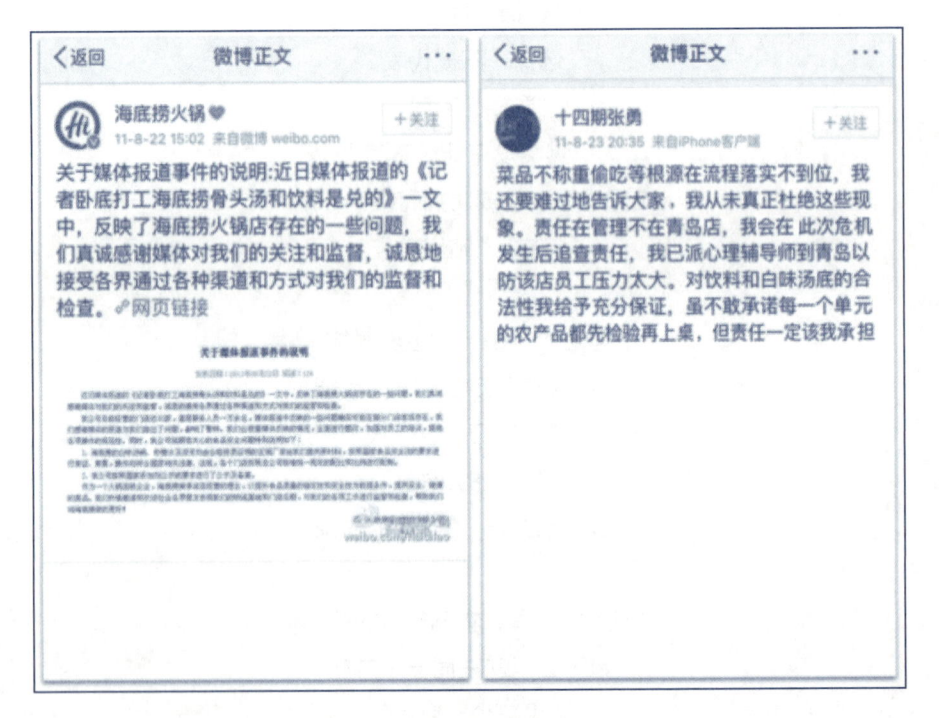

图5-4 海底捞危机公关文案

（2）产品推广软文。产品推广软文是指为企业推广新品或促进热销单品的销售而撰写的软文。产品推广软文一般从产品的不同方向选材，从产品成长进程、产品里程碑、产品亮点分析等方面进行写作，将产品卖点与有价值的内容进行融合，让读者有兴趣获取产品信息。

如软文《过个端午节，他竟然吃掉1 276个粽子！》就是以端午节吃粽子、赛龙舟、挂香囊开始，讲述乾隆皇帝就曾在端午节吃粽子的故事，笔锋一转"虽然吃粽子数量上我们赢不过乾隆爷，但是我们仍然可以从味道、口感、选料上实现弯道超车"，进而描述自己产品的优势，让读者了解五芳斋粽子的特点，并在软文结尾处给出优惠活动促进下单。如图5-5所示，五芳斋用简单的场景和文案传达绿豆糕的卖点，展现出一块小小的绿豆糕带给人们的小确幸。

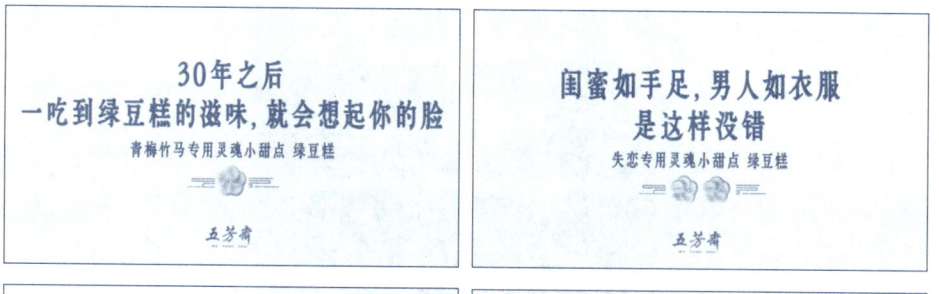

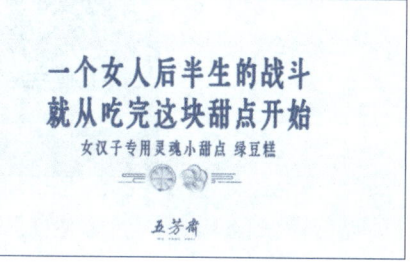

图5-5　五芳斋"绿豆糕"产品推广文案

【协作创新】

分小组讨论，如果让你为一款手机创作一篇软文，你会从哪些角度去写？例如：重点写手机各项功能、重点宣传手机代言人、从手机的技术创新上写。为什么呢？

（3）活动推广软文。活动推广软文是指企业为推广其线上或线下活动、刺激读者参与而撰写的软文。如图5-6所示，知名电商平台唯品会借助热播剧《欢乐颂2》的资源，专门推出符合剧中"五美"穿衣风格的"五美馆"，以促进不同风格服饰的销售；并邀请微信大号为此活动撰写了一篇题为《人生最痛苦的是怎么选都是错的》的微信公众号软文，讲述多个关于选择的故事，最后在文末引出活动广告内容。

图5-6　唯品会活动海报

2. 按照不同的投放渠道分类

（1）新闻资讯类软文。在互联网还未兴起时，软文的投放渠道以报纸、杂志为主，其内容与报纸、杂志定位相符，主要以新闻报道、人物访谈的形式不显山露水地植入广告。如今，随着移动互联网的迅猛发展，各种新闻资讯类平台的兴起，如网易、搜狐、新浪、腾讯、今日头条、一点资讯等，软文内容虽没有变化，但其投放渠道更多，覆盖面更广，且软文内容多以新闻资讯的形式出现。

【文案赏析】

风吹麦浪迎丰收，10亿元餐桌再补贴

自2018年国家将每年的"秋分"设为"中国农民丰收节"以来，这个节日还承担着一个重要的任务，就是给农民打通流通的通道，让农产品上行和销售畅行无碍。

作为"中国农民丰收节"金秋消费季的战略合作平台，阿里巴巴一直通过强大的供应链和售卖力助力农民实现丰收。

在帮忙农产品销售上，阿里巴巴一直不遗余力：过去三年来，阿里巴巴平台上农产品交易额已经超过了5 400亿元，其中光是上年的农产品交易额就达到2 000

亿元，一批原产地农产品在阿里巴巴的电商平台找到了自己的"主场优势"，销售额不断上涨。

而作为淘系服务用户的重要一环，聚划算百亿补贴致力于把最优质的农产品带到全国各地的餐桌上的初心一直没有改变，其"中国农民丰收节"海报如图5-7所示。

图5-7 聚划算"中国农民丰收节"海报

这次"中国农民丰收节"期间，除了对粮油米面进行真金白银的补贴之外，聚划算还和中国非遗剪纸"蔚县剪纸"传承人合作，通过绘制中国丰收地图，共庆中国丰收，支持中国非遗文化的发展（见图5-8）。

图5-8 聚划算与"蔚县剪纸"非遗传承人合作

事实上，聚划算百亿补贴一直致力于把最优质的农产品带到全国各地的餐桌上：2020年2月，因疫情影响，明水县玉米一度滞销，这时候，聚划算百亿元补贴与明水县政府达成合作，协助该县销售玉米260吨，后来聚划算再次加大对粮油米面的现金补贴，为农民的农产品打开销路的同时，也给消费者带来更好的购物体验。

（2）自媒体类软文。自媒体类软文是指关键意见领袖或企业的微信公众号、微博头条等自媒体账号发布的软文。知识性、趣味性及分享性是自媒体类软文最大的特点，但此类软文的写作风格又会因账号类型的不同而有所不同。同一品牌如需在不同的自媒体上发布软文，则需根据具体的自媒体账号类型发布不同主题的软文。例如，以爱国情怀为主调的账号，投放的软文则尽可能围绕"弘扬爱国情怀和民族精神"的主题展开；而投放在女性情感类账号的软文，则以情感故事等内容呈现。

例如，"末那大叔"微信公众号是500万名独立女性的聚集地，其营销软文主要围绕女性话题来展开，一篇名为《什么样的人生才算是乘风破浪？》的微信推文，以"成就女人的从来不是年龄，而是那颗不服老的心"为开头，用某女明星过生日悄悄上了微博热搜作为引子，解释了为什么她会在43岁生日这天成为网友讨论的热点，进而自然过渡到一个女人的气质可以从脸上看出。接下来文章即从女性关注的肌肤状态问题出发，顺理成章地普及正确的清洁和护肤步骤，最后引出本文推广的产品。

（3）问答类软文。问答类软文是指以百度知道、悟空问答、知乎问答等平台为依托，以设置问题并回答问题的形式进行创作的软文。问答类软文要求撰写者要设身处地站在搜索答案的读者的角度思考问题，设想读者的需求及可能会提出的问题，通过设置并回答读者想要解答的问题并植入广告的方式来达成软文营销的目的。例如，问题："如何看待××品牌新推出的××产品？"点击进入，便可查看关于该品牌产品的相关介绍和评价。

问答类软文主要的需求切入点有以下四类：

① 寻求产品类：回答时先将原理（或知识）普及再推荐产品，让用户感觉回答很专业。

② 问价格类：回答时重点关注产品品质，弱化价格，让客户感觉物超所值。

③ 与其他产品对比类：回答时突出自身产品优势，多以数据和实例说话，勿要诋毁其他产品。

④ 询问口碑类：回答时以第三方实际客户的口吻阐述问题。

（4）个人社交平台类软文。个人社交类平台软文是指通过微信朋友圈、微博、QQ空间等个人社交类平台发布的软文。由于个人社交类平台具备用户体量大、交流便捷、互动性强等特点，因此越来越多的企业将个人社交类平台列为软文推广和信息发布的重要渠道。该渠道发布的精简个性化软文更容易获得受众的青睐和信任，促使用户主动分享传播。例如，一些通过微信朋友圈创业的宝妈们，偶尔可以发一些零售的截图，同时配上文案："感谢微信让我认识来自五湖四海的朋友，他们如此信任我，让我坚信，其实互联网的信任是成交的重要基础，谢谢宝妈们的支持！"

（5）社群类软文。社群类软文是指以社群（如微信群、QQ群）为依托，通过在社群中与群友交流互动或分享的过程中出其不意地植入广告,最终实现软文营销的目标。

① 学习成长类社群。学习成长类社群是指基于某一种或多种学习和成长的目的而建立的社群。学习成长类社群主要分为知识类社群和成长类社群。知识类社群主要以学习知识为出发点,如霸王课、秋叶PPT、职场充电宝、选择自己等学习类社群,群成员均为了学习某一主题课程而加入社群,社群软文可由与营销产品主题相符的课程的主讲老师进行推荐。例如,课程的内容是讲解工作型PPT的制作要点和技巧,则可在课程结束之后分享PPT系列课程的软文进行推广。而基于对创始人或群主的强烈认同感或被其人格魅力吸引而形成的知识类社群,如罗辑思维、吴晓波频道社群、知识IP大本营等,社群类软文则可直接由意见领袖或群主发出,但发出时应与当前群聊主题相统一。

② 特定标签类社群。特定标签类社群是指基于兴趣爱好、行业交流、同城交友、社群团体等特定标签而建立的社群,如摄影爱好者社群、营销广告交流群、同城驴友群、小区业主群、母婴育儿群等。此类社群一般采用两种方式进行社群软文营销。一种是多个群员配合推荐的方式,从而达到广告带出,实现销售转化的效果。例如,要在母婴育儿群中销售某品牌的纸尿裤和小儿护臀膏,常见的方法是由一个宝妈群员在群内发问:"宝宝得了红屁股,有什么办法解决吗?"另一个宝妈群员则配合回复:"我家孩子之前也得了红屁股,换了某品牌的纸尿裤后,这种症状明显改善了。我还同时给孩子涂了某品牌的小儿护臀霜,红屁股就消失了。"随即抛出购买链接。另一种方式是在社群中分享与社群调性相符的主题内容,并在分享结束后推荐产品或服务。

【协作创新】

分小组协作,按照五种不同渠道的软文类型分别找出对应的软文,并探讨不同渠道软文的写作方法有什么差异?

5.2.2 营销软文类文案写作思路

一篇好的营销软文,最关键的还是要让读者点进来、看下去和买起来。为了创作出一篇好的营销软文,可以用一个通用的写作框架(见图5-9),分别从软文标题和正文撰写的角度详细讲解营销软文的写作方法,让客户从最初的吸引注意、有代入感到产生信任并购买。

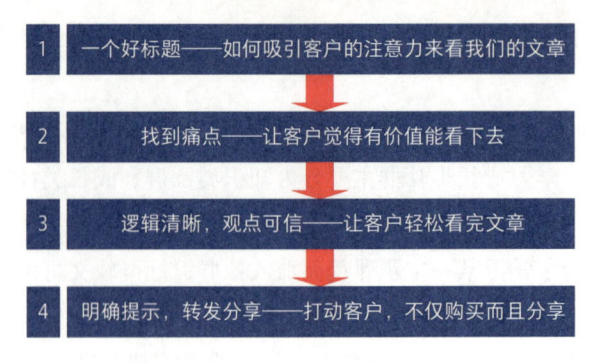

1	一个好标题——如何吸引客户的注意力来看我们的文章
2	找到痛点——让客户觉得有价值能看下去
3	逻辑清晰，观点可信——让客户轻松看完文章
4	明确提示，转发分享——打动客户，不仅购买而且分享

图5-9 营销软文的写作框架

1. 以行业趋势为切入点，提高产品地位

在电商软文中，以行业趋势为切入点是一个不错的写作思路。通过行业趋势突出产品自身的优势，实际上就是在借势，借助行业的发展趋势来推广自身的产品。

例如，天下网商公众号发布的一篇推文《'双11'前淘宝首页改版升级，带来哪些新机会？》，先以电商行业发展现状出发，说明淘宝App此轮升级是顺应年轻人的消费趋势，一方面通过个性化推荐、内容化展示，提供沉浸式购物体验；另一方面也是为商家提供更多曝光机会、形式，以及更多运营工具。接着，"喵喵机"创始人出现在文章中，他表示手淘改版之后，"微详情页"的"同款"支持更多新品牌，像他们这样处于上升期的新锐品牌，将能拥有更多曝光机会。"喵喵机"是天猫平台上错题打印机品类的首选品牌，但在打印机大类中，多是有着多年品牌沉淀的国际大品牌，市场份额很高，过去喵喵机要获得这样的流量支持并不容易。

通过行业趋势为切入点进行软文中写作有诸多好处，不仅能吸引消费者的关注，还能在行业内形成口碑并产生一定的影响；既能提高企业或产品在市场上的地位，又能引起行业的注意，打响名气。通过对行业前景的预测，能够让读者明确了解企业在行业中的地位，从而提升企业品牌的形象。

2. 从消费者生活出发，抓住真实需求

从消费者生活出发，就是指在软文中要利用客观事实，巧妙地突出产品功效。以消费者的真实生活为切入点，一是可以吸引消费者的注意力，联想应用场景；二是缓解消费者的痛点，提升消费者对产品的依赖感。

比如《未来3年，拥有这种能力的人，最有机会年赚100万元》一文，最终的购买理由是：掌握这个技能，就能赚到钱。根据这个赚钱需求，文章中埋下了很多关于赚钱的痛点，比如："即使在北上广深，达到年薪50万元收入，也大都需要5～10年。""微信公众号小编超千万人，为什么偏偏你逆袭了？为什么偏偏你赚到钱了？因为掌握写作能力，我在半年内，从打杂小编被提拔为新媒体运营经理。"这些都是关于读者的痛点，这些痛点都能起到助力的作用。

从消费者生活出发，也可以称之为换位思考。软文写作人员要先站在消费者的角度，从消费者的生活出发，通过把自身定义为消费者的方式挖掘用户潜在的真实

需求。该种表现形式下的内容不会给消费者造成过于突兀的感觉，从而使消费者更加容易接受。

3. 隐藏连载故事线索，引发读者兴趣

电商软文可以像品牌故事一样写吗？难道要把营销软文写成连载小说？并不是这样，写连载故事的目的是在每天的文章中留下伏笔，设定悬念，为下一篇软文做好铺垫。长此以往，写出的软文就像连载故事，为读者预留出充足的想象空间和期待感。

例如，小熊电器在其官方服务号发布的《一起探寻奇妙小食光》，文中邀请小熊电器品牌代言人在第一站远古森林的时光和第二站未来火星的时光出现，每一次都埋下了下一次出现的伏笔，并号召粉丝在下一站一起解锁它们的美味。

4. 用幽默语句突显产品，给顾客一个理由

消费者购买企业的产品是需要理由的，因此，在软文中就要以一种幽默的风格突出产品特点，吸引消费者下单购买。当然，不同特点的产品可能需要不同的文风，这里的幽默只是起到一个抛砖引玉的作用。

需要注意的是，在撰写的过程中，可以适度对产品进行夸张，但一定不要夸大，不要造成虚假宣传的现象。否则不但会影响销售，更会引发适得其反的效果。

5.2.3 营销软文类文案写作技巧

1. 软文标题拟定

一篇软文质量如何，首先就是看标题，标题有没有吸引力，能不能抓住读者的眼球至关重要，特别是网络上的软文，标题没有吸引力就没有点击率。因此，从营销软文写作来看，文案标题怎么写是最重要的一个环节。

【素养园地】

把握道德底线，拒做标题党

近年来，随着新媒体的发展，媒体间的竞争日渐加剧，特别是一些商业网站、营销软文、自媒体为了吸引受众的眼球，争强"第一看点"，追求"爆炸效应"，置新闻内容的基本事实于不顾，为达到增加点击量的目的，在新闻标题上挖空心思，出现了一些耸人听闻或者媚俗、低俗、庸俗的"标题党"。在激烈的新媒体竞争中，"标题党"吸引眼球固然可以，但不能不讲道德底线，更不能一味为了追求点击率而造成对公众利益和社会利益的损害。

在首都互联网协会新闻评议专业委员会第十一次会议上，北京市网信办管理处梳理了北京属地主要商业网站存在的六个"标题党"乱象："正题歪做，违反正确导向""侮辱调侃，突破道德底线""无中生有，违背真实原则""断章取义，歪曲炒作报道""夸大事实，引发社会恐慌""格调低俗，败坏社会风俗"。

　　文案工作者需要有底线意识，这个底线就是不违反国家法律法规政策和道德伦理。

　　（1）以"秘密"迷人。好标题的第一种类型便是私密性标题。这种类型的标题容易让读者产生一种得到重视的感觉，因而较容易获得读者的好感，拉近与读者之间的距离。因为当读者看到这类标题时，会觉得这是内容创作者专门为自己打造的内容。在这种心理作用的驱动下，读者自然会点击查看详细内容。

　　例如："小伙伴都不知道，我只告诉你"这样的标题，就属于私密性标题。当读者在浩如烟海的信息中看见这条标题时，心里肯定会想："这位内容创作者究竟要表达什么意思呢？到底是什么神秘的事情呢？我得点开看看。"于是，商家的目的就达到了。值得一提的是，虽然标题的类型属于私密性标题，但它的内容依然是面向广大读者的。私密性标题是为了吸引读者的注意力，让读者进一步查看内容。因而，文案写作者在创作内容的时候，不要受到标题的影响，应该朝着引导读者的方向进行。

　　（2）以"权威"服人。权威性标题是能吸引用户注意力的第二类标题。互联网的发展为信息传播提供了更多的传播渠道，也为用户提供了更多寻找信息的途径。在信息传播渠道与寻找信息的用户增多的同时，也让虚假性信息找到了可乘之机。所以，尽管目前的信息非常丰富，但信息的可信度却让人感到担忧。因此，在这种情况下，权威性信息以及标题也就具有了极大的吸引力。

　　诸如《听马化腾亲口说，什么是移动互联网》这样的标题能显示内容的权威性。马化腾本就是一个非常著名的企业家，而且也是最早进入移动互联网行业的人，因此他亲口说的内容肯定是干货，是具有指导意义的内容。事实上，某些行业内非常著名的人物，已经成为其他用户的楷模。用户在搜索信息时，直接就会用这些人的名字作为关键词。基于这种情况，文案中用这些行业内名人的名字作为标题时，还能大大提高自己的内容被用搜索到的可能性。

　　（3）以"疑惑"引人。故意在标题中设置疑问，也是吸引用户的一大方法。这同样是对用户的好奇心的利用，这种类型的标题也叫作疑问性标题。由于在标题中提出了疑问，所以用户看到这样的标题后，就会产生寻找问题答案的念头。显然，用户首选寻找答案的方式肯定是点开标题，阅读文章。毕竟这两者之间具有非常直接的强相关关系。为了保证标题的效果，在设置标题时，可以适当地添加一些幽默色彩。这样可以提高标题的趣味性，从而对用户产生更强的吸引力。

　　例如："你这个样子，能找到对象吗？"就是一个典型的疑问性标题。很多用户看到这个标题后，肯定会忍不住想要点开看看其中的内容。在设置疑问性标题时，一方面要注意对用户的定位和把握，另一方面要结合当下的时代趋势和社会热点。因为并非所有的疑问性标题都能吸引用户的注意力。把握目标用户的需求，是设置符合用户审美以及需求的标题的前提。对未来趋势以及当下热点的把握，能为标题设置提供有力的内容支撑。

（4）以"情绪"动人。在营销心理学中，有一个非常重要的原则，那就是情绪调动原则。优秀的销售员非常善于调动情绪，促成用户的购买行为。其实，对于内容电商来说，也是如此。当商家设置了一个具有情绪调动效应的标题时，用户的情绪就会被调动起来，从而点击查看具体内容。

通常情况下，能起到情结调动效果的做法有两种。第一种做法是将目标受众与低层次群体相比。例如《"00后"都出来创业了，再不开公司就晚了》，利用的就是这种做法。这则标题下面的内容肯定是针对"00后"之前的用户生产的。可能是"90后"，也可能是"80后"。当"90后""80后"用户看到这则标题后，情绪也就被调动起来了。

第二种做法是针对产品而言的，是将产品与同级别其他产品相比，并突出其优势。这种做法在销售中更为常见。很多销售员在推销产品时会说："我的这款产品是同类产品的所有功能之和，而价格则是它们的一半。现在是推广期间，所以价格具有优势，过一段时间就没有这么便宜的价格了。您要是不买下它，您一定会后悔的。"于是，用户的情绪也就被调动起来了，往往会做出购买行动。

（5）以"利益"诱人。趋利心理同样是人们普遍存在的心理，消费者也极易在利益的驱动下产生种种行动。于是，这也为文案写作者提供了又一种标题创作的方法，即利益诱惑法。也就是说，在标题中摆出具有利益诱惑的词汇或事实，引导用户去点击查看内容。如果文案给出的词汇或事实确实具有利益诱惑性，那么就能够起到吸引用户注意力的效果。

例如："只需三个月，百万元年薪就到手"这一标题抓住了读者希望得到高收入的心理，百万元的年薪，这显然是一个非常高的薪资水平，这则标题具有极强的利益诱惑性。

另外，使用利益诱导法时，要正面地使用。在设置标题的过程中，要遵守相关法律法规的规定，弘扬积极、健康、正面、充满正能量的内容是主旋律。

（6）以"热点"感人。热点事件本身就具有一定的影响力。正是因为在当下能引起人们的思考和关注，才使它成为热点事件。因此，使用这种词汇的场合自然能收到较好的效果。在文案标题中使用热点内容，也是一个非常不错的做法。

为了保证对热点事件有一个较好的把握，文案写作者需要经常关注新闻，了解热点。当然，并不是所有的热点都可以作为标题的内容。积极的、具有正能量的同时与宣传内容相关度高的热点事件和词汇，才可以用作文案的标题。要知道，设置好标题是为了让用户查看阅读后面的正文内容，而不是仅仅让用户的注意力停留在标题本身上。

【协作创新】

以小组为单位,翻阅微信公众号或头条号,找到符合上面六种方法的标题进行分享。

2. 软文正文撰写

"凤头猪肚豹尾"出自元代陶宗仪的《南村辍耕录》,这六个字也被称作"六字法",是一种对诗文创作的开头、主体以及结尾的比喻说法。营销软文也是如此,"起要美丽,中要浩荡,结要响亮"。

【素养园地】

内容类文案创作,要防范侵权风险

1. 侵犯著作权风险

著作权又称为版权,是指作者对其创作的文学、艺术和科学技术作品所享有的专有权力。在软文的写作中,要注意以下四种构成侵犯著作权罪的行为:

第一,未经著作权人许可,复制发行其文字作品、音乐、电影、电视、录像作品、计算机软件及其他作品的行为。

第二,出版他人享有专有出版权图书的行为,或者把作品编辑加工后,经过复制向公众发行的行为。

第三,未经录音录像制作者许可,复制发行其制作的录音录像的行为,这是一种侵犯录音录像制作者著作邻接权的行为。

第四,制作、出售假冒他人署名的美术作品的行为,这是一种借他人之名非法牟利的行为。

2. 侵犯肖像权风险

肖像权是自然人所享有的以自己的肖像上所体现的人格利益为内容的一种人格权。肖像权包括公民有权拥有自己的肖像,拥有对肖像的制作专有权和使用专有权,公民有权禁止他人非法使用自己的肖像权或对肖像权进行损害、玷污。

《中华人民共和国民法典》第四编第四章第一千零一十九条规定:"未经肖像权人同意,肖像作品权利人不得以发表、复制、发行、出租、展览等方式使用或者公开肖像权人的肖像。"由此可见,构成侵犯公民肖像权的行为通常应具备两个要件:一是未经肖像权人同意;二是使用或者公开。侵犯了他人的肖像权即使用者在主观上希望通过对他人肖像的使用获得经济利益。但是,所谓的"营利"并不需要有营利的事实,只要有营利的主观意图,有客观营利的行为,无论行为人是否实现营利目的,都构成侵权。

3. 侵犯名誉权风险

名誉权是指人们依法享有的对自己所获得的客观社会评价、排除他人侵害的权

利。名誉权主要表现为名誉利益支配权和名誉维护权。《中华人民共和国民法典》第一千零二十四条明确规定:"任何组织或者个人不得以侮辱、诽谤等方式侵害他人的名誉权。"

在软文营销过程中,常见的对法人名誉的侵害主要表现为诽谤和散布有损法人名誉的虚假消息,通过制造谣言以达到吸引广大网民关注的目的。如虚构某种事实,诬陷某企业的产品质量低劣,企图用不正当的竞争手段搞垮对方等,这些都是侵害法人名誉权的侵权行为。

(1)"凤头"——精彩开头,奠定文案成功的基础。文案开头是文案的第一段,它不仅是为了吸引读者继续阅读第二段而存在,更是为了引导读者阅读到文案最后,为产品出现造势,最终在读者内心建立良好的印象,释放鼓励下单的信号。接下来从营销软文文案开头的"三原则""四类型"学习如何写出耳目一新的文案开篇。

① 营销软文类文案开头的"三原则"。

原则一:"藏"。

在营销软文的开头处,要把卖货的目的隐藏起来,让读者先被内容所吸引,然后慢慢接受文案推荐的产品。

例如,有一篇文章叫作《你为什么会留在上海》,如图5-10所示,开头一直在说住在上海要面临房价贵、交通挤等一系列问题,提出了质疑"这么艰难,你为什么还要留在上海?"本来你会以为这就是一篇散播焦虑的鸡汤文,结果翻到最后你会发现这其实是一个手表的广告,主打的概念是"时间会给你最好的答案"。

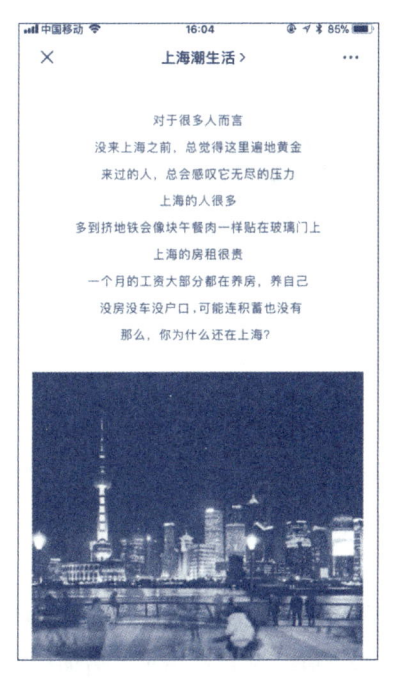

图5-10 "藏"原则的文案开头

原则二:"精"。

除了"藏"以外,第二个原则是"精"。它来源于传播学家霍尔提出的传播理论"一面提示",是指对基数更大的人群选择产品的一面进行叙述,也就是只陈述部分事实,将受众的关注点集中在一件他们最关注的事情上,而不要面面俱到。

例如:《OPPO对手机快充的重新定义——35分钟充满》这篇文章,就只选择了最具有优势的一个角度——"快充"进行宣传,扬长避短,将读者的所有注意力都集中在强大的快速充电功能上。

原则三:"新"。

在写软文开头的时候,形式要新,立意要新,内容要新。读者不会对旧的东西感兴趣,只有不断地用新观念、新表达去激发读者的阅读兴趣,他们才会跟着文案的思路走,成为品牌或者产品的跟随者。

例如,在夏天逐渐到来时,天气逐渐变热,蚊子也日益猖狂起来。在众多文案写作者都在写如何消灭蚊子,什么品牌的驱蚊液更管用,什么蚊香对人体无害的时候,丁香医生的一篇文章《如何科学地让蚊子去咬别人?》(见图5-11)一出便收获了10w+的阅读量。它认真科普了蚊子的特性,大家津津有味地看完文案后,才发现这是一篇推荐"驱蚊神器"的软文。

图5-11　丁香医生的软文文案

【协作创新】

请各小组讨论,分析微信公众号GQ实验室的推文《乘风破浪的戏精们》的开头是否符合前面所讲的三原则。

② 营销软文类文案开头的四种类型。文案开头是文章的"龙头",决定了整篇文案的思路和走向,头开得不好,基石定错了,后面的内容就容易变成"歪楼",这里介绍以下四种类型的开头:

类型一：平铺直叙型。

这种类型的开头是把一件事有头有尾顺畅地说出来，平铺直叙，它在软文里用得比较少，在媒体发布的新闻稿中是最常用的。这种类型不是不可以用在软文当中，一般可以用于重大事件或者名人明星的介绍，通过软文本身表现出来的重大吸引力来吸引读者继续阅读。

类型二：诙谐幽默型。

轻松幽默的话语最容易引起读者的兴趣，诙谐幽默型也是最容易让人读进去的文案风格，看完之后读者会觉得轻松有趣，对软文的接纳度也会更高。

例如，GQ实验室一篇叫作《有了它，我根本不需要谈恋爱》的文章，主要内容是描写当代人的手机瘾。它的开头是这样写的："从理论上来说，每篇文案开头都应该有个导语，但是我今天真的不想写了，推送你们随便看看吧，我要玩手机去了。"这样一段话的描写很戏谑地引出了下文手机对现代人意义之重大的描写。

再比如，"顾爷"为阿里健康写的一条文案也是使用类似的开头："你这辈子，说过最年少轻狂的一句话是什么？"答案是"师傅，帮我头顶打薄下。"听懂的人大概已经秃顶了。文案从一个诙谐的小段子讲起，讲的是人们脱发的问题，最后由基因引出软文的写作目的——阿里健康的广告。

不过，幽默的手法不是适合于每一个人，也不一定适合于每一种产品的文案，只有选择适合自己的才是最好的。

类型三：情怀共鸣型。

人类是感性动物，很容易为情绪买单，在信息时代，物质上更新换代更快了，但精神更迭却放缓了，每一种带给人们回忆的事物的消失，都值得人们花大量时间来缅怀。

例如，百事可乐猴年新春广告《把乐带回家之猴王世家》的广告，就是借助六小龄童扮演的美猴王在人们心中留下的情感共鸣，大打情怀牌，对于商家来说就是利用情怀做了营销。

类型四：知识科普型。

近年来，科普类的软文受到了越来越多人的关注，成为一种常见的营销软文类型。它其实是利用了人们对知识的渴求，引导用户进一步阅读。这类文章一般在开头就告诉受众这篇文章的目的就是为了"涨知识"，用户本着这样的目的，很自然地就会继续往下翻阅，接受这种软文的"安利"或"种草"。

例如，一篇介绍护肤知识的文章，开头就对"秋冬太阳没那么强烈，因此就不需要防晒"的错误观念进行了纠正，站在专业的角度上，科普了一系列秋冬护肤攻略，也推荐了不少品牌的防晒霜和乳液，很多读者在不知不觉中被打动，进而下单购买。

【协作创新】

请各小组协作,选择一个你家乡的特色农产品,选择一种开头类型并为其写一个文案的开头。

(2)"猪肚"——把控全文,成就妙趣横生的爆文。即使是再吸引人的标题,再华丽的开头,如果没有真材实料的内容做支撑都是华而不实的,因此正文的内容是重中之重。一般来说,软文的正文有以下四种常用的结构布局:

① 递进式。递进式布局的文案就是围绕一个写作对象,对这一写作对象进行层层深入的阐述,将复杂难懂或者新产品介绍清楚,增加文案的说服力,也使文案显得更有层次和逻辑。推出一款新产品时,首先要使消费者产生认知,按照"是什么""为什么""怎么办"的三层逻辑对产品和新事物进行阐述,使消费者建立"认知""熟知""信服""购买"的四层行为。

② 总分式。总分式布局的文案首先提出一个中心论点,然后将这个中心论点分解成几个分论点,从简单到复杂层层递进。

例如,某微信公众号推文《谁告诉你脱脂牛奶能减肥?》,中心论点就是脱脂牛奶和普通牛奶相比,其实有很多消费者不知道的缺陷。脱脂牛奶是通过脱脂工艺、去掉了大部分脂肪成分的牛奶。这篇文案的分论点分为四个:第一,脱脂牛奶不能减肥;第二,味道欠佳;第三,脱脂奶粉更容易引起饥饿感;第四,营养缺失。

四个分论点的逻辑层层递进,使消费者更容易被说服,放弃脱脂牛奶,转而选择普通牛奶。

③ 总分总式。总分总式布局的文案一开篇就要开门见山地提出论点。论点的叙述不宜过长,简单明了就好。中间展开若干个分论点,分论点之间的关系是并列并且关系紧密的,最后在结尾总结论点或者重申论点,最好能与开头形成呼应,使文章脉络清晰,更具有说服力。

例如,朋友圈里一篇卖燕麦片的推文就用了总分总的布局,首先提出总论点:吃燕麦片的好处多,之后提出三个分论点:减肥、口感好和营养丰富对身体好,最终重复总论点"总之,吃燕麦片优点多,好处多,你的闺蜜都吃瘦了,你还在等什么?"这样可以加深用户的印象,鼓励用户直接产生购买行为,甚至可以在最后提出总论点的时候直接放上购买链接或者二维码,引导用户直接下单。

④ 欲扬先抑式。欲扬先抑式的文案布局就是在文案的开头要先说产品的缺点,激起受众的逆反情绪后,再"反将一军"提出它的优势,这样的结构就会使文案情节多变,对比鲜明,也容易使读者产生恍然大悟的感觉,留下深刻的印象。

例如,湖南臭豆腐商铺为自己的臭豆腐代言,开篇就先写臭豆腐是如何臭,自己又是如何精心酿制它的臭,然后笔锋一转写"不要被外表的臭欺骗,脆皮底下是一颗香喷喷的心"。这就是用了欲扬先抑的手法,吸引消费者来了解商家的产品。

【协作创新】

请各小组协作,选择一个你家乡的特色农产品,选择一种正文布局为其创作一个软文的正文部分。

(3)"豹尾"——临门一脚,引导顾客快速下单。1957年心理学家卢瑟斯提出了一个"近因效应",是指在多种刺激一次出现的时候,印象的形成主要取决于最后出现的刺激。因此,"凤头、猪肚、豹尾"缺一不可。文案写作可以使用以下几种方式进行收尾:

① 首尾呼应。首尾呼应就是文案开头提出一个观点,在结尾的时候再强调一下,这样前面有伏笔后面有响应,使文案结构更完整,观点更强势。

例如,知乎有一条广告,刚开头镜头是一个刚出生的小婴儿形象,随后镜头一转,转向电视里宇宙探索的画面,出现了观点:"已知和未知的边界在哪里?"然后接下来的正文部分文案有很多提问,小到鸡毛蒜皮的生活琐事,比如"如何做好一碗红烧肉?"大到宇宙哲学,最后,广告的结尾再次回到小婴儿身上,强调观点"已知和未知的边界在哪里?你想知道的更多。"知乎这则广告就用提问的形式,首尾呼应地为受众展示了未知和已知的世界,如图5-12所示,强化了用户对于"知乎发现更大的世界"这一品牌文化的认知。

图5-12 知乎广告文案

② 归纳总结。这种方法先在前文进行叙述,再在结尾的部分用很简练的语言对全文进行总结,主要的方式有两种。一种是简单总结,比如《戴森卷发棒五大使用技巧》一文,开头罗列五种具体技巧,最后收尾的总论点写道:"高科技更要讲究用法,这款卷发棒不同于其他品牌,在用法上都需要注意,get到这五种使用新技巧才能发挥功效。"另一种写法是归纳升华,这是在结尾处将全文的内容引申到一个更深刻的意境里去,由表及里,由浅入深,最后升华到更高层面的意义。

③ 互动参与。互动参与类的结尾有两种写法。第一种方法是话题讨论,具体

来说，就是在文案的结尾提出一个跟文案内容有关的话题，引导用户在评论区或者转发的时候进行回复和讨论，以增强粉丝间的互动。这种结尾最大的好处就是引发读者的思考和参与，使其有意犹未尽之感。比如，推文《VR眼镜的11项神奇用途你知道吗？》，这篇推文的主要内容是对VR眼镜进行科普。在最后的结尾处，利用设置问题的方法，提出一个问题："大家希望VR还有什么用途？"留下一个开放式提问，引导读者继续深入思考。

第二种互动方式是奖励机制。这种方法就是在文案的结尾发起一些赠送优惠活动，比如转发抽奖或者根据点赞数领取奖励等形式。奖励机制是一种对软文来说具有立竿见影效果的收尾方式，受众看到有利可图都会选择参与一下，这样可以使受众形成自发宣传，不仅成本较低，还能增加新老用户的黏性。

④ 发出号召。发起号召式的结尾在软文中越来越常用，这种方式就是在前文基础上，在结尾处对读者突出号召，以便引导读者产生购买行为。例如，推文《豆瓣9分+，这100部神作必须分享给你们》，这篇推文的作者介绍了自己热爱读书的心路历程，剖析了为什么读书对一些人来说那么难，结尾为："只要扫描下方的二维码，前往读书中心，即可收听这本书的完整详细讲解，还有机会得到价值399元的礼物，快来加入吧！"这个结尾就是利用了发起号召的方法，号召读者来扫码加入读书会，还能获得一定的奖励，并且在文章的后直接展示了二维码，吸引读者根据指引来完成操作。

5.3 "种草"推荐类文案写作方法

"每次在购买护肤品之前，我都要在小红书上做好功课，看一看大家的使用心得，或者究竟某品牌适不适合自己的肤质，找到适合自己的产品；如果我想要购买计算机，知乎上就会有很多专业性的参数解读，一个问题通常会有好多用户来回答，让我这个计算机'小白'也能挑选到适合自己的计算机。如果遇到朋友对计算机感兴趣，我也会把这些我知道的内容再分享给对方，得到朋友的新人与认可。"

这样的情景相信人们现在都不陌生，这就是"种草"，它是指一个人把一种事物推荐给另外一个人，让其他人喜欢这种事物的过程；或是自己根据外界所接收的信息，对某种事物所产生的体验或拥有的过程。

如图5-13所示，知乎上有一个"母亲节礼物'种草'话题"，鲜花、护肤品、首饰、保健用品、全家福等都成为大家母亲节"种草"的对象，有超过560万次的浏览量。

图5-13 知乎"母亲节礼物'种草'话题"

5.3.1 "种草"推荐类文案类型

《福布斯》杂志曾进行过一项研究,通过调查发现81%的受访者表示来自朋友、家人和同事的推荐评论会直接影响他们的购买决策。由此可见,口碑对"种草"推荐类文案的成功起到关键的作用,这也导致了"种草"成为目前"带货新法宝",其主要的方式有以下四种:

1. 开箱"种草"

开箱"种草"是一种十分直观的"种草"方式,内容主要是从用户的视角进行描述,通过拆包裹、开箱、拆标签等行为,向用户全方位的展现产品,并予以试用,满足用户的好奇心,激发其对产品的好感和购买欲望。

2. 试用"种草"

试用"种草"是指品牌商要求达人参与活动,达人亲自试用产品,并向受众分享产品的使用感受、性能等。在这个过程中,分享者通过文案与配图将使用效果直接地展示出来,这种方式真实性更高,并且可以全方位地向用户传递产品信息。

3. 测评"种草"

测评"种草"是一种十分可观的"种草"方式,它是指分享者通过一定的理论依据,针对产品的外观、性能、功效等方面进行测试,并根据真实的测试结果进行深入的评价。这种测评方式的可信度更高,可以更有效地促进"种草"转化。

4. 清单"种草"

清单"种草"是一种内容更为丰富的"种草"方式,分享者通过设定某种主题或专场来集合多种产品进行推荐,可以有效地引导粉丝购买,而要推广的产品信息自然植入其中,广告痕迹弱,能有效地避免受众反感情绪。

【协作创新】

分小组协作,从小红书中找到以上四种"种草"文案中你认为优秀的案例。

5.3.2 "种草"推荐类文案写作思路

1. 确定产品"种草"点

创作"种草"推荐类文案最重要的就是找到产品所独特的"种草"点。这个点可以从用户的痛点需求和用户"痒点"需求两种维度来创造或者在原本基础上进行再创造,进而将其提炼出来,从而激发读者的购买欲望。

（1）创造可满足用户痛点的需求。文案写作者可以在原有产品卖点的基础上,创造一个针对用户进化需求的痛点进行切入。

【文案赏析】

牙膏中的"爱马仕"

"高露洁牙膏"种草推荐类文案如图5-14所示。

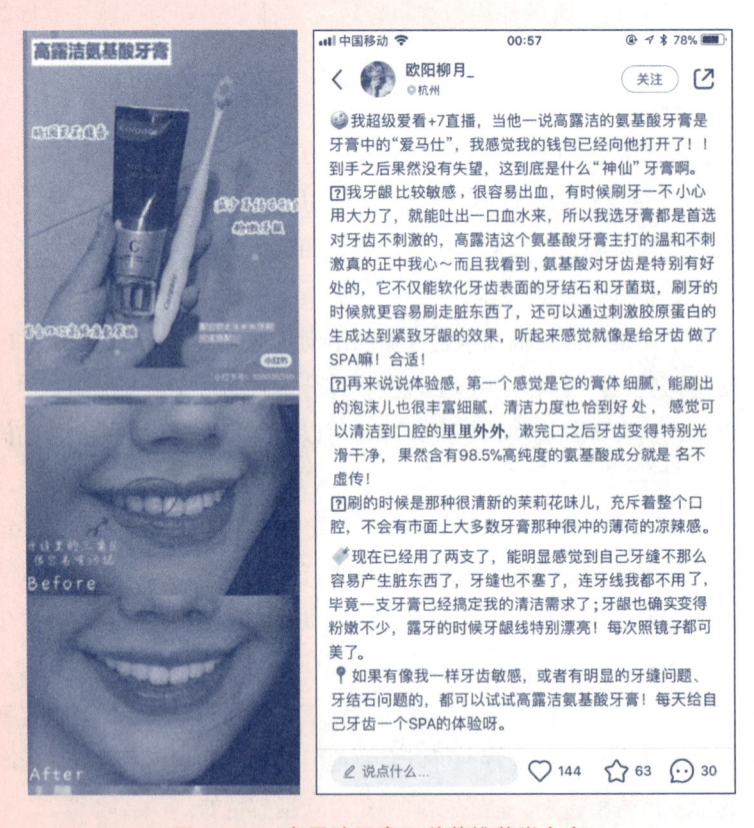

图5-14 "高露洁牙膏"种草推荐类文案

这是一个针对用户的进化需求来创作的文案,很明显这个"种草"点对潜在人群来说是有效的,所以用在内容"种草"上可以吸引用户关注和购买,而如果未来用户的牙缝护理需求被充分发掘出来,各路商家也都纷纷推出氨基酸牙膏的时候,这个"种草"点也就变得无效了。

（2）创造可满足用户"痒点"的需求。在已有产品基础上，再创造可满足用户"痒点"需求的"种草"点。这也是大部分"种草"推广类文案的做法。

相比于痛点，"痒点"是消费者理性背后的感性，严谨逻辑之外的趣味，以及当下带来的愉悦。举例来说：买奶茶不是因为好喝，而是因为杯子外观好看、某某达人推荐、名字诙谐有趣；买面膜是因为这款面膜敷在脸上起很多泡泡、最近在社交平台上很火；买零食是因为其跨界礼盒的包装……这些都算是用户"痒点"需求，有时候它带来的吸引力甚至强过痛点需求。创作"种草"推荐类文案时，如果觉得文案无法从产品本身找到切入点，那可以从其他方面来调动用户的"痒点"需求。

第一，着重介绍产品包装。例如，现在去小红书上搜牙膏，会发现各种各样高颜值的牙膏包装，有的是外包装做得很美观，有的甚至在产品形状上就做得像化妆品一样精美，通过这些包装类文案的描述，让消费者控制不住自己想要去买一支，着重介绍产品包装的"种草"推荐类文案如图5-15所示。

图5-15 着重介绍产品包装的"种草"推荐类文案

第二，打造区别于常规的产品使用场景。比如，吃海底捞发"种草"文案的人很多，但是一般关注度不高。但如果你的海底捞吃法与众不同，比如发明新式网红吃法、体验独具一格的服务，这样写出来的文案更容易引起大家的关注与传播。

打造独特使用场景的"种草"推荐类文案如图5-16所示，其配文是："会开花的'神仙'沐浴露！姐妹们都给我买！"笔记中，向大家"种草"了一款沐浴露，它的"种草"点就在于这款沐浴露挤出后会自动变成慕斯质地，像开出了一朵玫瑰花，让洗澡充满了仪式感。

第三，利用达人进行背书。通过在文案中加入明星、头部KOL使用经历来营造权威背书，比如杨幂同款穿搭、李佳琦强烈推荐过的口红色号等，都可以成为文案的切入点。

图5-16 打造独特使用场景的"种草"推荐类文案

特别需要注意的是,"种草"内容上最好聚焦产品的一两个核心点,如果把产品的所有特点夸奖一遍,但是没有重点与亮点,这样的文案会使受众很难记住。

【协作创新】

在小组内分享,你最近是否有被"种草"而购买某产品的经历呢?你被"种草"的原因是什么呢?

2. 将"种草"点转化成信任

确定了"种草"点后,接下来就是把它转化成文案。内容种草的主体是KOL,与传统营销下品牌为主体不一样,KOL发的内容本质上是与粉丝进行互动沟通,所以这类问题需要的是人与人之间对话式的内容,而不是一本正经的官方介绍。可以在文案中采用加入场景、相似情景、使用KOL人设话语的方式。例如,某口红品牌的"种草"文案如图5-17所示。

```
口红色号很百搭:  "天不怕地不怕的颜色。"
口红色号很明亮:  "啊,好闪!五克拉的嘴巴。"
口红色号很经典:  "银行卡的余额可以变,999元不能变。"
香水味道很清新:  "下过小雨的森林里的味道。"
```

图5-17 某口红品牌的"种草"文案

另外,"种草"推荐类文案是建立在信任基础上的,因此在内容上贵在真实和让人产生信赖。在写"种草"推荐类文案时要注意切换视角,从用户的立足点出发,了解用户关心什么,吐槽什么,同时加入个人使用体验。特别是对于一些无法通过外观就影响消费者的产品，比如护肤品，最好可以结合KOL自身的使用经验来传递产品的成分和功效；再比如一些小家电，可以通过现场演示或测评来展示其功能。

一般来说，要使"种草"推荐类文章赢得读者信任可以从以下三点进行：

第一，权威证明。通过塑造权威的"高地位"和描述权威的"高标准"，用读者喜欢的方式赢得其信任。通常可以选择权威奖项、权威认证、权威合作单位、权威企业大客户、权威顾客、团队中的权威专家等。如果找不到权威人士来推荐"种草"的产品或品牌，可以通过认同产品理念入手，间接支持产品。

第二，事实证明。"种草"推荐类文案可以描述产品原理，公正客观地描述产品的性能，读者可以亲自验证真伪，以此来证明产品特点，让读者感到信服。采用事实证明的方法时，可以先列举描述产品性能的精确数据，再将这个数据链接到读者熟悉的事物上。当产品性能无法被直接证明时，可以通过各种物理、化学实验，比如用火烧、水泡、冰冻或使用化学试剂造成的明显差异来证明产品的功能。

第三，化解顾虑。文案中可以主动提出读者可能担心的产品问题、服务问题和隐私问题等，并给出解决方案，让读者放心购买。很多人之所以不愿意购买，除了真的没有需求外，就是有顾虑。把他们的顾虑提前打消，就能激发其购买意愿。文案中展示出对产品强大的功能、认真服务的态度，或轻松愉快地来个自嘲，都能提高读者下单的概率。

【文案赏析】

"花西子苗族印象""种草"推荐类文案

有人为颜值买单，有人为实用买单，而"花西子苗族印象"礼盒（见图5-18）做到了两全其美，和上年的东方妆奁一样，好看又兼顾实用性，让我心甘情愿买单！而且礼盒本身代表了独一无二的苗族之美，真的一见倾心。

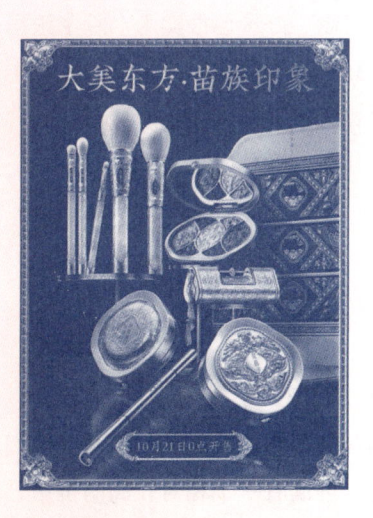

图5-18 "花西子苗族印象""种草"推荐类文案

礼盒颜值

  细心的女孩子们会发现很多化妆品礼盒美则美矣，但没有灵魂；而"花西子苗族印象"礼盒就完美地诠释了什么叫"文化之美"。东方妆奁已经很有韵味了，这款苗族印象礼盒更是用苗银的色彩、苗族图腾的花纹和工艺，深度展示了苗族文化的神秘与传承，太迷人了！

  在实用性方面，这款苗族印象和东方妆奁一样，都可以作为收纳，里面的三层小抽屉，搭配蓝色的绒布，可以把平时的饰品都归置进去，好看又实用！

产品外观

  据说苗族人用银饰来承载着情感和信仰，因此苗银一般都包含着特别的心意，看到礼盒里面的产品时，我就感受到了这份心意。

  所有的，注意是所有的产品，都是苗族印象高定版，一片银光闪闪，我的内心瞬间被满足了。产品的外观都具有银饰光感，也很有价值感，顶盖上还刻着很有苗族民族特色的蝴蝶花纹。这其实是很难的一种制作工艺——錾刻，就是指用錾头刻凿出非常精细的图案。

  在这款礼盒里，花西子就是把錾刻工艺与微雕技术结合，所以我们才能看到外观上有如此精巧的具有苗族工艺特色的产品！

使用感受

  这款礼盒里的产品很多，有不少经典产品，比如空气蜜粉、蜜粉饼和养肤气垫等，还有几款产品，我要重点分享一下：

  眉粉笔：之前的眉笔都是经典黛色，这次的眉笔完全不一样了，确切来说，这是一款独创的新品——眉粉笔，我用起来感觉有两大特点，一是线条很清晰，二是柔和又顺滑，融合了眉笔和眉粉的特点。银色外观也让我眼前一亮，拿在手里有金属的触感，质感非常好。

  浮雕彩妆盘：在我眼里这款产品就是为苗族风情而生的。银色的盘子上雕刻了苗族图腾，打开是七色的粉盘，好看也很实用。除了眼影外，我一般还会用其中的色块来作为腮红，用来打高光，性价比还是很高的。其中银色和蓝色很特别，还可以化比较有民族风情的妆，玩转起来。

  综合起来，我对这款礼盒的评分如下：

  颜值：★★★★★

  实用：★★★★★

  收藏：★★★★★

3. 引导用户马上下单

  在读者对"种草"的产品产生信任后，就要引导他们立刻下单，这时就可以抛出一个价格锚点，也就是告诉读者一个相对较高的价格，比如原价，之后再展示自己购买的"低价"，显示出商家的优惠，但同时要告诉读者现在的优惠是限时限量的，如果错过，产品会涨价，甚至售罄买不到，促使消费者马上做出决策。

另外，还可以帮读者算账：读者在付款前，帮他算一笔账，确定产品的价值远远高于价格，从而更愿意下单。也可以把产品价格除以使用天数，算出用一天多少钱，让人感觉划算。例如，眼部按摩仪的价格是399元，消费者可能会觉得有点奢侈，但是看到"24期免息，平均每天6毛钱，相当于不要钱！"这句话时，就会果断下单。

如果产品能节水、节电或替代其他消费，商家帮读者算出产品能为其省多少钱时，就会让他感到划算。例如，空调商家帮读者算一下家里的旧空调每天消耗的电费是多少钱，如果换了节能性高的新产品，就等于变相省钱。

5.3.3 "种草"推荐类文案写作技巧

1. 首图文案写作

首图是受众在浏览时最先注意到的内容，决定了点击率，它和下面的标题共同承担着吸引注意的作用。"种草"推荐首图文案如图5-19所示。通常此类文案可以用以下两种小技巧：

（1）用文字突出主题：通常首图可以加引导文案，以方便读者一眼就能看到亮点。但这种技巧对文案质量图片处理能力要求比较高，一般采用典型的"提出问题+解决方案"的模式。

（2）用真实吸引注意：首页可以让真实的人、物、场景出镜，用真实场景来吸引读者的注意。图片中的场景会激发读者对于美好生活的追求与向往，从而点击阅读。如果场景能形成反差，有视觉冲突，则效果更佳。

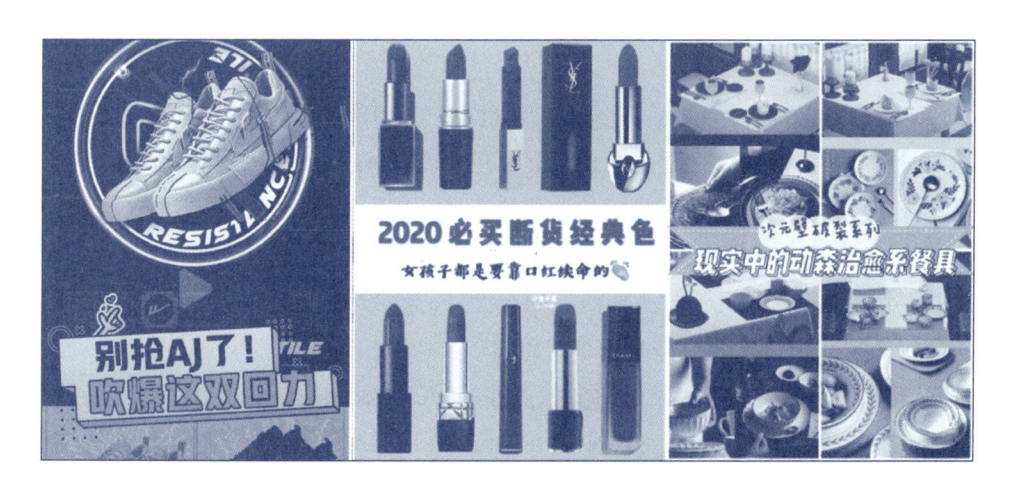

图5-19 "种草"推荐首图文案

2. 标题文案写作

标题能不能第一眼就抓住用户的眼球，直接决定了文案的曝光量。但是"种草"推荐类的文案标题又与其他文案有所差异,目标受众针对性更强,读者对文案的真实性要求更高。文案写作者可以从以下三个角度出发去设计标题:

(1)人群细分角度:人们总是对自己相关的事情表现出关心,所以在标题中可以将人群进行细分,让读者产生"呀,这说的不就是我!"的感觉。如表5-1所示,可以从年龄段、职业、难易度、身体状况等维度进行细分。

表5-1 按人群细分的标题列表

细分年龄阶段	13～18岁熬夜女生护肤日常 30岁的少女感,你的抗衰真的正确吗?
细分职业类别	公务员最喜欢的八种商务搭配 教师成长|教师必看书籍推荐
细分难易度程度	适合小白的减肥计划,每天只需要3分钟 魔鬼帕梅拉新手臀腿动作讲解
细分身体状况	敏感肌女生注意了!这3步让你告别敏感肌! 七天改善圆肩驼背,让你拥有天鹅颈

(2)效果角度:结果倒置是"种草"推荐类文案比较常见的写法,因为每个受众接收到的信息太多,率先呈现效果会给受众一个看下去的理由。也可以用疑问句的形式卖个关子,激起人们看答案的愿望。

例如:穿搭类——回头率百分百的穿搭推荐!

减肥类——跟着做这3个动作,7天瘦10斤

护肤类——这3个冷知识,让你皮肤不用买任何护肤品

(3)利益角度:如果文案标题可以带给别人利益,那就会牵引受众点开阅读。这些利益不仅仅包含经济利益,也包括时间、技能、攻略等。

3. 种草正文文案写作

(1)定位准确。时尚微信公众号"洪胖胖",2018年3月成立,开号一周内粉丝数量就超过30万人,之后的文章阅读量几乎篇篇超过10万次,推什么什么就断货,被媒体称为2018年最能带货的微信公众号……这些数据,其实都是精准定位的产物。

在女装时尚领域几乎被头部微信公众大号(黎贝卡、深夜发嫣、MK凉凉等)垄断的情况下,"洪胖胖"依靠精准定位实现了弯道超越。和那些走精英路线、推荐轻奢品、购买门槛高的博主不同,"洪胖胖"的目标人群是"预算少,不会搭"的小白用户。"洪胖胖"的负责人说:"在采访时,我们发现很多女生有时尚需求,但并不知道怎么做;很多女生觉得,大部分时尚微信公众号推荐的商品太贵、性价比不高。"就这样,一个定位为"不让你花一分冤枉钱"的时尚微信公众号应运而生。

如此一来,内容受众更加清晰,在此基础上的决策也就更加明确:只为"预算少,不会搭"的小白用户们写文章。

（2）方向正确。受众确定后，还要保证内容方向正确，也就是要写出受众想看的内容。其实做好这点并不难，只要一招就能解决：学会提取关键词，关键词主要从自己产品的内容中、用户的微信朋友圈以及用户留言中提取。

如图5-20所示是来自"洪胖胖"的热文标题，仔细看，读者发现标题里的关键词反映了一个主题：便宜，这也非常符合其微信公众号的受众定位。

图5-20 "洪胖胖"的热文标题

（3）通俗易懂。文案的本质在于交流，交流一定要建立在让对方容易读懂的基础上。例如，形容羊毛衫好看，一般人会说"大气简约""经典时尚"，但在"种草"推荐的文案里就变成了"这件羊毛衫是今年时尚圈的新宠，连××女明星都在穿！"再如：同样是强调一件外套保暖，很多人只会写"保暖抗风""加绒加厚"，但也有人写"穿上这件外套，里面套个短袖，冬天站在室外啃雪糕都不会觉得冷！"

此类文案写作的方法在第二章电子商务文案写作思维中有详细的介绍，在此就不再赘述。

【素养园地】

软文切莫过度包装，应遵循实事求是原则

在软文写作的实操中，营销人员通过软文与用户进行沟通。为了说服用户购买产品，营销人员在撰写软文时有时会出现夸大其词、过度包装等现象。如果完全脱离实际过分吹嘘和放大产品的功效，轻则会导致企业形象和声誉尽毁，用户对企业产生怀疑、丧失信任，产品严重滞销，资金回笼困难；重则导致企业面临破产倒闭及因虚假宣传而承担法律责任等风险。

市场上"包装过度、言过其实"的软文营销案例并不在少数，"标题党"行为更是层出不穷。例如，某网站焦点频道在转载原标题为《海教园房价飙2万元竟难抢，低价学区房或将绝迹》的文章时，将网站首页推荐位的新闻标题改为《津500

套房引千人暴乱》博取受众的关注，文章标题不惜罔顾事实，使用"引千人暴乱"等夸大、猎奇性字眼渲染炒作房价，引起消费者的购买恐慌。

国家网信办对于互联网新闻信息标题"歪曲原意，背离正确导向""无中生有，违背真实原则""以偏概全，歪曲炒作报道""虚假夸大，引发社会恐慌""炫富享乐，宣扬扭曲价值观""格调低俗，挑战公序良俗"等违反《互联网新闻信息服务管理规定》《互联网信息服务管理办法》中提及的"七条底线"和"九不准"等相关法律法规的行为，将依法进行查处。因此，在软文写作实操中，把握好产品的宣传包装尺度是关键，主要可以从以下两个方面着手：

一是在软文写作的调研阶段，要对产品或服务有深入全面的了解，除了在企业内部了解产品或服务的性能、功效等情况外，还要向用户或第三方了解产品的实际效果及使用情况，以确保用于撰写软文的信息和数据真实有效。此外，对于软文中涉及数字和承诺性内容的描述需反复核查并谨慎使用，对于可能存在过度包装的文字要适度调整。

二是查询行业相关的法律法规及《中华人民共和国广告法》等相关法律条文中禁用的词汇，并对比和判断软文中所使用词汇是否合法合理。如房地产行业常用的"全国第一""销售冠军""顶级"及教育行业常用的"最优秀""金牌""独创"等极限性词汇；化妆品及医药行业常用的"×天见效""疗效最佳""药到病除""无效退款"等承诺性效果类词汇都被应杜绝使用。在软文撰写和自检的过程中，要避免使用此类词汇。

5.4 品牌故事类文案写作方法

几乎每种产品都有自己的品牌故事，相比于一些枯燥的品牌建设过程及其理论的描述，品牌故事更能向受众传达一个企业的品牌理念和精神文化，同时能带来更加强烈的品牌认同感，对品牌形象的塑造有很大的作用。传奇、生动、有趣的品牌故事常常能够让品牌自己说话。

5.4.1 品牌故事类文案类型

品牌故事是消费者和产品之间的"情感"切入点，能够赋予品牌精神内涵和灵性，使消费者受到感染或冲击，全力激发消费者的潜在购买意识，并使消费者愿意"从一而终"。

既然是从"情感"切入，文案写作者就应该避免虚情假意的故事，而是要讲一个具有真情实感的故事。品牌故事通过讲述一个完整的故事带出产品，赋予产品光环效应及情感色彩，从而促进产品的销售。讲故事并不是文案的目的，故事背后的产品线索才是文案写作的关键。

任何品牌的诞生都一定有其独特之处，在撰写品牌故事的时候，可以根据企业的自身的情况，充分挖掘品牌差异化特点，选取合适的角度去描述和展现品牌和产品。品牌故事的类型主要有以下几种：创始人故事、产品故事、品类的历史和故事、品牌当地文化，以及用户故事。

1. 创始人故事

一个品牌从无到有，创业的过程往往是成就品牌的关键，而创始人的个性与创业时期的重大事件，也成为决定品牌基因与内涵的重要因素。讲述品牌的创业故事是品牌进入新市场或推出新品最常用的推广手法。好的创业故事就像好电影一样，能够把观众带入故事的情节，让观众的情绪跟着故事的主人公"起起伏伏"，甚至能够让主人公成为观众心里的"自我象征"。例如，企业家王石攀登珠穆朗玛峰的硬汉形象，以创始人的故事为切入点的品牌故事通过展示创始人鲜明的人物个性、创业传奇故事、人生准则和精神态度等，让用户对创始人及其创建的品牌有更全面的认知，潜移默化地让用户对品牌产生好感和认同感。

2. 产品故事

产品故事是指能够传递产品特色和卖点的故事。通过讲述一个有温度、有情怀的故事，并将产品的信息及特点融入其中，让用户被产品的故事吸引，从而产生想要进一步了解产品的欲望。产品故事讲述的切入点通常有：产品的原材料及产地、产品的工艺流程、产品的包装、产品的功能等信息及特点。为了让故事更生动有趣，赋予产品生命力，还可以通过拟人化的方式来描写产品，赋予产品人格化的特征，拉近企业与用户之间的距离。

【文案赏析】

三毫米的旅程，一颗好葡萄要走十年

三毫米，
一颗葡萄到一瓶好酒之间的距离。
不是每颗葡萄，
都有资格踏上这三毫米的旅程。
它必是葡园中的贵族；
占据区区几平方公里的沙砾土地；
坡地的方位像为它精心计量过，
刚好能迎上远道而来的季风。

> 它在小时候,没遇到一场霜冻和冷雨;
> 旺盛的青春期,没有雨水冲淡它酝酿已久的糖分;
> 甚至山雀也从未打它的主意。
> 摘了三十五年葡萄的老工人,
> 耐心地等到糖分和酸度完全平衡的一刻才把他摘下;
> 酒庄里最德高望重的酿酒师,
> 每个环节都要亲手控制,小心翼翼。
> 而现在,一切光环都被隔绝在外。
> 黑暗、潮湿的地窖里,
> 葡萄要完成最后三毫米的推进。
> 天堂并非遥不可及,再走十年而已。
>
> 这是一篇长城葡萄酒的品牌故事文案。文章以葡萄酒的原材料葡萄为切入点,用拟人化的手法讲述了一颗颗葡萄成为葡萄酒的旅程故事,并在故事中穿插讲解了产品精选的原料、葡萄生长环境及采摘时机、德高望重的酿酒师以及酿酒时间等核心卖点信息,突出了一瓶好酒的复杂工艺和匠心精神。

3. 品类的历史和故事

有时候品牌虽然是新品牌,但是产品不一定是全新的,因此这个产品的品类一定是有历史和故事可讲的。例如,如果是茶叶品牌,就可以用茶的品种历史作为切入点,或者以这个品类在发展历程中有意义的故事为切入点。如果产品不具备这种历史底蕴,比如是童装,那么也可以以童装的一个小故事作为切入点,讲父母和孩子之间关于衣服的感人小故事等。但不管是历史还是故事,在进行加工和创作的时候,要遵循真实性的原则,保证信息和情感的真实。

【文案赏析】

纯正的血统,原始的美味

猕猴桃原产于中国,本是一种野果。在《诗经》中,有"隰有苌楚,猗傩其华"的记载。其中的"苌楚"就是两千多年前,古人对猕猴桃的称呼。唐代诗人岑参有云"中庭井栏上,一架猕猴桃"这样的词句,这是猕猴桃的名字第一次出现在典籍之中。遗憾的是,自1904年新西兰女教师费雷泽(M.L.Fraser)将猕猴桃的种子带到新西兰,100年后,新西兰"佳沛"猕猴桃成为世界猕猴桃第一品牌,成为水果领域的王者。

"猕足珍贵"品牌的猕猴桃选品贵长猕猴桃,产自贵州修文县,是中国猕猴桃七大产区之一。世界各国每年产出的猕猴桃为300万吨左右,而作为猕猴桃纯正血统的贵长猕猴桃,产量仅为1万吨,占比1/300,因产量稀少,可以说,世界上每1 000个人，只有1人有机会吃到贵长猕猴桃。

　　这是猕猴桃品牌"猕足珍贵"的品牌故事。故事抓住了猕猴桃这一品类的发源地是两千多年前的中国这一重要品类历史，又以"猕足珍贵"猕猴桃产自中国猕猴桃七大产区之一，突出产品"中华原种，产量稀少"这一核心卖点。通过这个品类故事，也传达了品牌的价值信仰：我们希望，以贵长猕猴桃为代表的中国猕猴桃产业，在其故乡能够真正崛起壮大。

4. 品牌当地文化

　　对于一些地域性的品牌，在撰写品牌故事的时候，可以从当地的风土人情和文化特征切入。这样的故事对于本地人来讲容易产生认同感和共鸣，对于外地人来说会感到好奇，并认为品牌是有文化内涵的。例如，"汨粽"品牌以粽子的诞生地汨罗江命名，将产品融入中国传统端午文化，打造最正宗的文化食品。

【文案赏析】

"汨粽"，汨罗粽，正宗端午粽

　　众所周知，汨罗江是屈原投江的地方，这里是端午文化的发祥地。两千多年前粽子的味道，如今依旧能在汨罗当地流传，这是因为仍有一辈汨罗江畔的老人们在传承坚守包粽子这门手艺。我们在汨罗聘请了一位年过90岁高龄、"汨粽"传承者彭协和老人作为技术顾问，她祖辈几代人都是十里八乡有名的包粽子能人，在她的指导下，我们尽可能地还原粽子最接近本色、原汁原味的"色、香、味、形、触。"

　　每逢端午时节，当清晨的露水刚刚退去，彭协和老人就吩咐女儿寻找最适宜的粽叶。此时的粽叶最新鲜、自然清香。粽子的糯米也都是自家种的，每逢秋天收获的时候，彭协和老人就把糯稻先存储起来，等到来年端午粽子季才去壳，露出新鲜的糯米，取出一些淘净滤干，从不浸泡，从而能够保住糯米的黏性和香气。

　　这是本来生活网在湖南汨罗江畔塑造的粽子品牌"汨粽"的品牌故事。"吃了一辈子粽子，但你从来没吃过正宗的"，对于消费者来说，在端午佳节吃"汨粽"，不仅是对美味的回味，更是对文化和匠心的回味。通过讲述汨罗江的水土和祖祖辈辈的传承手艺，让"正宗"二字更有分量，唤醒了用户内心的文化情节。

5. 用户故事

　　用户故事是指描述客户使用产品之前和之后的变化，或者将产品作为情节或线索串联起来的故事。用户故事的作用就是让大部分同类用户在故事中找到自己，产生代入感和认同感。这正如《玩具总动员》的编剧安德鲁·斯坦顿所说："我们与生俱来喜欢听故事，故事可以证明我们是谁。我们都想证明自己的生活是有意义的，没有什么比故事更能做到这一点。它能够跨越时间的障碍，无论是过去、现在还是未来；它允许我们体验我们和其他人、真实与幻想之间的各种相似之处。"

【文案赏析】

支付宝十周年账单日记

2004年，毕业了，新开始。支付宝最大支出是职业装，现在看起来真的很装。

2006年，3次相亲失败，3次支付宝退款成功。慢慢明白，恋爱跟酒量一样，都需要练习。

2009年，12%的支出是电影票，都是两张连号。全年水电费有人代付。

2012年，看到26笔手机支付账单，就知道忘带了26次钱包，点了26次深夜加班餐。

2013年，数学23分的我，终于学会理财了。谢谢啊，余额宝。

2014年4月29日，收到一笔情感转账，是他上交的第一个月生活费。

每一份账单，都是你的日记。

十年，3亿人的账单算得清；美好的改变，算不清。

支付宝十年，知托付。

这是支付宝在十周年纪念之际，推出的一部全新微电影广告《账单日记》中的女主角旁白文案。通过截取一名普通白领用户十年中毕业、工作、相亲、恋爱、怀孕等几个关键的人生阶段，将其与支付宝账单联系起来，通过女性的成长过程，从侧面反映品牌的十年变化，让用户产生代入感，引起情感共鸣，建立了一种亲切、温暖、走心的品牌个性，提升了品牌的好感度。

【协作创新】

分小组讨论，自选一款产品，从创始人故事、产品故事、品类的历史和故事、品牌当地文化、用户故事中选择一个切入点，撰写一则品牌故事。

5.4.2 品牌故事类文案写作思路

1. 品牌故事类文案写作三部曲

（1）明确切入点，创造一个简单的故事。每个人都有很多的故事，有不同的人生阅历，品牌也是一样，但重点是如何突出品牌特性，突出它跟别的品牌有什么不同、代表着什么、有怎样的愿景等，这些都是品牌故事的蓝本，文案写作者需要充分理解品牌的核心价值观，了解品牌的发展历程和个性，不断提炼，找到容易理解、富有情感因素、简约清晰、诚实不夸大，并且能够有效传播的切入点，以此来展开品牌故事。简单的检验方法就是：你自己是否完全认同？是否乐于讲述？员工是否感同身受？愿不愿意讲给更多的人听，并成为自己的一种日常行为模式？

【文案赏析】

京东红的故事

一位高压电塔的工作者，下单购买装高压电的工具，由于工作地方是移动的，收货地点不确定且超出配送范围很多，朱师傅寻找了近2个小时，才将货物送到顾客手中。

"他一路修着高压电塔，我就一路追着找他，我俩就跟捉迷藏一样，我到了，他走了；我走了，他到了。"

——江西宜春樟树站配送员　朱远

腾格里沙漠南北长240千米，东西宽160千米，正是陈师傅日复一日地穿越漫天黄沙，为资源匮乏的牧民们送水送货，才让这苍茫大漠绽放出一抹鲜艳的京东红。

"沙漠里虽然风沙大，但特别有意思，同样一条路，今天看到的沙丘，明天可能就没了。"

——内蒙古阿拉善左旗站配送员　陈国栋

这是京东推出的一系列"JD Red Story"广告海报（见图5-21和图5-22）。海报采用纪实的方式，通过一个个京东配送员用淳朴的语言讲述自己的配送故事，并配上他们日常工作场景的图片，还原故事的真实情景，极具感染力。这一系列品牌故事文案以一线配送员的责任和坚守为切入点，呈现一系列真实而简单的故事，简约清晰，诚实不夸大，用一个个既熟悉又陌生的场景故事打动着用户的心。

图5-21　京东红的品牌故事文案《追电塔的人》

图 5-22　京东红的品牌故事文案《沙漠行者》

（2）赋予生命力，令人信服地讲出故事。明确了品牌的切入点，接下来要思考的就是用什么样的方式讲出这个故事才会让人信服。

首先是从"是什么"到"意味着什么"。在品牌故事里，不仅仅要告诉别人企业能做什么，重要的是企业能为别人做什么。比如，天猫以前的品牌故事核心是"上天猫，就购了"，后来则变成了"理想生活上天猫"。从告诉消费者自己是一家电商平台，到传达一种为理想生活买单的美好寓意。

其次是让故事有生命力。什么样的品牌故事才是有生命力的？是那些与人们的生活密切联系的故事。以SAP公司为例，它是一家B2B软件公司，与个体消费者的关系看起来比较远，怎样才能讲好它的故事呢？SAP用复活节来讲述故事：在复活节这一天，孩子们可以拿到很多巧克力，所以孩子们都很喜欢这个节日。世界上85%的可可加工企业都是使用SAP公司的软件维持经营运作，如果SAP公司消失，这些经营可可的企业就没办法运作，孩子们就吃不到巧克力了。这个故事让人们意识到，SAP和人们的生活如此相关，而不仅仅是冷冰冰的程序和软件。

（3）持续讲下去，围绕品牌核心价值观。无论是从什么角度撰写的品牌故事，其根本目的是传递品牌的文化和价值观。品牌故事的创造和传播是一个漫长的过程，能够讲出好的品牌故事代表背后有长期的坚持，而这些坚持往往需要时间来沉淀和累积。品牌故事并非空中楼阁，需要实体的支撑和支持。无论是产品包装、营销策略，还是媒介选择，都要支撑品牌故事所传递的价值观和理念，只有做到上下一致、真实有料，才能够持续地、润物细无声地将品牌故事讲下去，形成消费者对品牌的高度认同，最终形成消费者忠诚。

【文案赏析】

999感冒灵，有温度的故事系列

每个人都自顾不暇

没有人会在意你的感受

每个人都小心翼翼地活着

没有人在乎你的境遇

行色匆匆的人群里

你并不特别也不会有优待

你的苦楚

不过是别人眼里的笑话

人心冷漠的世界里

每个人都无处可逃

这个世界不会好了吗？

这个世界没有想象中的那么好

但似乎……也没那么糟

这个世界总有人偷偷爱着你

这是2017年被称为刷屏级"年度暖心大片"的999感冒灵短视频《有人偷偷爱着你》中的一段文案。短片选取了四个年轻人的真实故事，通过述说几个冷心变暖心的片段故事，寓意出"世界没有那么美好，却也没有想象中糟糕"，最后结尾升华突出"有人偷偷爱着你"，温暖现世。与999感冒灵的标语"暖暖的，很贴心"不谋而合，迅速获得了观众的情感认同，实现了消费者对产品购买从物质化到情感化的转变，而来自陌生人的善意，也引起了广大观众的共鸣与深思。

999感冒灵也由此开启了暖心小剧场的持续输出。从《总有人偷偷爱着你》《健康本该如此》，到《致那些平凡的小温暖》，再到《更懂你的小英雄》，纵观999感冒灵这些年的文案，都在讲述温暖和健康的故事，让用户可以持续地感受到这个品牌建立的暖心形象。999感冒灵虽然是感冒药，可是它似乎并没有把自己当仅仅定位成治疗感冒的一种药剂，而是以"暖暖的，很贴心"作为品牌的情感主张和核心价值观，为每一位受众群体驱赶生活里的"寒冷"。通过持续不断地捕捉生活中的故事传递品牌诉求，让更多的人感受到品牌温暖可靠的人格化态度，将情感与品牌恰到好处地联系在了一起。故事本身又自带传播亮点，引起了广泛的议论和多维度的用户共鸣。

2. 品牌故事写作四要素

故事就是用语言和文字艺术化地反映生活，表达思想感情的一种叙事类文体。故事要么寓意深刻，要么人物典型或者情节感人，故事应该有趣、生动、有可读性，给人留下深刻的印象。品牌故事一般包括背景介绍、主题思想、细节描绘、难忘结果这四个要素，通过文字将这些部分生动地展现出来，是撰写品牌故事的关键。

（1）背景介绍。背景介绍是指要向受众交代故事的时间、地点、人物和事情的起因。也就是在哪里发生了什么事情，在什么时候发生的，有哪些主要人物，品牌故事因为什么而发生等。例如，依云矿泉水品牌故事文案在一开始就很好地介绍了故事的背景。"1789年，一位法国贵族患了肾结石，当他寻访名医到达阿尔卑斯山脉脚下时，由于长途跋涉十分口渴，便命令仆人去附近的农家取些水喝。"背景的介绍并不需要面面俱到，但是要说明品牌故事的发生是否有什么特别的原因或者条件。

（2）主题思想。主题思想是故事内容的主体和核心，对于品牌故事而言，主题要围绕品牌的文化和理念。正如菲利普·科特勒所说："故事营销是通过讲述一个与品牌理念相契合的故事来吸引目标消费者。在消费者感受故事情节的过程中，潜移默化地完成品牌信息在消费者心智中的植入。"品牌故事传播内涵的建立正是寻找品牌核心价值观的过程。

主题的深浅与表现往往决定着文案价值的高低，它不是作者把自己的观点和想法硬生生地贴上去的，而是融合在人物形象、情景布局、环境描写，以及语言表达之中，让受众通过自己的生活阅历和分析理解逐步去感知感受。文案写作者可以通过以下五种途径来展现主题，如表5-2所示。

表5-2　主题思想展现的五种途径

背景	通过背景深入分析人物形象，把握故事主题
人物	作为故事的重要承载者，人物形象的塑造能够直接地反映故事所要表达的主题，揭示某种思想或主张
环境	通过描写生活或社会环境来揭示或暗示某种文化和价值，结合人物思想性格的背景描写，进一步诠释故事的主题
情感	情感在故事中起着穿针引线的作用，它将故事的开始、发展和结束串联起来，形成一个完整、鲜活的故事，吸引受众，引发共鸣
语言	无论是叙述语句还是对话旁白，使用能够体现主题思想的语言风格，可以更加凸显品牌的调性

（3）细节描绘。细节描绘是抓住能够体现主题的微小而又具体的典型情节，并加以生动细致地描绘，使故事更加生动、形象和真实。细节描绘需要精心设置和安排，是不可随意取代的部分。选择具有代表性、概括性，能深刻反映主题的情节，通过语言描写、动作描写、心理描写和肖像描写等，恰到好处地起到烘托环境气氛、刻画人物性格和揭示主题的作用，给读者留下深刻的印象。

（4）难忘结尾。故事有开头当然就有结尾，无论是升华主题的结尾还是反转剧情的结局。设计一个让人难忘的出色结局，能够加深受众对故事的了解和体会，有利于故事在他们心中留下深刻的印象。

3. 品牌故事写作流程

好电影总是能够让观众沉溺其中并引发情感共鸣，好故事也应该能起到同样的效果。迪士尼公司的剧本指导克里斯托弗·沃格勒指出，不论是惊悚的悬疑片，还是滑稽的喜剧，抑或是荡气回肠的西部片或歌舞升平的音乐剧，数以万计的好莱坞电影其实重复着同一个核心故事，即"英雄的历程"。而这个"英雄的历程"故事模型的情节发展一般分为四个阶段：开端——描述主人公的日常生活；发展——遇到突如其来的灾难或意外，打破了主人公日常生活的平衡；高潮——主人公从沮丧困惑到重塑目标，克服内心的恐惧和重重困难，最终冲破障碍；结局——主人公实现目标、达成愿望并获得成长。

麦肯锡把故事叙述的流程简化为一个基本的框架：S→C→Q→O→R，如同"英雄的历程"，故事发展的过程就是解决问题的过程。

（1）设定状况阶段（Situation）。故事叙述流程的第一阶段就是设定状况阶段（S阶段）。这一阶段主要介绍故事主角及其目前处于的稳定状况。其中，故事主角可以是人，也可以是品牌或产品，甚至是行业。稳定状况则指的是故事主角到目前为止持续发生的稳定状态。这种状态不论好坏，既可以是持续良好的状态，也可以是持续糟糕的状态，还可以是持续平静的状态，甚至是持续不稳定的状态。例如，一则关于某品牌电动牙刷的故事软文，该电动牙刷是故事主角，而稳定状况可以是这款电动牙刷某个稳定的性能，也可以是其在市场上稳定的销量情况等。

（2）发现问题阶段（Complication）。在完成设定状况阶段的任务后，紧接着是发现问题阶段（C阶段）。这个阶段主要是用来颠覆S阶段的稳定状况，即打破原有的稳定状态，确认主角面临的问题。品牌故事文案多半是以解决某个问题为主线而展开的，而具体的问题类型一般分为以下三种：

① 恢复型：问题已经存在，需要处理解决，让事物恢复原状。例如，部分人会为头屑过多而烦恼，这个烦恼一直存在且没有得到解决。为了解决头屑过多的问题，让头皮恢复健康状态，去屑洗发水便应运而生。

② 预防型：问题还没发生，但要防患于未然。如王老吉，正如其广告语所说"怕上火，喝王老吉"，是一款提供给尚未上火的人预防上火的凉茶。

③ 理想型：目前没有问题，但想要做到更好。如香水，它并不是为了解决某种特定问题，而是为了让人变得更有魅力和自信。

选择何种类型的问题进行描述，取决于目标受众对该问题的认知。只有符合目标受众认知的问题，才能让受众产生认可和共鸣，进而促使受众跟着内容的暗示采取行动。

（3）设定课题阶段（Question）。在发现问题之后是设定课题阶段（Q阶段）。这个阶段的课题设定主要是针对C阶段发现的问题，分析问题背后的原因并找到需要解决的问题，即应解决的课题目标。课题的设定一般包括以下三种类型：

① 恢复型课题的设定：以恢复原有状态为课题目标，如去屑洗发水的课题目标是让头皮没有头屑，恢复健康。

② 预防型课题的设定：以预防问题出现为课题目标，如王老吉的课题目标是预防上火。

③ 理想型课题的设定：以实现理想状态为课题目标，如香水的课题目标是让人变得更有魅力和自信。

（4）克服障碍阶段（Obstacle）。设定课题阶段的下一阶段是克服障碍阶段（O阶段）。这一阶段主要解答设定课题阶段所设定的问题，找回发现问题阶段打破的稳定，即提供解决方法或实施策略。O阶段是整个故事的核心部分，其内容的展开取决于Q阶段的课题设定类型。不同的课题设定类型有不同的内容展开方式。

① 恢复型：对问题的现状进行说明，分析问题出现的原因，进而找到一种以上解决问题的根本措施，并对这些措施的利弊得失进行评估。以去屑洗发水为例，这一阶段的内容就是描述头屑过多的现状，分析导致头屑过多的原因都有哪些，针对这些原因可以采取何种措施解决头屑过多的问题以及评估这些措施的利弊。此外，当面对的问题是突发的灾难性紧急事件时，本阶段的内容可侧重于讨论如何做出应急处理及立刻制止损害蔓延的措施，而对问题发生的诱因可暂不考虑。

② 预防型：对问题可能导致的不良状况进行假设，对导致这些状况的诱因进行分析，进而提出相应的预防对策。提出的预防对策不宜过多，以两三个核心对策为佳。以王老吉为例，这一阶段的内容就是设想如果上火会导致身体出现什么不适以及分析上火的原因，并提出预防上火的对策。

③ 理想型：对故事主角的能力进行分析盘点，并提供一个理想的以及能够达成理想的实施策略。以香水为例，这一阶段的内容应该是这样的："主人公姣好的面容、优雅的谈吐和出色的工作表现，都让她成为一个备受同事喜爱的职场人（能力分析）。但在公司年会和商务派对中，要想从众多女士中脱颖而出，成为全场瞩目的焦点（理想设定），她还得喷点香水。只需滴几滴这款香水，不需再添加任何配饰，就能让主人公的魅力得到充分释放，整晚都能保持最佳状态（实施策略）。"

（5）解决收尾阶段（Resolution）。最后一个阶段是解决收尾阶段（R阶段）。这一阶段主要是用最精简的语言说明针对问题最终选择的解决方案及结果，即提供简洁有力的结论。在内容布局上，"SCQ"（设定状况→发现问题→设定课题）为一个故事的导入部分；"O"（克服障碍）为故事的核心部分，通常占据整个软文的大量篇幅；"R"（解决收尾）为故事的结尾部分，篇幅相对较为简短。

【协作创新】

分小组讨论，选择一则品牌故事文案，运用S→C→Q→O→R品牌故事写作流程对故事展开分析，并进行小组分享。

5.4.3 品牌故事类文案写作技巧

1. 利用复杂语境

在进行品牌故事文案写作的过程中，尽量不要使用单一的语言环境，而是要对故事的发生和发展进行多种可能性的描述，多使用展示性的文字，减少直白叙述的部分，营造场景感和画面感，将受众带入故事情节。

2. 引发独特思考

从一定意义上来说，品牌故事能够引发受众怎样的思考是决定故事质量高低的标准之一。有内涵的品牌故事一定是具有启迪性和思考性的，不仅能够唤起受众的情感，还能够引导受众进行更深层次的思考，在品牌故事讲完之后，仍能有余音缭绕。因此，在撰写品牌故事时，要充分开拓自己的思路，去思考这个故事能带给受众怎样的思考体验。

3. 增强故事的可读性

可读性是指故事内容吸引人的程度，以及故事所具有的阅读和欣赏价值。在如今的互联网时代，如何将品牌文化、品牌故事写得生动有趣，引起受众的共鸣，是大部分企业都在思考的问题。提升品牌故事的可读性可从以下三点内容出发进行考虑：

（1）故事的新颖度：新颖的品牌故事能够让人眼前一亮，给人一种醒目的感觉，让自己的品牌故事不落俗套、充满创意。它不仅能让企业的文案在众多同类型文案中脱颖而出，还能加深受众对品牌的印象。

（2）情感的丰富性：品牌故事是否丰满，人物形象是否立体，矛盾是否激烈，情感叙述是否能够深入人心而引起受众的共鸣，是故事文案能否打动受众的关键。

（3）语言的得体性：品牌故事的语言不能使用太专业或技术性的词汇，而是应该尽量简单、通俗易懂，让受众能够快速明白品牌故事讲述的内容。

4. 使用"一句话"延伸

品牌故事创作需要坚持简单法则。所有好的品牌故事，都可以用一句话来概括，也可以用一句话来延伸。这句话往往是品牌故事的浓缩和精华。例如，"微信公众平台"的"再小的个体，也有自己的品牌"，讲述的是每个人都可以通过微信公众平台创立自己的账号和品牌的故事；Roseonly的"一生只爱一人"，讲述的是送玫瑰只能送给唯一的她的故事；小罐茶的"小罐茶，大师作"，讲述的是八位造茶大师通过手工工艺传承，让普通人喝上大师茶的过程。

5. 赋予品牌"人格化"

"罗辑思维"的创始人罗振宇说:"移动互联网时代,品牌是基于人格魅力带来的信任与爱,是品牌的去组织化和人格化。"对于品牌人格化简单的理解,就是把品牌进行拟人化、拟物化、情感化,并与消费者进行沟通互动。在撰写品牌故事的时候,要注意赋予品牌人格化的特征,品牌不再是冷冰冰的产品,而是风情万种、活生生的"人",可以打动和感染受众。

【文案赏析】

口碑外卖,讲述战"疫"中的平凡故事

自2020年新冠冠状病毒疫情暴发以来,许多行业都受到了重创,尤其是餐饮业,大量门店关门歇业,现金流压力大。但与此同时,消费者宅在家,也加快了外卖业务的增长,"App上下单、外卖送到家"成为市民首选买菜方式。为用户提供订餐配送的口碑外卖,同样在疫情期间业务量大增。跑腿服务、自提服务,以及1 000小时的免费直播公益课是口碑外卖提供的三大服务,为居民提供便利。

口碑外卖推出暖心公益短片,选取具有代表性的宅家素人,记录他们的故事,展现口碑用户在战"疫"中的生活,同时展现口碑外卖在疫情期间为社会做出的努力。

短片讲述了两个真实的小故事,其品牌故事文案如图5-23所示。

图5-23 口碑外卖品牌故事文案

一顿迟到的年夜饭

程妈妈辛苦为儿子准备"迟到的年夜饭"的故事，儿子因为除夕那天参与疫情防控工作，没有吃上家里的年夜饭，于是程妈妈在口碑公益课上学了两道星级大厨的菜，给儿子补补营养。

一份不孤单的订单

疫情期间邵老爷子买菜到店里就能直接提走，原来是在异地的女儿，为了避免他买菜时间太长，就在口碑上下了单，这些细枝末节的举动，却展现出生活中对亲人的浓浓的爱意。

借助程妈妈和邵老爷子的故事，品牌故事展示出疫情下的温暖的一面，在情感上与受众沟通，建立了温情、积极正能量的品牌形象。

【知识与技能训练】

一、单选题

1. 小红书平台读者喜欢阅读（　　）内容。
   A．时事评论　　　　　　B．使用分享
   C．故事连载　　　　　　D．营销软文

2. 以下属于以"秘密"迷人型的标题是（　　）。
   A．三胞胎姐妹，进了同一所大学！
   B．做人应该学学邱莹莹
   C．这一定就是你日日夜夜想要的
   D．西藏拉萨：大手牵小手，助力文明城

3. 以下关于新媒体配图说法错误的是（　　）。
   A．配图讲究真实，不能修图
   B．图片要清晰，色彩要明亮
   C．图片与正文排版，上下行空一行
   D．动图比静图更有表现力

4. "超低门槛，超多奖励，还不心动吗？这次，和知乎大神一起大胆地来挑战一下吧！"的收尾方式属于以下（　　）的方式。
   A．首尾呼应　　　　　　B．归纳总结
   C．互动参与　　　　　　D．发出号召

5. 内容类文案标题的拟定原则不包括（　　）。
   A．能站在读者角度　　　B．一定要吸引读者眼球
   C．让搜索引擎容易收录　D．善于用好关键词

二、多选题

1. 内容类文案的主题通常包括（　　）。
   A．大众化主题　　　　　　B．垂直型主题
   C．趣味性主题　　　　　　D．热点话题类主题
   E．先抑后扬类主题
2. 内容类文案开头三原则包括（　　）。
   A．"藏"　　　B．"精"　　　C．"新"　　　D．"真"
3. "十款常饮水pH值大检验，这些水到底能不能喝"是属于"种草"推荐类文案中的（　　）。
   A．开箱"种草"　　　　　　B．使用"种草"
   C．测评"种草"　　　　　　D．清单"种草"
4. 一般来说，"种草"推荐类文案的正文文案一般包括（　　）。
   A．我的苦恼　　　　　　　B．解决方案
   C．我的改变　　　　　　　D．我的总结
5. 撰写品牌故事时可以切入的角度包含（　　）。
   A．创始人故事　　　　　　B．产品故事
   C．品牌的历史和故事　　　D．用户故事

三、判断题

1. 在进行产品营销之前，文案人员需要确定文案写作的主题，然后进一步考虑将推广产品或活动以何种角度植入到文章中。（　　）
2. 有好货、淘宝头条、必买清单、发现好货都是淘宝的内容平台。（　　）
3. 演绎法是并列几个不同的事实，从这些事实中找出共同点，从而得出结论的方法。（　　）
4. 在文案写作上，动笔之前首先要进行市场调察，了解文章的目标读者。（　　）
5. 软文应该尽力包装，无须遵循实事求是原则。（　　）

四、案例分析

请同学们查看微信公众号"故宫淘宝"里面的文案，主要通过故宫内文物的科普介绍来引出产品的介绍。请根据案例材料，试分析该类文案的写作技巧是如何将产品融入营销软文中的。

五、实训题

（一）实训背景

本项目实训为电子商务内容类文案写作的训练，在实训的过程中锻炼学生不同种类内容类文案的写作方法与策略，实训素材选取2020年美的新品——美的砧板

刀具筷子消毒机（见图5-24）。

图5-24　美的砧板刀具筷子消毒机

（二）实训任务

以小组为单位，针对目标产品，在"种草"推荐类和软文营销类文案中任选一种，运用电子商务文案写作思维，完成一篇该产品的内容类文案，角度不限。

（三）实训步骤

第一阶段：深入了解产品。

查阅资料了解该品牌产品的特点，制定写作策略，同时确定目标消费群体，洞察用户，了解他们的需求。

第二阶段：概念提炼与文案撰写。

在这一阶段，小组成员集思广益，提炼出浓缩产品卖点和品牌的核心价值观的概念，找到最能打动消费者的一个词、一句话。最后将梳理出来的内容进行组织，用文案的语言表达出来。

第三阶段：课堂路演。

各小组制作方案展示PPT，以小组为单位逐一进行汇报展示，教师对各组作品进行点评总结。

第六章

电子商务脚本类文案写作

※【知识目标】
- 了解电子商务脚本类文案的作用与分类
- 掌握短视频脚本的写作方法和技巧
- 掌握直播脚本的写作方法和技巧

※【能力目标】
- 能够撰写短视频脚本
- 能够撰写单品直播脚本
- 能够撰写整场直播脚本

※【素养目标】
- 培养通过短视频、直播传播正能量的意识,弘扬优秀传统文化
- 培育短视频、直播电商从业者的职业精神和规范意识
- 培养营造和维护风清气正的网络空间意识
- 培养短视频、直播电商从业者的法治意识

※【思维导图】

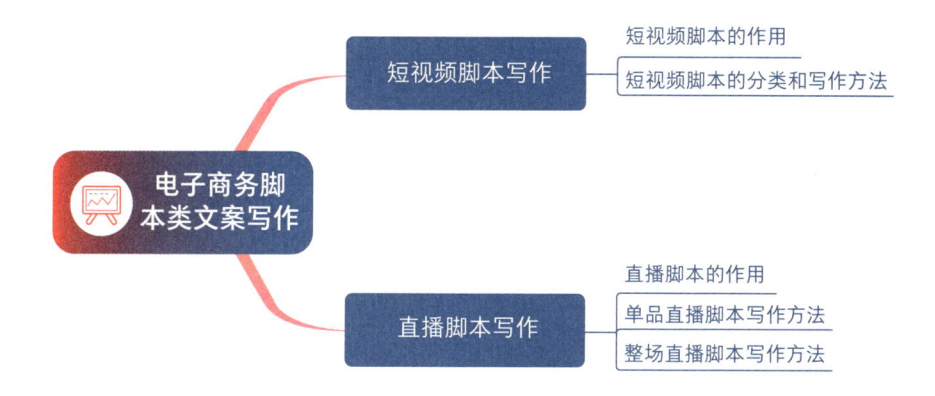

- 电子商务脚本类文案写作
  - 短视频脚本写作
    - 短视频脚本的作用
    - 短视频脚本的分类和写作方法
  - 直播脚本写作
    - 直播脚本的作用
    - 单品直播脚本写作方法
    - 整场直播脚本写作方法

【案例导入】
国窖1573（历史篇）分镜头脚本30秒

主题介绍

国窖1573，起源于明朝万历年间所兴建的泸州老窖，因为该窖池是我国唯一建造最早、保存最好、连续使用至今的酿酒窖池群，有着深厚的文化底蕴，所以在老窖中酿造的酒，经过岁月历练，酿艺承传，文化积淀，成就了丰满醇厚、窖香优雅的非凡品质。将中国最古老的窖池"1573"这个数字作为名称，让每一个品酒者在慢慢品味美酒的时候也品味泸州老窖428年的厚重历史。产品视频的诉求点力求体现国窖1573所蕴含的深厚的文化底蕴和高尚品位，让消费者感受到积古佳酿的浓情厚谊。

创意表现

通过从留声机、老式照相机、旧照片，再到国窖1573的镜头转换，见证国窖酒的悠久历史，显现出国窖1573品位的形成，本身就是经年累月传承的结果。

画面主色调以暗黄色为主，营造出岁月悠长的氛围。音乐配以柔和、轻缓的女声哼唱声，和整个广告的色调所渲染的氛围相得益彰。

镜头连接以自然过渡为主，中间穿插几个快速切换的镜头，造成一种慢中有快、错落有致的节奏。

分镜头脚本

分镜头脚本如表6-1所示。

视频：国窖1573广告短片

表6-1 国窖1573（历史篇）分镜头脚本

镜号	时间	画面内容	镜头变化	旁白	字幕	音乐	音响
1	1秒	一台老式留声机的唱针和与它相连的圆轴出现在画面中。唱针随着唱片的轨道从画面的下方向左上角移动	特写；固定镜头	—	右下角：1877年留声机发明	柔和、轻缓的女声哼唱声	平缓
2	2秒	唱针沿着轨道从右往左移动，针头投影的光影也随着针头速移动着	近景；淡变；固定镜头	你能听到的历史124年（浑厚、带有磁性的男声）	用特技叠上字幕：你能听到的历史124年 右下角字幕：1877年留声机发明	同上	同上
3	1秒	灯光转暗，几缕光洒在留声机上	特写；摇镜头；从右往左（较缓）	同上	同上	同上	同上
4	3秒	切换到留声机的全景，喇叭灯光亮，共鸣箱灯光暗	全景；固定镜头	同上（止）	同上	同上	同上
5	0.5秒	短暂的黑幕	切换；固定镜头	—	—	间奏	平缓
6	0.5秒	快速切换到最早的照相机的镜头，镜头处的灯光快速亮起	特写；仰角拍摄；闪镜头	—	右下角：1839年 照相术产生	间奏	同上
7	1秒	一张正在冲洗的底片	全景；俯角拍摄；拉镜头；照片拉远至清晰	—	同上	柔和、轻缓的女声哼唱声	平缓

续表

镜号	时间	画面内容	镜头变化	旁白	字幕	音乐	音响
8	2秒	一组发黄的旧照片错落地摆放在桌面上，放大镜从右往左再到左上方缓慢移动。放大镜中的画面由模糊逐渐清晰	切换；主观镜头拍摄；俯拍；固定镜头	—	用特技在画面1/3处叠上字幕：你能看到的历史162年；右下角字幕同上	同上	同上
9	2秒	镜头切换至另一组旧照片，放大镜从左往右移动，放大镜中的图像模糊，周围清晰	切换；摇镜头（与放大镜移动的方向相同）；俯拍	你能看到的历史162年（起）	你能看到的历史162年；右下角：1839年照相术产生	柔和、轻缓的女声哼唱声	平缓
10	0.5秒	一张正在冲洗的清朝一对夫妻的结婚照片	切换至照片全景；俯拍；固定镜头	同上	同上	同上	同上
11	0.5秒	照片的近景逐渐呈现，与照片的全景叠在一起	叠画	同上	同上	同上	同上
12	1秒	照片中夫妻的近景全身像在泛起微波的药水中逐渐清晰	近景；固定镜头	同上	同上	同上	同上
13	1秒	镜头切换至一张洗好的照片的一角，背景微暗，光影弱	近景；固定镜头	你能看到的历史162年（止）	你能看到的历史162年；右下角：1839年照相术产生	柔和、轻缓的女声哼唱声	平缓
14	1秒	镜头又切换到另一张刚从药水中拿出的照片，一滴药水正从照片的一角往下滴落，背景是模糊的水面光影	近景；固定镜头	—	同上	同上	同上
15	0.5秒	短暂黑幕	—	—	—	同上	同上

续表

镜号	时间	画面内容	镜头变化	旁白	字幕	音乐	音响
16	0.5秒	一滴水正好滴在标有"1573"字样的酒瓶盖上	近景；俯拍；固定镜头	—	右下角：1573年泸州老窖开始兴建	同上	同上
17	1秒	国窖酒的包装和酒瓶出现在画面的左侧；背景是固定酒瓶身顶部和瓶颈，酒瓶在不断地自转	叠画；包装和酒瓶（全景，平拍）；背景的酒瓶（特写，俯拍）	—	你能品味的历史428年；1573年泸州老窖开始兴建	柔和、轻缓的女声哼唱声	音乐微扬后稍微减弱
18	1秒	镜头切换至酒包装的特写。上层的包装纸逐渐往右翻开，露出下层包装盒上的"国窖"两字	特写；固定镜头；平拍	你能品味的历史428年（起）	同上	同上	持续
19	1秒	酒瓶往左自转	特写酒瓶身标有"国窖"两字的部分；平拍；固定镜头	同上	同上	同上	音乐微扬
20	1.5秒	酒瓶倾斜，一滴水沿着瓶身往下滑落，酒瓶微微摇摆	特写酒瓶上的商标部分；俯拍	同上	同上	同上	音乐微减弱
21	1.5秒	镜头由近前一镜头酒瓶的微微摇摆自然过渡到酒瓶倾倒放在微荡漾的水中；外包装局部特写，模糊	淡变；俯拍；近景；包装特写；固定镜头	你能品味的历史428年（止）	右下角：1573年泸州老窖开始兴建	柔和、轻缓的女声哼唱声	持续
22	1秒	镜头切换至酒包装标有"国窖"两字部分的特写	特写；平拍；拉镜头；将包装由模糊拉至清晰	—	—	同上	音乐持续后减弱
23	5秒	蓝色的水波荡漾，光影在水波中时明时暗，叠上标版	淡变	—	标版	同上	持续最后增强

> **案例启示：**
> 一个主题鲜明、构思独特、制作精良的短视频离不开精心的内容策划，而脚本正是对这些内容详细的文字呈现。在这个短视频盛行的时代，能够撰写清晰易懂、创新十足的短视频脚本和直播脚本是做好短视频和直播的基础，也是文案工作者和电子商务从业人员的必备技能。

6.1 短视频脚本写作

6.1.1 短视频脚本的作用

脚本一直是电影制作、戏剧创作中的重要环节。如今"脚本"这个词，被广泛地应用到了电子商务领域。电影和戏剧因为时间长、工程量大，脚本一直受到重视，但是由于短视频通常只有几分钟，很多创作者便认为拍摄短视频不需要脚本，这其实是一种误解。

短视频脚本是短故事发展的大纲，用来确定整个作品的发展方向和拍摄细节。要想制作出别具一格的短视频作品，写好短视频脚本非常重要，因为它是拍摄短视频的依据和规范，用于指导拍摄的时间、地点、画面内容、镜头运用、景别、道具的准备、人员的分工协调和后期的剪辑制作等，具有以下三个方面的作用：

1. 提高拍摄效率

在短视频拍摄过程中，演员、摄影师、工作人员和后期剪辑人员通过脚本，能够快速领会视频创作者的意图，明确短视频的主题，降低团队的沟通成本。同时，这个脚本也是拍摄的提纲和框架，对拍摄过程和方式做出了流程性的指导。短视频团队可以以此为依据进行分工协调和道具准备，使拍摄能按时按序进行，提高拍摄的效率。

2. 指导后期剪辑

短视频脚本除了能指导拍摄过程之外，还是后期视频剪辑的重要依据。对于短视频来说，剪辑的重要性不言而喻，有句话说，"前期不够，后期来凑"，说的就是短视频可以依靠后期剪辑制作来实现更多的可能。在进行短视频拍摄的时候，会产生大量的素材，如何将数小时的拍摄素材剪辑成半分钟的短视频，对剪辑师来说无疑是一项艰巨的任务。而每个剪辑师，对于素材和剪辑的理解都是不同的，在没有统一技术指标的要求下，视频想要达到的风格便无法统一。一旦有了脚本作为指导，剪辑师便有了执行的依据，能够最大限度地表现剧本创作者的前期意图。

3. 保证视频质量

如果想要短视频达到引流、圈粉、传播裂变和转化的目的，需要精雕细琢每一个视频画面和细节。通过撰写脚本，可以将拍摄的景别、场景布置、服装道具、台词设计、表情和音乐等进行反复的推敲和详细的说明，从而提高视频拍摄的质量。

【素养园地】

短视频审核标准细则

2019年1月，中国网络视听节目服务协会发布了《网络短视频平台管理规范》和《网络短视频内容审核标准细则》，在对短视频平台提出更高要求的同时，也提供了内容审核"100禁"，明确了什么能拍什么不能拍。

《网络短视频内容审核标准细则》规定，网络播放的短视频节目，及其标题、名称、评论、弹幕、表情包等，其语言、表演、字幕、背景中不得出现以下21个方面（共100条细则）的内容：

（1）攻击我国政治制度、法律制度的内容；
（2）分裂国家的内容；
（3）损害国家形象的内容；
（4）损害革命领袖、英雄烈士形象的内容；
（5）泄露国家秘密的内容；
（6）破坏社会稳定的内容；
（7）损害民族与地域团结的内容；
（8）违背国家宗教政策的内容；
（9）传播恐怖主义的内容；
（10）歪曲贬低民族优秀文化传统的内容；
（11）恶意中伤或损害人民军队、公安、警察、行政、司法等国家公务人员形象和共产党党员形象的内容；
（12）美化反面和负面人物形象的内容；
（13）宣扬封建迷信，违背科学精神的内容；
（14）宣扬不良、消极颓废的人生观、世界观和价值观的内容；
（15）渲染暴力血腥、展示丑恶行为和惊悚情景的内容；
（16）展示淫秽色情，渲染庸俗低级趣味，宣扬不健康和非主流的婚恋观的内容；
（17）侮辱、诽谤、贬损、恶搞他人的内容；
（18）有悖于社会公德的内容；
（19）不利于未成年人健康成长的内容；
（20）宣扬、美化历史上侵略战争和殖民史的内容；
（21）其他违反国家有关规定、社会道德规范的内容。

6.1.2 短视频脚本的分类和写作方法

短视频脚本分为三类，分别是拍摄提纲、文学脚本和分镜头脚本，它们分别适用于不同类型的短视频，其中分镜头脚本是最常使用的脚本形式。

1. 拍摄提纲

拍摄提纲是为一部影片或某些视频场面制定的拍摄要点和基本框架，它将需要拍摄的内容罗列出来，只对拍摄内容起到提示作用，适用于一些不容易掌握和预测的内容，比较适合新闻类和纪录类的短视频拍摄。

拍摄提纲一般不受限制，摄影师可发挥的空间比较大，但是对于视频后期制作的指导效果较小。

【文案赏析】

纪录片《它们和他们》拍摄提纲

场景一：李大爷打扫院子。
【特色】百只左右的流浪狗在救助站自由活动，卫生环境十分不好。
【内容】李大爷在狗狗们的围绕下，进行打扫院子。
场景二：李大爷为救助站的流浪狗做早饭。
【特色】百只左右的狗的一顿饭会用掉30袋挂面。
【内容】李大爷在厨房，将30袋挂面下锅，煮过之后将面导入桶里，放凉。
场景三：宠物协会义工们在救助站进行帮扶工作。
【特色】义工们对流浪狗的帮助，具有爱心与责任心。
【内容】义工们对救助站环境进行清扫、同流浪狗玩耍、给生病的流浪狗换药。
场景四：救助站流浪狗开饭。
【特色】每天救助站的流浪狗只吃一顿饭，偶尔会在助残挂面上放一些鸡架鸭架改善伙食，几乎每天都不能吃饱。
【内容】狗狗们即将吃饭、正在吃饭、吃完饭后的样子。
场景五：救助站大部分流浪狗的状态。
【特色】狗狗们在救助站的生活虽然没有吃饱睡暖，但是有自己的居所，每天有饭吃，对人都非常友好。
【内容】院子里不怕人很友好的狗狗们，摇着尾巴靠近人，伸着舌头舔义工们的手，眼里充满期待和友善。
场景六：三只有特点的狗。
【特色】即使被人遗弃，即使受伤不能正常行走，它们依旧坚强的生活。
【内容】在马路中间被捡到的小黄，脖子溃烂现在慢慢好转的小白，天生瘫痪只能依靠前肢行走的花花。

场景七：刚刚生育小狗的母狗和小狗。

【特色】母狗护崽凶悍，新生小狗可爱。

【内容】在母狗的狗舍中，小狗正在吃奶，母狗一见有人靠近就会想要站起发出叫声。

场景八：救助站其他场景。

【特色】展现救助站日常生活状态，救助站外貌和环境。

【内容】救助站所在位置、救助站外围环境、救助站大门外、救助站门内、村里的狗、救助站物资房间、李大爷的生活环境。

2. 文学脚本

文学脚本在拍摄提纲的基础上增加了更多的细节，内容更加丰富。它将拍摄过程中的可控因素罗列出来，将不可控的因素留到现场拍摄中以便于随机应变，适用于直接展现画面和表演的短视频的拍摄。在文学脚本中，只需要规定人物需要做的任务、说的台词、所选用的镜头等。

【文案赏析】

雀巢咖啡"美好生活始于雀巢"文学脚本

创意：清晨喝一杯雀巢咖啡，开启一天美好生活，截取几个清晨的场景，以不同职业的人都选择雀巢开始一天的工作，来向受众说明"美好生活，始于雀巢"这个主题。

画面一：清晨七点，窗外鸟鸣露浓，高三学子起床穿戴收拾桌面上的课本书包，准备外出上课，临出门之际，突然想起忘了带什么东西，返回饭厅，端起桌上的雀巢咖啡保温杯，并打开嗅一下香味，浅啜一口，表情享受。

画面二：清晨七点半，年轻白领提着公文包，在人来人往的地铁站等待地铁，手中握着从速食店买的纸杯雀巢咖啡，香气袅袅，浅啜一口，表情享受，保持良好的精神状态去上班。

画面三：清晨八点，装修精致的办公室，中年经理坐在办公桌后面，旁边的秘书在递给他一天的行程安排之前，先给他一杯雀巢瓷杯装的咖啡，经理对秘书感谢的一笑，端起咖啡很享受地喝起来。

3. 分镜头脚本

相对于拍摄提纲和文学脚本，分镜头脚本是最细致的一种短视频脚本类型。它将短视频中的每个画面都体现出来，明确对每一个镜头的具体要求，需要创作者花费较多的时间和精力去策划和撰写，适用于具有一定故事情节的短视频拍摄，是短视频常用的脚本模式之一。

分镜头脚本将故事情节内容以镜头为基本单位，划分出不同的景别、运镜、画面、音效和时长等内容，将文字转换成可以用镜头直接表现的画面。在某种程度上，分镜头脚本已经是"可视化"的影像。对每一个镜头的取景、时长和细节等，都有详细的规划，能够充分地表达创作者的初衷，帮助拍摄团队理解和执行。后期的拍摄和制作，基本都会以分镜头剧本为直接依据，有利于完美表达原剧本的真实意图。

分镜头脚本可以以表格的形式呈现，也可以把每个镜头以绘画的形式表现出来，让人直观地看到最后的视频效果。

【文案赏析】

李宁广告视频分镜头脚本

主题：变，才是重塑自我的永恒法则（校园篇）。

李宁广告视频分镜头脚本如表6-2所示。

表6-2 李宁广告视频分镜头脚本

镜号	景别	镜头运动	镜头组接方式	画面	音效	时间/秒
1	全景	推镜头		清晨明媚的阳光洒在窗户上，宿舍一片狼藉，包包、书、衣服横七竖八躺在床上，ABC三个学生在电脑前玩游戏（有一种迷乱狂躁的气氛）	（CF游戏中的声音）换枪的声音，"fire the hole, fire the hole"	2
2	中近景	推镜头	切	书桌前的学生D叹了口气，放下书站了起来，走到窗台前向不远处的学校望去	游戏声音中无奈的叹气声"哎"	2
3	全景	推镜头	叠化	学生D穿过阴暗的楼道，挤过人群，在校园里跑着，到图书馆门口停下了脚步	人群喧闹声、脚步声、图书馆门口小树林里的读书声	2
4	特写	固定镜头	切	学生D抬头看着图书馆大楼，又倾斜着身子侧耳倾听读书声	（小树林传来了读书声）"穷则变，变则通，通则久"（声音渐隐）	3
5	特写	固定镜头	切	学生D向阳光张开怀抱，奔跑起来	（学生D说）"我要用梦想变幻出一片宁静的天空"	2
6	全景	固定镜头	切	操场上许多人在运动，学生D在塑胶跑道上一圈又一圈地跑步	脚步声，心跳的声音	2

续表

镜号	景别	镜头运动	镜头组接方式	画面	音效	时间/秒
7	特写	固定镜头	切	学生D满头汗水，但目光仍坚定地望着脚下的路	（画外音，学生D说）"我用执着的心追寻着前方的路"	2
8	全景	推镜头	叠化	篮球场上，学生D手持篮球不服气地看着眼前挑衅的对手	鼓鼓的心跳的声音	2
9	中近景	推镜头	切	学生D交叉步胯下运球，晃人，过人，跳投，球进了	篮球鞋和地面摩擦的声音，沉重的呼吸声，球进的声音（背景音，衬托旁白）	3
10	特写	固定镜头	切	双脚落地，脸上露出傲然的神色	（画外音，学生D的声音）"我用激情寻找突围的缺口"	2
11	特写	推镜头	叠化	学生D在路上跑着，看见垃圾捡起来丢到垃圾桶里，看到自行车倒了扶起来，看到落在脚边的羽毛球捡起来，看到老人拉着车上坡主动帮忙推着上去，受帮忙的人均报以笑容	众人的欢笑声	3
12	特写	固定镜头	切	学生D在阳光中开心地笑着，笑容真挚纯洁	（画外音，学生D的声音）"我用行动改变人们眼中的90后"	2
13	特写	固定镜头	淡入淡出	李宁的新标志飞出	（画外音，自信充满朝气的男中音）变，才是重塑自我的永恒法则	3

（1）分镜头脚本逻辑框架。分镜头脚本是拍摄和制作短视频最常使用的脚本类型。一份分镜头脚本主要包含镜号、景别、摄法、画面内容、台词、音效、机位、运镜与道具等内容。

在拍摄视频前，需要在视频脚本中确定的故事整体框架基础上，明确各个要素的细节，包括时间、地点、人物、台词、动作及情绪的变化，以及每个画面拍摄的景别，用哪些拍摄手法来突出特定场景的环境和人物情绪等。短视频分镜头脚本的逻辑框架如图6-1所示。

① 镜号：给每一个拍摄镜头进行编号，方便针对不同的镜头撰写具体内容。

② 景别：分为远景、全景、中景、近景和特写。以拍摄人物为例：

远景：把人和环境全部拍摄在画面里，常用来展示事件发生的时间、环境、规模和气氛。

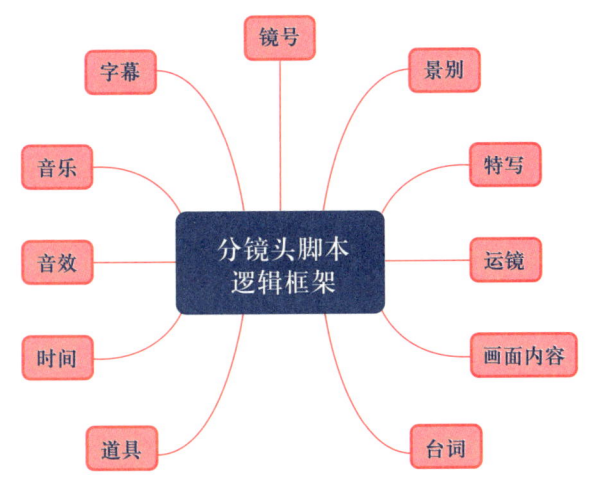

图6-1 短视频分镜头脚本逻辑框架

全景：比远景更近一点，把人物的身体全部展示在画面里面，用来表现人物的全身动作，或者人物之间的关系。

中景：是指拍摄人物的膝盖至头顶的部分，不仅能够看清人物的表情，而且有利于显示人物的形体动作。

近景：指拍摄人物胸部以上至头部的部位，非常有利于表现人物的面部表情和神态以及身体的细微动作。

③ 特写：对人物的眼睛、鼻子、嘴、手、脚等细节进行拍摄，适合用来表现需要突出的细节。

④ 运镜：是指拍摄手法。包括推镜头、拉镜头、升降镜头、摇镜头等。一般采取多种手法结合的方式，例如：前推后拉、环绕运镜、低角度运镜等。

⑤ 画面内容：根据文案内容（台词）细致描述该镜头的画面内容，把想要表达的内容通过各种场景进行呈现。

⑥ 台词：是指人物说的话。可以是人物之间的交谈，也可以是"画外音"。

⑦ 字幕：出现在屏幕上的文字。

⑧ 音乐：背景音乐。

⑨ 音效：配乐和声音的效果。需要根据不同场景的气氛搭配不同的音效。

⑩ 时间：是指单个镜头的时长，方便在拍摄与剪辑的时候找到节奏和重点，提高效率。

⑪ 道具：该镜头所需要使用到的道具。道具需要起到画龙点睛的作用，同时又不能抢了主题的风头。

所有这些要素的细节内容都需要在撰写分镜头脚本的时候体现出来。当然，根据不同的情境设计和拍摄制作需求，也可以酌情添加或者删减这些要素，调整脚本的逻辑框架。脚本写作者可以将这些要素绘制成Excel表格，形成分镜头脚本的逻辑框架。

【素养园地】

短视频开启脱贫攻坚助农新模式

短视频除了在内容生态上颇具娱乐性之外,在赋能实体产业发展、公益扶贫领域,也同样有着不俗的表现。

新疆枣萨库勒村的和田大枣以个大肉厚皮薄、甜香纯正的口感而闻名。当地优越的自然条件、暖温带干旱荒漠的气候特征十分适合大枣生长,那里拥有无污染碱性沙化土壤、充沛的阳光和富含矿物质元素的冰山雪水。所处的北纬36°59′50″—37°14′23″的位置,便是世界水果专家公认的世界最著名的"水果优生区带"。而这样的优质农产品曾因交通运输不便、购买渠道单一、宣传推广不足等多方面的原因而滞销。

2019年10月30日,北京市广播电视局代表团前往新疆建设兵团第十四师四十七团的红枣种植地,参观和田红枣种植情况,了解和田大枣品质。部分影视机构和平台代表全程用短视频记录并传播,让消费者通过各种渠道了解到这次特别的短视频公益之旅,以及和田大枣的生长环境和营养价值。更为便捷的是,消费者可以通过微店和微信小程序等渠道快速下单购买,品尝到来自千里之外的正宗和田大枣。通过短视频的方式,既实现了对和田大枣的宣传,也实现了立体化的品牌传播,让更多匠心农人真正受益,切实带动了当地脱贫工作。

未来,"短视频+扶贫助农"的模式将继续普及和发展,为农村地区的发展带来新的机遇。

(2)分镜头脚本写作技巧。

① 确定视频主题。在撰写短视频脚本之前,首先要明确短视频的主题,即这个视频要讲一个什么样的故事,故事背后的深意是什么,最终要实现怎样的效果。明确主题后,开始建立故事的框架,确定故事发生的时间、每个角色的特点以及角色之间的关系。例如,李子柒的短视频都是围绕展现农村生活的日常而进行不同层面的延伸,有时候是展示一顿饭的制作过程,有时候是如何利用各种果实制作甜点,还有弹棉花的日常,这些看似毫无关联的故事却都没有脱离农村生活这条主线。因此主题的确定需要与账号的定位和风格始终保持一致。

② 梳理故事情节。梳理故事情节就好比在写文章时要先列出大纲,在撰写短视频脚本的时候同样需要先梳理清楚故事的情节和发展方向,明确故事的主线和发展过程,这样做有利于之后对内容进一步拆分以及设计拍摄手法。例如,制作一个主题为"北漂青年拒绝外卖的一天"的Vlog短视频,首先可以将打算拍摄的场景按顺序罗列出来:

- ✓ 下班回家路上去超市买菜——牛排、意面、番茄、水果;
- ✓ 回到家准备食材;

- ✓ 食材准备完毕；
- ✓ 煮意面；
- ✓ 等意面的时间用Keep健身十分钟；
- ✓ 煎牛排；
- ✓ 煮蔬菜、洗水果；
- ✓ 摆盘；
- ✓ 开吃；
- ✓ 空盘。

这个大纲跟拍摄提纲有些类似，起到了提示拍摄内容和流程的作用。

③ 制定脚本框架。确定了故事情节之后，便可以梳理分镜头脚本的框架了。根据视频的题材和内容，以及拍摄和剪辑的复杂程度，可以灵活地选择分镜头脚本的组成要素，用表格的形式呈现出来，如表6-3所示。

表6-3 分镜头脚本框架示例

镜号	景别	运镜	画面内容	台词	字幕	音乐	音效	时间	道具

④ 开始填充内容。有了上述的框架后，就可以开始填充内容了。在撰写内容的时候，需要注意以下几点：

第一，暂时不用刻意限制字数，重点是把想要表达的内容呈现出来即可；

第二，尽量一气呵成，小错误和小细节可以在之后的修缮工作中再修改；

第三，如果在撰写的过程中想到更合适的内容方向，可以同时写出来，之后再去对比哪个方向更合适；

第四，注意利用文字、运镜和音效制造情节的冲突和转折；

第五，合理把握时间和节奏。

⑤ 完成修缮工作。这个阶段需要删减一些不必要的元素，调整整体内容的逻辑性，反复斟酌运镜、台词、音乐和画面要达到的最佳状态。如果脚本中有台词，需要特别注意语言要精练不啰唆，紧扣主题和节奏。另外，短视频开头的几秒钟最

为重要，一定要设计得有吸引力。当脚本完善之后，便可以开始拍摄了。在视频拍摄的过程中，要及时发现脚本中的问题并进行调整和优化。

【文案赏析】

李子柒制作花生瓜子短视频分镜头脚本

李子柒制作花生瓜子短视频分镜头脚本如表6-4所示。

表6-4　李子柒制作花生瓜子短视频分镜头脚本

镜号	画面内容	景别	运镜	时间	背景音乐
1	人物掀开白布，从缸里拿出晒干的向日葵，放在篮子里	近景	固定镜头	2秒	视频原声+悠扬纯音乐
2	对向日葵放在篮子里的动态动作进行特写	特写	固定镜头	3秒	视频原声+悠扬纯音乐
3	人物坐着将晒干的向日葵的瓜子剥落在木盒里	中景	固定镜头	2秒	视频原声+悠扬纯音乐
4	对瓜子落在木盒里的动态动作进行特写	特写	固定镜头	2秒	视频原声+悠扬纯音乐
5	锅里倒入盐开始翻炒，旁边放装瓜子的木盒，两者都要拍到	中景	固定镜头	3秒	视频原声+悠扬纯音乐
6	对将瓜子放在锅里以及翻炒盐和瓜子的动态动作进行特写	特写	固定镜头	5秒	视频原声+悠扬纯音乐
7	对炒好的瓜子放在过筛网上的动态动作进行特写	特写	固定镜头	3秒	视频原声+悠扬纯音乐
8	人物将瓜子过筛	中景	固定镜头	2秒	视频原声+悠扬纯音乐
9	对过筛好的瓜子倒入木盘的动态动作进行特写，后期添加文字"炒瓜子"	特写	固定镜头	5秒	视频原声+悠扬纯音乐
10	人物用铲子铲沙	中景	固定镜头	2秒	视频原声+悠扬纯音乐
11	人物手里拿着木盒装的花生以及铲子装的沙，走到锅台旁边，将沙子倒入锅里	中景	固定镜头	4秒	视频原声+悠扬纯音乐
12	翻炒花生与沙子的特写	特写	固定镜头	3秒	视频原声+悠扬纯音乐
13	花生过筛的动态动作	特写	固定镜头	2秒	视频原声+悠扬纯音乐
14	沙子落下的动态动作	特写	固定镜头	1秒	视频原声+悠扬纯音乐
15	花生倒入盘中的过程，旁边放置已经炒好的瓜子，两者都要拍上	近景	固定镜头	3秒	视频原声+悠扬纯音乐
16	花生落入盘中的特写，后期添加文字"炒花生"	特写	固定镜头	5秒	视频原声+悠扬纯音乐

> 【协作创新】
>
> 以小组为单位，选取一个你喜欢的产品，针对这个产品撰写一份短视频分镜头脚本。

6.2 直播脚本写作

6.2.1 直播脚本的作用

直播是电子商务的重要营销方式之一。在开始一场电商直播之前，需要对直播内容进行精心的策划，而直播脚本正是一场直播内容和流程的文字呈现，对直播起着重要的指导作用。直播脚本就好比是表演戏剧和拍摄电影时所依据的底本或剧本，是一场直播活动的具体规划和执行框架。一份清晰、详细、可执行的直播脚本，是确保一场直播流畅有效、达成直播目标的重要保障。

直播脚本可以起到规范直播流程、把控直播节奏、掌握直播主动权、明确产品梯队、减少突发状况发生的作用。

1. 规范直播流程

直播脚本根据直播主题和时间，为直播做好内容规划，确定各个环节的内容、形式、时间和进度，明确在直播过程中的每一个时间点应该做什么事情，让直播的流程更加规范化。

2. 把控直播节奏

直播脚本根据粉丝画像和历史数据，合理安排直播过程中产品讲解、互动活动、福利政策等环节的时间、时长和顺序，让直播更容易引起粉丝的共鸣，取得更好的直播效果。

3. 掌握直播主动权

直播脚本让主播和直播团队在直播前期准备、直播过程实施，以及直播后复盘有据可循，特别是在直播的过程中，主播能够按照脚本的内容，紧紧围绕直播主题，主动引导用户，避免被用户带偏而脱离主播主题，避免对直播速度和时间把握不好，脱离直播目标，从而掌握直播主动权，有条不紊地去引导用户。

4. 明确产品梯队

直播脚本除了明确每个产品的核心卖点、讲解话术，以及库存、价格、优惠方式等基本信息之外，还会明确产品的梯队，即哪些是主推产品，哪些是次推产品。

这样可以让主播在直播的时候有所侧重，在策划互动活动和优惠政策的时候更有针对性，打破人与货之间的信息壁垒，让用户更快地知道产品对他来说有什么好处，更好地为粉丝和店铺服务。

5. 减少突发状况

如果一场直播没有预先撰写好的脚本，在直播过程中出现突发状况时，就很容易让直播团队慌乱出错，造成现场失控。直播脚本有助于直播团队做好场控、避免冲突，防止危机的发生和蔓延。

【素养园地】

让电商直播成为未来中国一股向上的力量

2020年4月20日，习近平总书记到陕西考察工作时，走进直播间，做出"电商，在农副产品的推销方面是非常重要的，是大有可为的"重要指示。

李克强总理在2020年《政府工作报告》中指出：电商网购、在线服务等新业态在抗疫中发挥了重要作用，要继续出台支持政策，全面推进"互联网+"，打造数字经济新优势。

在公益扶贫领域，电商直播同样显示出了强大号召力。2018年"双12"期间，淘宝直播一晚就帮助贫困县卖出农产品超千万元，带火了砀山梨膏、兴安盟大米等产品。2019年天猫"双11"晚会，多名贫困县县长走进直播间，借助直播平台卖起了当地特产，大大增强了县里农特产的知名度。2020年被称为"县长直播"元年。在新冠肺炎疫情暴发期间，不少市长县长轮番上阵，为本地农副产品亲自"背书"，通过直播带货助农惠农，不仅切身推广了无接触购物，也让当地滞销的农副产品走进了网友的家中。从田间地头到直播间，技术降低了市场的门槛。特别是在一些需要宣传推广的贫困地区，通过直播带货的方式，以极低的成本缩短了中间环节，实现助农脱贫。

电商直播正在多样化地影响人们的生活，改变了很多人的未来。我们期待着电商直播能够健康茁壮成长，真正成为未来中国一股向上的力量。

6.2.2 单品直播脚本写作方法

单品直播脚本是以单个产品为对象，对产品的卖点、优惠活动、讲解方式等进行详细说明的脚本。在一场长达几个小时的直播中，主播会推荐多款产品，其中每一款产品应当有一份对应的单品直播脚本，以表格的形式，将产品的卖点和优惠活动等内容写清楚，从而避免主播在介绍产品时手忙脚乱，混淆不清。撰写单品直播脚本时要挖掘产品的卖点、洞察消费者需求、明确促销方式。

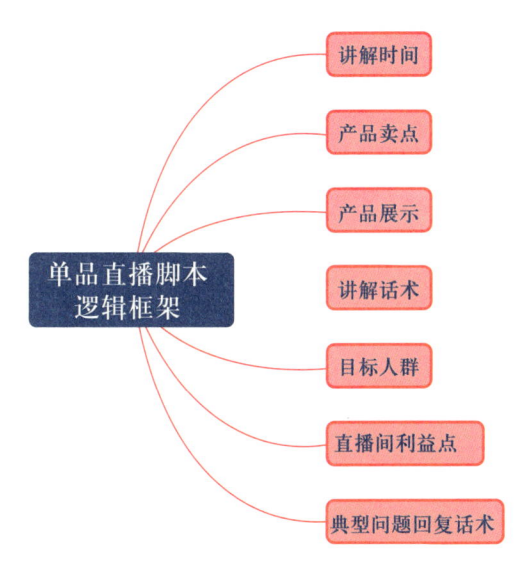

1. 单品直播脚本逻辑框架

单品直播脚本逻辑框架如图6-2所示。

图6-2 单品直播脚本逻辑框架

单品直播脚本的内容一般包含讲解时间、产品卖点、产品展示、讲解话术、目标人群、直播间利益点，以及典型问题讲解话术等等，如图6-2所示。

（1）讲解时间：说明某款产品上架在几号链接，在几点开始讲解，讲解多长时间。

（2）产品卖点：总结提炼出产品的核心卖点。

（3）产品展示：说明直播时如何展示产品，是现场使用、对比试验，还是播放短视频等。

（4）讲解话术：说明产品讲解的步骤和重要话术。

（5）目标人群：说明产品的目标消费者是哪一类人群，他们有怎样的需求。

（6）直播间利益点：说明直播间的福利政策。一般来说主要是优惠价格，例如：日常价格和直播间价格的对比，有无赠品，是否有数量限制，以及具体的优惠方式等。

（7）典型问题回复话术：是指针对直播间用户可能提出的问题，主播可以参考的回复话术。

脚本写作者可以用表格的形式，将以上维度一一罗列，并写下每个维度的具体内容，这样就形成了一份单品直播脚本。当然，单品直播脚本的撰写维度不是固定的，直播团队可以根据店铺需求、直播主题、直播目标来灵活调整单品直播脚本的逻辑框架，如表6-5所示。

表6-5 单品直播脚本框架示例

讲解时间	
产品卖点	
产品展示	
讲解话术	
目标人群	
直播间利益点	
典型问题讲解话术	

2.单品讲解话术写作技巧

（1）产品讲解步骤"五步法"。在单品直播脚本中，产品的讲解话术是最核心的内容，这决定了主播将如何讲解一款产品，以及能否触动消费者，使其最终完成购买。虽然不同的产品有不同的卖点，不同的品牌有各自的文化和价值，不同主播的风格和说话方式也千差万别，但是对于绝大多数的产品以及新手主播来说，可以通过有效的产品讲解方法来帮助自己有条理、有逻辑地将产品的卖点传达给消费者，唤起消费者的购买愿望并最终实现转化。讲解产品的方法可以分为五个步骤，如图6-3所示，分别是：提出痛点、放大痛点、引入产品、提升价值、降低门槛。在撰写单品直播脚本的时候，可以按照这个步骤来撰写产品的讲解话术。

产品讲解步骤"五步法"
- 提出痛点
- 放大痛点
- 引入产品
- 提升价值
- 降低门槛

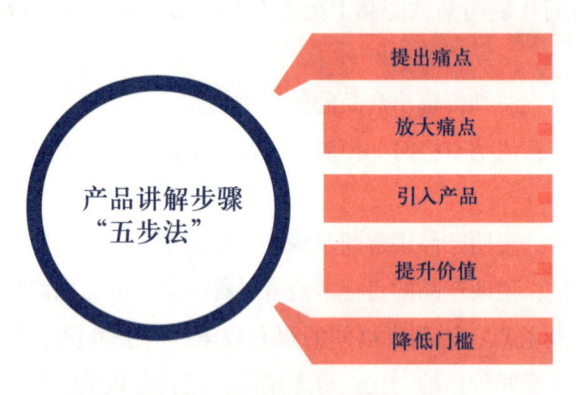

图6-3 产品讲解步骤"五步法"

① 提出痛点。针对目标消费群体，找到他们的痛点，然后通过场景化的语言描述来唤起消费者对这个痛点的感受，让他们意识到必须要解决这个问题。例如，讲解一款颈椎按摩仪，可以说："我每天用手机和电脑的时间特别长，经常会感觉到肩颈酸痛，大家平时会不会也有这种感觉呢？"由此可以唤起伏案久坐、低头族人群的痛点。通过聊天的方式提出问题，引起观众的共鸣。

② 放大痛点。用户已经感受到了痛点，但是可能并没有觉得这个痛点急需解决。这个时候可以通过进一步的描述来放大痛点，让用户意识到问题的重要性，产

生马上解决问题的需求。例如，针对这款颈椎按摩仪，可以说："肩颈疼痛是因为颈部肌肉长时间处于紧张的状态，得不到放松。长期的颈椎压迫还可能引起其他的健康问题。"需要注意的是，放大痛点不可夸大其词，更不能通过恐吓的方式制造焦虑。

③ 引入产品。在完成了以上两个步骤之后，现在可以顺势引入产品了。在这个阶段，需要将核心卖点生动地演绎出来，将产品的卖点转化为让消费者能够感受到的利益点，通过语言传达给消费者。以这款颈椎按摩仪为例，它的一个核心卖点是机身小巧，可以随身携带，随时随地放松颈部肌肉，这是与市场上同类产品的差异化卖点。在介绍产品的时候，可以通过场景法、对比法等方式来突出产品给用户带来的好处。例如，主播可以说："出差的时候可以放进行李箱，有时候酒店的床太软睡得颈椎不舒服，就可以拿出来马上缓解。"或者说："上班时装在背包里也毫无压力，下班坐地铁的路上就可以用来放松紧张了一整天的颈部肌肉。"或者，还可以跟其他的颈椎仪或者参照物放在一起做对比，强化产品的"便携性"这一核心卖点。

④ 提升价值。在介绍产品的核心卖点之后，接下来要做的是提升产品的价值，通过不同维度的介绍让消费者知道这个产品真的很有价值。一方面，可以从品牌的历史、理念、服务、技术、用户口碑、产地优势等角度来为产品背书，凸显产品更高的价值。另一方面，也可以从竞品角度出发，找出自家产品优于别家的卖点，并将其进行放大说明。例如，对于这款按摩仪，它是否获得了某项技术专利，是否制定了行业标准，是否有口皆碑，是否有其他品牌不具备的功能等。例如，主播可以说："这款按摩仪店铺累计销售2万台，32%的消费者都会回购，好评率99%。"

⑤ 降低门槛。通过以上四个步骤的产品讲解，用户已经对产品产生了兴趣和需求，接下来可以通过介绍优惠价格，降低消费者的购买门槛，将产品成功地销售出去。一般可以通过对比日常价格、活动价和直播间的价格，以及介绍限时优惠的方式，来营造一种购买的紧迫感，提升直播间的转化率。例如，主播可以说："这款便携式颈椎按摩仪，日常价1 000元，活动价800元，直播间价格600元，限量5 000台。"当下单的门槛被一步步降低，消费者的购买理由就更加充分了。这也是为什么人们经常看到直播间的产品都是限时、限量、限价的。在人员充足的情况下，还可以通过团队配合来营造紧迫感。例如，一人直播，另一人在镜头后面告知实时剩余库存。同时配合运营操作，将货品分批上架，陆续补货。

通过以上五个步骤，可以将直播产品有逻辑、有层次地介绍给消费者，促进产品销售。提出痛点和放大痛点是对消费者需求的引导，关键是找到用户的痛点，并将消费者带入一种场景。引入产品是对产品的介绍，需要将核心卖点转化为消费者能够感知到的利益点。提升价值是通过品牌和产品的优势进一步为产品背书，最后通过价格的优势来降低购买门槛。

【文案赏析】

某品牌焖烧锅单品直播脚本

某品牌焖烧锅单品直播脚本部分内容如表6-6所示。

表6-6 某品牌焖烧锅单品直播脚本部分内容

讲解时间	① 20：30开始讲解 ② 讲解时长：5~8分钟 ③ 产品上架：2号链接
产品卖点	① 早上多睡一小时，下班回家就吃饭 ② 安全节能环保，8小时长效保温 ③ 304钢食品级材质
产品展示	① 近镜头展示产品细节 ② 展示制作方法：现场制作排骨汤
讲解话术	① 提出痛点：上班来不及做早饭，下班不想花时间做晚饭 ② 放大痛点：不吃早饭胃不好，长期吃外卖不健康 ③ 引入产品：早上多睡一小时，下班回家就吃饭。现场制作排骨汤展示产品细节 ④ 提升价值：大品牌、好设计 ⑤ 降低门槛：日常价350元，直播间价格200元，限量500份
目标人群	忙碌的上班族
直播间利益点	① 优惠价格：日常价350元，直播间价格200元，限量500份 ② 优惠方式：详情页领取100元优惠券，分享直播间获50元优惠券
典型问题回复话术	① 可以用电磁炉吗？参考答复：内胆可以，外锅不可以 ② 可以不煮开，直接用开水焖吗？参考回复：不建议，效果不好 ③ 如何分享直播间？参考回复：近镜头展示操作步骤

【协作创新】

以小组为单位，自选一款产品，运用产品讲解步骤"五步法"，撰写产品讲解话术。

（2）产品讲解话术撰写要点。

① 创场景。创场景就创造并描述一个产品的使用场景，把用户的思维带入这个场景中，让用户在这种场景下，感觉使用这个产品非常合适。例如，讲解驱蚊贴，主播可以说："小朋友晚上出去玩，把这个贴在袜子上，可以避免蚊子去咬小腿。"讲解帽子，主播可以说："如果你下楼买菜的时候懒得化妆，戴上这个帽子就好了。"通过描述特定场景下产品的使用细节，可以调动用户的想象力，唤起用户

的共鸣，促成最后的转化下单。

【文案赏析】

构建场景，让每一只口红生动起来

每一支口红，每一个色号，在李佳琦的嘴里仿佛都有了灵魂。他非常善于用语言构建场景，结合每一款口红的特点，描述用户在特定场景下的使用效果。这些语言成功地让消费者关注了自己，进而对产品感兴趣。消费者买的不只是口红，而是心目中更美的自己。

"看演唱会，最热情的就是你。"
"失恋的时候涂这个颜色，获得新生。"
"下过小雨的森林里的味道。"
"穿着白纱裙在海边漫步的女生，非常干净的感觉。"
"恋爱中的少女，开心地去找男朋友，那种很甜的感觉。"

② 做类比。类比法是一种认知思维与推测方法，是对未知或者不确定的对象与已知的对象进行归类比较，进而对未知或者不确定对象提出猜测。在直播中，做类比的产品讲解方法是指用熟悉的事物来解释陌生的产品。通过做类比的方法，可以简单、快速、有效地让客户理解产品特色。例如："这就是口红中的爱马仕"，可以马上建立起用户对这款口红高端定位的认知，凸显产品的价值。当有了产品定位认知之后，消费者对产品细节的理解就更深入，对价格的接受程度就更高了。

【文案赏析】

巧做类比，将专业的内容生活化

用熟悉的事物来解释口红专业的颜色、色泽和质地特点。让不容易描述的口红卖点变得生动起来，使用户能够快速准确感受到每款口红的独特之处。

"好闪，五克拉的嘴巴。"
"太新鲜了，简直是樱桃本人。"
"很像那种淋过水的砖头，很显皮肤白。"
"这是星空吧。"
"只掉一点点颜色，跟立邦漆有一拼。"
"很高级的熟透草莓的颜色。"
"像宣纸抿出来的颜色。"
"苹果红，有生命力。"

③ 讲故事。任何产品都自己有趣的话题，例如它的品牌诞生、生产过程、产品工艺、历史文化、匠心精神等。企业可以挑选生动、有趣的部分，把它们串成一个令人喝彩的动人故事，将其作为销售的有用素材。销售大师保罗·梅耶说："用这种方法，你就能迎合顾客、吸引顾客的注意，使顾客产生信心和兴趣，进而毫无困难地达到销售的目的。"讲故事是销售人员必备的能力，电商主播作为线上导购和销售人员，同样需要在直播的过程中讲好故事、让用户愿意听，产生兴趣，促成交易。除了围绕产品卖点讲好故事之外，主播还可以结合自己的经历，讲一讲自己生活中的故事，拉近跟用户之间的距离。

【文案赏析】

直播带货也能用心讲好故事

2020年5月，央视主播朱广权为湖北地区的农副产品直播带货，助力湖北经济复苏。他用语言的魅力将一个个普普通通的农产品背后的历史文化故事讲得妙趣横生，用简单押韵的句式直抵消费者内心，令人拍案叫绝。

"武汉是历史文化名城，楚文化发祥地，春秋战国以来一直都是中国南方的军事和商业重镇。来到武汉，有很多地方值得去逛，比如你可以漫步东湖之畔、在黄鹤楼上俯瞰，荆楚文化让人赞叹，不吃热干面才是真的遗憾。"这是朱广权介绍武汉知名热干面品牌时的直播带货文案。他从武汉的历史为切入点，将热干面赋予了楚文化的内涵。

"热干面看似泼辣，但是热心肠，你需要不断地翻转它、品它，细品才能品出它的滋味，这就叫人间烟火气，最抚凡人心。"

他紧接着又将热干面从历史文化带到了烟火人间，让人眼前仿佛展开了一幅武汉街头人头攒动，武汉人低头吃热干面的热闹画面。

在推荐一款米酒时，朱广权又这样讲述："武汉有这样的传统，喜欢用米酒来配热干面。米酒比较娇气，发酵过重，酒味太重；发酵不足，甜味又不够。处处离不开老师傅的经验和智慧，没有这些烦琐的劳作，就没有我们醇香清甜的米酒，所以这不是酒，这是经验的时光。"

对于消费者来说，不一定是武汉热干面有多么好吃吸引了他，而可能是被朱广权口中这座老城的历史故事和平凡的烟火气息触动了内心；不一定是他多么喜欢饮酒，而可能是被朱广权口中米酒酿造过程所承载的浓浓匠人气质和旧时光味道所打动。

6.2.3　整场直播脚本写作方法

1. 整场直播脚本的组成要素

整场直播脚本是对整场直播的详细规划，重点是对直播流程的安排和直播节奏的把握。一般来说，整场直播脚本的内容主要包含直播基本信息、直播主题、产品规划、互动玩法这四个要素。

（1）直播基本信息。直播基本信息需要明确直播的时间、地点、主播、直播产品数量，以及人员安排和分工等内容。

（2）直播主题。直播主题的确定可以根据店铺定位、粉丝需求、节日话题、平台大促，以及直播产品和品牌等元素来策划。例如，针对五周年店庆，商家可以策划一个粉丝回馈福利日的直播主题；针对产品上新，商家可以策划新品尝鲜的直播主题；针对"6·18"等平台大促，商家可以策划促销狂欢主题；针对不同的节日，商家可以根据店铺的品类特点，策划与节日相关联的直播主题。在日常直播策划中，商家还可以周期性地策划日主题、周主题、月主题等。

（3）产品规划。有了直播主题之后，就要确定这场直播要上架什么产品，以及哪些产品是主推、哪些是次推、哪些是爆款、哪些是粉丝专享款、哪些是福利款、哪些是剧透款等。当不同的产品在直播间有了各自的定位，产品的梯队就非常明确了。直播团队可以根据产品的重要程度设计合适的互动环节和优惠力度。除了确定产品和梯队外，整场直播脚本中每一款产品的具体信息和讲解方式都可以参考单品直播脚本的内容。

（4）互动玩法。互动玩法也是直播脚本中非常重要的部分。互动的形式有很多，例如：抽奖福利、话题投票、嘉宾做客、热点话题、才艺展示、连麦和游戏等。需要注意的是，在设计直播间互动活动的时候，一定要充分了解清楚粉丝人群和粉丝画像，了解他们的年龄、地域分布、消费水平等，策划出符合用户需求的互动活动。

【素养园地】

规范网络直播营销行为，促进直播业态健康发展

据《中国消费者报》报道，进入2020年，特别是随着新冠肺炎疫情防控形势下经济生活的变化，网络直播营销已迅速成为一个重要的带货及引流手段。网络直播因其具有及时性强、交互性强、真实感强等优势，让越来越多的企业看到了直播对于品牌宣传推广和营销的影响，开始选择其作为营销新战场，大量的品牌商、网红竞相走入直播间卖货。

然而，随着网络直播营销这种新业态新模式的快速发展，其暴露出的问题也逐渐呈现，产品质量、虚假宣传、售后服务，甚至一些内容导向等问题不时见诸报端，消费者的合法权益受到损害。

2020年7月1日，由中国广告协会制定的《网络直播营销活动行为规范》正式实施，重点规范直播带货行业刷单、虚假宣传等情况。

《网络直播营销活动行为规范》对网络直播营销中的商家、主播、平台经营者、主播服务机构和参与用户的行为提出规范，并鼓励网络直播营销活动主体响应国家脱贫攻坚、乡村振兴等号召，积极开展公益直播。

这是中国出台的第一个关于网络直播营销活动的专门规范，具有创新性，将对业态的健康发展起到引领作用。随着该规范的执行，未来直播带货将有规可循，有据可依。直播业态的健康发展更需要依靠商家、主播、平台和每一个用户共同遵守规范，践行社会主义核心价值观，共同营造风清气正的网络直播空间。

2. 整场直播脚本逻辑框架

（1）整场直播流程安排。在确定好了直播信息、直播主题、产品规划、互动玩法之后，需要将这些内容按照时间线有机地交织在一起，形成直播的固定流程和节奏。一般来说，一场直播会按照开场预热—产品讲解—互动活动—结尾预告这个流程来执行，如图6-4所示。

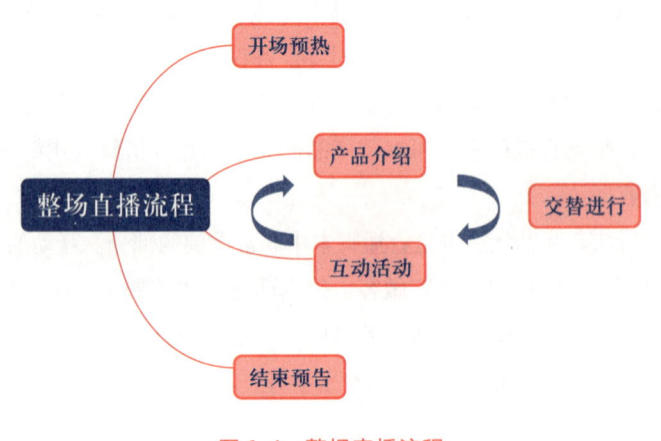

图6-4 整场直播流程

① 开场预热：包括欢迎粉丝来到直播间，以及介绍自己、今日直播主题、福利活动、主推产品等。主播可以根据直播主题或当前热点事件切入，目的是活跃直播间气氛，调动粉丝情绪。还可以固定设计一个开播福利，培养粉丝准时来观看直播的习惯。

② 产品讲解：根据单品直播脚本讲解产品，重点突出产品卖点和直播间利益点。

③ 互动活动：是指除讲解产品之外，在直播间跟粉丝的互动内容。例如：抽奖福利、话题投票、嘉宾做客、热点话题、才艺展示、连麦和游戏等。

产品讲解和互动活动这两个环节应该交替进行。例如，第一款产品讲解5分钟，紧跟着是一个截屏抽奖的活动，接着开始讲解第二款和第三款产品10分钟，然后是一个整点秒杀的活动。

④ 结尾预告：包括对整场直播内容的回顾，感谢粉丝，引导关注等内容。同时预告下次直播时间、福利和产品活动，引起用户的期待。

在直播节奏的把握上，可以根据历史直播数据分析什么时间段直播用户数量多，什么时候跟粉丝互动效果最佳，什么时候安排直播福利可以提高转化率，从而合理安排各个时间段的直播内容，把控直播的节奏，明确每个点的直播福利政策，吸引粉丝停留观看、互动并下单购买。

（2）整场直播脚本框架。明确了直播脚本组成要素和直播流程之后，就可以将这些内容整理成文字，以表格的形式呈现出来，形成一份完整详细的整场直播脚本，其框架如表6-7所示。直播脚本的框架和格式不是固定不变的，直播团队可以根据店铺需求、直播主题、直播目标等灵活调整脚本框架。

表6-7　整场直播脚本框架示例

直播主题			
基本信息	1. 主播： 2. 直播时间： 3. 直播地点： 4. 店铺活动： 5. 产品数量： 6. 人员安排：		
时间	环节	内容框架	参考话术
19:00—19:10	开场预热	1. 固定开场 2. 话题引入 3. 重点产品过款 4. 重要活动内容预告	
19:10—19:20	产品讲解 （例：1号产品-主推）	参照单品直播脚本	
19:20—19:30	互动活动 （例：1元秒杀）	1. 互动玩法 2. 后台操作	
19:30—19:40	产品讲解 （例：2号产品-次推）	参照单品直播脚本	
19:40—19:50	互动活动 （例：小游戏）	1. 互动玩法 2. 后台操作	
19:50—20:00	产品讲解 （例：3号产品-次推）	参照单品直播脚本	
20:00—20:05	互动活动 （例：整点抽奖）	1. 互动玩法 2. 后台操作	
……	……	……	
22:00—23:00	结尾预告	1. 回顾重点 2. 预告下一场直播	

【协作创新】

以小组为单位，自选直播主题，并撰写一份整场直播脚本。

3. 整场直播话术写作技巧

（1）留人话术。"留人"顾名思义就是要留住直播间的粉丝，提高直播间的留存率有助于增加直播间的推荐流量。直播间人越多，互动率越高，平台就会把这个直播间推荐给更多感兴趣的人。这也是为什么要设计直播间的互动活动，让用户点赞、评论、转发，从而提升直播间的数据，获得平台更多的流量的原因。在撰写直播脚本的时候，可以在产品讲解和互动活动的环节写上留人话术，提醒主播留住直播间的用户。

首先，可以利用福利政策留住粉丝和潜在用户。例如，薇娅在每场直播开始的时候都是那句"话不多说，我们先来抽波奖"。对于整场直播的优惠福利应该经常由主播口播，重复表达，贯穿全场，不断告知新进来的用户。例如："直播间的宝宝们，9点整的时候我们会进行抽奖免单，还没有点关注的朋友请在上方点击关注，关注了就可以参加9点抽奖免单，还可以去找客服领取新人优惠红包。"

其次，在回答用户提问的时候，也非常适合使用留人话术。

参考话术如下：

粉丝：主播可以试穿9号链接吗？

主播：（粉丝账号昵称）您可以先关注主播，稍等马上为你试穿哦！

粉丝：5号链接有优惠吗？

主播：（粉丝账号昵称）宝宝，5号商品在详情页可以领取20元的优惠券（操作优惠券领取步骤），另外，我们在10点还会有半价秒杀活动，您可以在10点参加我们的秒杀哦。

（2）互动话术。想要留人促转化，就必须在直播间让粉丝参与进来，与主播产生互动。互动也是算法评价直播间是否优质的关键指标。在直播时，要根据直播的各个环节，引导用户进行有效互动，例如点赞、评论、关注、分享等。

① 提问式互动。

参考话术如下：

"有没有喜欢吃辣的朋友？"

"有没有用过这款面膜的朋友？"

② 选择题互动。

参考话术如下：

"想要A款的扣1，想要B款的扣2。"

"想要红包的回复1，想要免单的回复2。"

③ 刷屏式互动。

参考话术如下：

"我们现在截一屏幕送礼品，请大家打'明晚21：00见'。"

"请大家动动手指点赞哦，点赞超过1万次我们会有抽奖活动。"

④ 引导式互动。

参考话术如下：

"新进来的朋友请关注直播间哦，关注主播不迷路。"

"各位朋友们请点击主播头像，设置最爱哦。"

（3）成交话术。

① 善用价格锚点。消费者在购物时经常会发现这样的现象，商家会划掉原标价，然后在旁边写一个优惠价。"原价"就是商家设置的"价格锚点"。这就是"锚点效应"。在直播的过程中，同样可以利用"锚点效应"来凸显产品价格的优势。

参考话术如下：

"天猫旗舰店的价格是90元一瓶（价格锚点），今天在直播间下单，买2瓶送2瓶，再送3瓶便携装，相当于36元一瓶，超值福利。"

② 营造紧迫感。制造稀缺和紧迫感，也是营销的一种常用方法。在引导用户成交的时候，通过限时限量限地的成交话术，可以促使用户尽快下单。

参考话术如下：

"今天的优惠数量有限，只有100件，卖完就没有了。"（限量）

"还有两分钟，时间到了就恢复原价。"（限时）

"这个价格只有在直播间下单才可以享受。"（限地）

（4）催单话术。用户在下单的时候可能会犹豫不决，也可能下了单迟迟不付款。这个时候商家需要设计好催单话术，来加快用户的下单付款速度。

参考话术如下：

"喜欢的朋友一定要在直播间下单，直播结束后就恢复原价了哦。"

"还没有付款的朋友抓紧时间付款哦，我们现在要取消待付款的订单了，给其他没有抢到的朋友机会。"

总之，在直播脚本中设计好直播话术的作用，不是让主播机械式的复述，而是在合适的时间、用自然巧妙的方式有技巧地引导用户和促进产品交易。当然，不管是哪一种话术，都不是独立存在的，需要主播融会贯通、烂熟于心，在直播间灵活反复地表达。

【协作创新】

以小组为单位，选择一位电商头部主播，分析他的直播带货话术的技巧和特点，他用了哪些方式打动了你的内心？又有哪些值得学习的"金句"带货文案？

【知识与技能训练】

一、单选题

1. 以下是对脚本作用的较为完整的描述的是（　　）。
    A．拍摄短视频和直播活动的依据和规范
    B．规范主播的行为
    C．协调供应商
    D．指导摄影师的工作
2. 短视频脚本用于规范（　　）的行为。
    A．演员　　　　　　　　　　B．拍摄师
    C．后期剪辑人员　　　　　　D．以上都是
3. 直播脚本的核心和灵魂是（　　）。
    A．直播主题　　　　　　　　B．直播时间
    C．促销活动　　　　　　　　D．直播人员配置
4. 一个短视频账号的主线是农产品，最为合适的拍摄题材有（　　）。
    A．心灵鸡汤　　　　　　　　B．农产品的生长环境和美食
    C．服装的搭配　　　　　　　D．游山玩水
5. 短视频拍摄脚本围绕着（　　）要素展开。
    A．拍摄内容、时间　　　　　B．拍摄镜号、景别、镜头摄法
    C．背景音乐　　　　　　　　D．以上都有

二、多选题

1. 短视频脚本的作用（　　）。
    A．提高短视频拍摄效率　　　B．提高短视频拍摄的质量
    C．明确短视频的主题　　　　D．保证短视频的效果
2. 短视频脚本一般分为三种，分别是（　　）。
    A．拍摄提纲　　　　　　　　B．文学脚本
    C．分镜头脚本　　　　　　　D．产品脚本
3. 一个电商整场直播活动，需要规划和设计的脚本有（　　）两种。
    A．单品直播脚本　　　　　　B．整场直播脚本
    C．促销活动脚本　　　　　　D．内容脚本
4. 短视频分镜头脚本的要素有（　　）。
    A．摄法　　　　　　　　　　B．景别
    C．画面内容　　　　　　　　D．台词
5. 整场直播脚本的内容，包含（　　）。
    A．直播主题　　　　　　　　B．互动玩法

C．产品规划　　　　　　　D．人员分工

三、判断题

1. 直播整场脚本和单品解说脚本面向的对象是不同的。（　　）
2. 固定的直播时间，包括开播时间、开播时长，有助于直播圈粉。（　　）
3. 短视频脚本的设计包含镜号、景别、镜头运动、画面内容、字幕和配音内容和道具等要素。（　　）
4. 直播复盘的目的就是找出直播失败的原因。（　　）
5. 直播脚本中规划的促销活动、赠品越多，直播效果越好。（　　）

四、案例分析题

请观看山东卫视的《对脚本 顺台词 曹县县长穿汉服直播带货》，谈一谈如何规划和设计直播脚本。

案例简介：

"大家好，我是曹县县长梁惠民，我为家乡的特色产品代言！曹县是中国最大的汉服生产基地，曹县汉服全国闻名，请大家多关注，喜欢的尽快下单！"在3月19日晚举办的"抗疫复工、多多美丽"拼多多女装——曹县汉服源产地直播专场上，曹县县委副书记、县长梁惠民在网络直播间，向全国网友打招呼，为曹县"汉服服装"直播代言。

这次直播吸引了超过160万名网友的围观。据统计，截至当晚20：30，参与活动的商户在半小时内便售出了汉服3 000余件。对于属于小众品类的汉服而言，在参与此次直播的商户看来，半小时能卖出这么多，这在以往根本不敢想象。梁惠民说，新冠肺炎疫情之下，人们的思维方式、消费方式都会发生很大变化，下一步将考虑通过直播方式来助推曹县更多的特色产业做大做强。

五、实训题

（一）实训背景

本项目实训为短视频脚本文案的写作，学生通过本项目的学习，掌握短视频脚本文案写作的综合技能。实训素材选取山东曹县的汉服（见图6-5）。

汉服是汉族几千年来的传统服饰，不仅包含着传统的染、织、绣等精湛工艺，更是中华民族审美情趣、风俗习惯的外在表现，承载着重要的文化内涵。汉服的兴起，体现出中国年轻一代的文化自信。

近年来，随着影视古装剧和短视频对汉服文化的宣

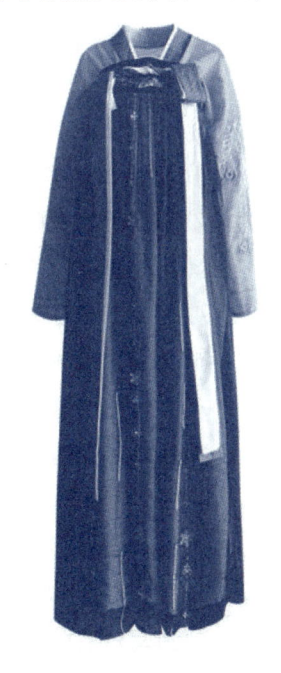

图6-5　曹县汉服

传，穿汉服在年轻群体中已形成了一股新风潮。汉服产业也逐渐完成了从"小众爱好"到庞大集群的华丽转身。数据显示，目前全国汉服市场的总规模在20亿元以上。

"曹县汉服手工艺者传承的是匠人精神，用料上乘，设计精美，上身舒适，一针一线都很有讲究，每一件都是精品。"近年来，曹县的汉服等演出服饰的加工销售逐渐形成规模，带动20万人就业创业，直播卖货的火爆对这20万人来说，不单单是卖出了滞销汉服这么简单，也是对他们复工复产信心的极大提升。

曹县是"国家级电子商务进农村综合示范县"，2019年被国务院评为"农产品流通现代化、积极发展农村电商和产销对接工作典型县"，成为全国十大电商发展典型县之一，并被国务院列入"落实重大政策措施真抓实干成效明显地方名单"。2019年全县淘宝村124个，占山东省的1/3，被阿里巴巴评为全国第二大"超大型淘宝村集群"；淘宝镇11个，占山东省的1/4；电商企业增长到4 000家，网店增加到6万余家，带动20万人创业就业；年网络销售额过亿元的店铺有6个、年网络销售额过千万元的店铺有100个，天猫店超过1 000个，全年网络销售额突破198亿元。

（二）实训任务

以小组为单位，策划一份关于介绍汉服的短视频脚本。

（三）实训步骤

1. 了解消费者需求

查阅资料，了解汉服消费群体的特征和消费需求。

2. 了解产品

① 了解产品的功能、产品的卖点；

② 了解产品的生产和供应情况。

3. 策划短视频内容

① 明确短视频拍摄的主题，建立框架；

② 策划场景设置、画面内容；

③ 策划拍摄景别；

④ 策划拍摄方法；

⑤ 策划拍摄时间；

⑥ 策划拍摄背景音乐和音效；

⑦ 策划拍摄的道具、人员分工。

4. 撰写短视频脚本

① 围绕着短视频主题、目标、产品的特征和消费需求进行团队讨论，规划和设计拍摄的主题和内容；

② 撰写短拍摄视频脚本。

参考文献

[1] 林海.移动商务文案写作［M］.北京：国家开放大学出版社，2017.

[2] 廖敏慧.电子商务文案策划与写作［M］.2版.北京：人民邮电出版社，2019.

[3] 叶小鱼，勾俊伟.新媒体文案创作与传播［M］.2版.北京：人民邮电出版社，2020.

[4] 李华，廖晓文，贾悟凡.新媒体写作与传播［M］.北京：人民邮电出版社，2019.

[5] 秋叶，勾俊伟，刘勇.新媒体营销概论［M］.北京：人民邮电出版社，2019.

[6] 陈维贤.互联网运营实战——从入门到精通［M］.北京：电子工业出版社，2019.

[7] 柴光林.商品学视角下的FABE法则［J］.现代营销，2019（10）.

[8] 许显锋.种草文案［M］.北京：中国经济出版社，2020.

[9] 龙飞.新媒体文案一册通［M］.北京：电子工业出版社，2019.

[10] 萧潇.创意文案与营销策划［M］.天津：天津科学技术出版社，2020.

[11] 柳绪纲.引爆带货文案［M］.北京：机械工业出版社，2019.

主编简介

林海，教授，广东科学技术职业学院商学院院长兼学校创新强校办公室主任。担任全国职业院校技能大赛中职组电子商务技能赛项专家组组长、国家专业教学标准研制核心组成员、全国电商行指委移动商务专指委委员、全国物流行指委校企合作专委会委员、珠海市电子商务协会副会长、金湾区电子商务服务中心主任。荣获2019年全国职业院校技能大赛优秀工作者、南粤优秀教师、广东省高职教育专业领军人才、珠海市优秀共产党员、广东省电子商务百强名师等荣誉称号。

主编教材4部，主持"新媒体营销"在线开放课程及教材建设，上线爱课程（中国大学MOOC），累计选课人数超过2万人。主持"教育部高等职业教育创新发展行动计划（2015—2018年）"项目3项；主持全国职业院校技能大赛赛项编制1项；主持省品牌专业建设2项；广东省教学成果一等奖第一完成人；主持省级应用技术协同创新中心建设1项；主持省教改课题1项；主持跟岗访学国培项目2项；主持企业横向技术服务项目6项。

郑重声明

高等教育出版社依法对本书享有专有出版权。任何未经许可的复制、销售行为均违反《中华人民共和国著作权法》，其行为人将承担相应的民事责任和行政责任；构成犯罪的，将被依法追究刑事责任。为了维护市场秩序，保护读者的合法权益，避免读者误用盗版书造成不良后果，我社将配合行政执法部门和司法机关对违法犯罪的单位和个人进行严厉打击。社会各界人士如发现上述侵权行为，希望及时举报，本社将奖励举报有功人员。

反盗版举报电话　（010）58581999　58582371　58582488
反盗版举报传真　（010）82086060
反盗版举报邮箱　dd@hep.com.cn
通信地址　北京市西城区德外大街4号　高等教育出版社法律事务与版权管理部
邮政编码　100120

防伪查询说明

用户购书后刮开封底防伪涂层，利用手机微信等软件扫描二维码，会跳转至防伪查询网页，获得所购图书详细信息。用户也可将防伪二维码下的20位密码按从左到右、从上到下的顺序发送短信至106695881280，免费查询所购图书真伪。

反盗版短信举报
编辑短信"JB，图书名称，出版社，购买地点"发送至10669588128
防伪客服电话
（010）58582300

资源服务提示

授课教师如需获得本书配套教辅资源，请登录"高等教育出版社产品信息检索系统"（http://xuanshu.hep.com.cn/）搜索本书并下载资源。首次使用本系统的用户，请先注册并进行教师资格认证。

资源服务支持邮箱：songchen@hep.com.cn
高教社电子商务专业QQ群号：218668588

高等职业教育 商科类专业群 新专业教学标准体系

电子商务类专业
- 电子商务法律法规
- 电子商务物流
- 跨境电子商务基础
- 移动商务基础
- 直播电商
- 农村电子商务
- 电子商务内容运营
- 电子商务文案写作
- 商品信息采集
- 商品运营管理
- 网店运营管理
- 网店视觉营销
- 网店客户服务

营销类专业
- 新媒体营销
- 移动营销
- 数字营销
- 直播营销
- 消费营销
- 消费者行为分析
- 市场调查与分析
- 市场营销策划
- 商务谈判与沟通
- 现代推销技术
- 广告原理与实务
- 品牌推广与实务
- 销售推广与管理
- 渠道管理
- 客户服务与管理

物流类专业
- 货物学
- 物流法律法规
- 仓储与配送管理
- 采购与供应链管理
- 物流成本管理
- 物流营销
- 运输管理
- 物流信息管理
- 物流设施设备
- 国际货运代理
- 物流地理
- 快递实务

经济贸易类专业
- 进出口业务操作
- 外贸单证操作
- 外贸跟单操作
- 外贸结算操作
- 国际结算英文函电
- 外贸英文函电
- 外贸风险管理
- 电子商务进出口实务
- 跨境电子商务推广
- 跨境电子商务实务
- 报关与报检实务
- 国际商法
- 国际市场营销
- 商务英语

核心：新商科
- 电子商务综合实训
- 营销综合实训
- 智慧物流实训
- 互联网+国际贸易综合实训

商科类专业群专业基础课
- 中国商贸文化
- 电子商务基础
- 市场营销
- 商品学
- 现代物流管理
- 国际贸易基础
- 商务办公软件应用
- 商务数据分析与应用
- 网络营销
- 选品与采购
- 供应链管理基础
- 商务礼仪

电子商务类专业 　　营销类专业 　　物流类专业 　　经济贸易类专业

高等职业教育 商科类专业群 新专业教学标准体系

新商科

电子商务类专业
- 电子商务内容运营
- 电子商务文案写作
- 电子商务信息采集
- 商品信息运营管理
- 网店运营实训
- 网店视觉营销
- 网店客户服务
- 电子商务法律法规
- 电子商务物流
- 电子商务基础
- 跨境电子商务基础
- 移动商务基础
- 直播电商
- 农村电子商务

电子商务综合实训

营销类专业
- 新媒体营销
- 移动营销
- 数字营销
- 直播营销
- 消费者行为分析
- 市场调查与分析
- 市场营销策划
- 商务谈判与沟通
- 现代推销技术
- 广告原理与实务
- 品牌推广与实务
- 销售推广与管理
- 渠道管理
- 客户服务与管理

营销综合实训

物流类专业
- 货物学
- 物流法律法规
- 仓储与配送管理
- 采购与供应链管理
- 物流成本管理
- 物流营销
- 运输管理
- 物流信息管理
- 物流设施设备
- 国际货运代理
- 物流地理
- 快递实务

智慧物流实训

经济贸易类专业
- 进出口业务操作
- 外贸单证操作
- 外贸跟单操作
- 国际结算操作
- 外贸英文函电
- 外贸风险管理
- 跨境电子商务进出口实务
- 跨境电子商务推广
- 报关与报检实务
- 国际商法
- 国际市场营销
- 商务英语

互联网+国际贸易综合实训

商科类专业群专业基础课
- 中国商贸文化
- 电子商务基础
- 市场营销
- 商品学
- 现代物流管理
- 国际贸易基础
- 商务办公软件应用
- 商务数据分析与应用
- 网络营销
- 选品与采购
- 供应链管理基础
- 商务礼仪

电子商务类专业 　　营销类专业 　　物流类专业 　　经济贸易类专业